L'INVASION

Poissy. — Typ. S. LEJAY ET Cie.

L'INVASION

SOUVENIRS ET RÉCITS

PAR

LUDOVIC HALÉVY

PARIS

MICHEL LÉVY FRÈRES, ÉDITEURS

RUE AUBER, 3, PLACE DE L'OPÉRA

LIBRAIRIE NOUVELLE

BOULEVARD DES ITALIENS, 15, AU COIN DE LA RUE DE GRAMMONT

1872

La plupart de ces récits ont été publiés par le journal *Le Temps*, sous la signature XX. Je les réunis aujourd'hui en volume et j'écris mon nom en tête de ce volume ; mais je crois nécessaire d'expliquer, en peu de mots, ce que c'est au juste que ce livre. Je puis en parler librement, car il est bien peu de moi.

Trois de ces récits seulement : *Tours*, *Étretat*, *Rouen* contiennent des impressions personnelles. J'ai recueilli les autres récits de la bouche de témoins honnêtes, sincères, désintéressés, détachés de toute passion politique. Je leur ai demandé de me raconter ce qu'ils avaient vu, ce qu'ils avaient fait, ce qu'ils avaient souffert. Pas autre chose. Et ce qu'ils m'ont raconté, moi, avec autant de fidélité et de simplicité que possible, je l'ai écrit. J'ai fait office de sténographe, rien de plus; et je fais aujourd'hui, en publiant ce livre, office d'éditeur bien plus que d'auteur.

Souvent aussi j'ai copié; on me confiait de petits agendas couverts de notes écrites au crayon, le soir même de la bataille, dans les bivouacs de Frœschwiller et de Gravelotte. Les phrases étaient incomplètes, les mots effacés, à peine lisibles..... Je m'efforçais de conserver la forme brusque, heurtée, incorrecte de ces notes, vivantes d'émotion et de réalité.

J'aurais aimé à mettre sur la première page de ce volume, au lieu de mon nom, les noms de ceux qui en sont véritablement les auteurs, mais la plupart appartiennent encore à l'armée et tous demandent à rester inconnus.

J'aurais aimé à écrire, en toutes lettres, dans le récit de *Graudenz*, le nom de la noble femme qui, pendant dix-huit mois, en France et en Allemagne, s'est consacrée au soin de nos blessés et à la consolation de nos prisonniers; mais cette femme, si elle m'a pardonné d'avoir trahi le secret d'une causerie intime, ne me pardonnerait pas d'apprendre au public un nom bien digne cependant d'être honoré.

Je reste donc seul à signer ce livre et j'en accepte la responsabilité, mais, s'il paraissait digne de l'attention du public, je ne pourrais en revendiquer l'honneur, qui appartiendrait, tout entier, à mes collaborateurs anonymes.

LUDOVIC HALÉVY

Paris, 5 avril 1872.

L'INVASION

I

PERL

Notre corps d'armée se réunissait à Thionville. Le chemin de fer nous y amène le 21 juillet 1870. Nous débarquons et nous allons camper sur les glacis de la forteresse. Les troupes arrivent de toutes parts, mais pas d'artillerie. On apprend alors que l'artillerie du corps d'armée venait *par étapes* de la Fère. De l'artillerie voyageant par étapes, au moment où il s'agissait de faire face au mouvement de concentration des Allemands ! Chaleur écrasante. Sept jours d'insupportable inaction.

27 *Juillet*. Trois heures du matin. Ordre de départ.
Toujours la même chaleur. Le lever du jour est comme
un coucher de soleil après une journée orageuse. Pas
une goutte de rosée. L'air brûlant et lourd. Le mouvement du camp soulève des nuages de poussière.

Les tentes sont abattues, mais lentement ; les chevaux chargés, mais sans methode ; les voitures attelées maladroitement sont écrasées de bagages entassés pêle-mêle... C'est l'inexpérience d'un premier
départ. Des chevaux tout sellés s'échappent, emportant les cordes détendues et les piquets arrachés.
Les hommes montent à cheval... le sol est jonché
d'effets laissés à terre... Le plaisir de quitter cet
odieux bivouac et d'aller de l'avant met les têtes à
l'envers. Les maréchaux des logis glanent de-ci de-là
un maillet, un bidon, une entrave, une longe. Les
officiers tempêtent. Chacun finit par rentrer dans
son bien. Les rangs se forment. L'appel est fait et
rendu. Les trompettes sonnent la marche ! Enfin, on a
démarré... Les hommes sont pleins d'entrain et de
bonne humeur. Tous demandaient à marcher. Ils marchent. Ils sont contents.

Nous voilà sur la grande route, à rangs ouverts..
On continue à entendre, à la queue de la colonne, les
jurons du vaguemestre, les imprécations des hommes
à pied et des conducteurs qui ne peuvent tirer des
terres labourées leurs voitures surchargées.

On se dirige vers la frontière. A l'entrée de chaque
village les chanteurs de la colonne entonnent quelque

refrain de soldat : *La mère Godichon*, ou bien *Quatre hommes et un caporal.*

> Il était une fois quatre hommes
> Conduits par un caporal
> Qu'éprouvaient tous les symptômes
> D'un embêt' ment général.

Les paysannes sont aux fenêtres et nous regardent passer. Les enfants avec de grands cris de joie nous font cortége. La chanson continue.

> L'un disait : Comme on barbotte !
> Le second dit : C'est qu'il pleut.
> Le troisièm' : Ça fait d' la crotte !
> L'quatrièm' : Qu'est-c' qu'on y peut ?
> L'caporal dit : C'est comm' ça ;
> Quand il pleut, dam' ça vous mouille.

Et la chanson allait toujours : la baronne de Folbiche se mettait à la fenêtre, invitait les fantassins à monter chez elle sans façon, épousait le caporal et donnait en mariage ses quatre sœurs aux quatre hommes... J'entendais avec plaisir cette bête de chanson, qui valait mieux pour les soldats que *la Marseillaise*. Je ne discute pas, je constate. Les libations dans les cabarets et dans les gares, les ovations malsaines, les chants patriotiques ont fait beaucoup de mal à l'armée.

Le temps devient de plus en plus lourd... Il est huit heures du matin... L'orage éclate. Torrents de pluie. En une minute on est transpercé... La sonnerie pour dérouler les manteaux se fait entendre... Les hommes s'exécutent de mauvaise grâce. Ils aimeraient bien mieux continuer à être inondés que d'avoir l'ennui de dérouler leurs manteaux...

Du sommet d'une côte, tout à coup nous apercevons Sierck. Paysage charmant, même à travers cette pluie battante. Un grand coude de la Moselle dessine la frontière du Luxembourg et de la France. Au bord de la rivière s'étend une petite promenade plantée de platanes et d'acacias en boule, déjà encombrée de voitures de l'intendance et de chariots de bagages. A l'extrémité campent deux escadrons de dragons... puis en pointe le long de la Moselle bivouaque le 20e bataillon de chasseurs à pied, qui sert avec nous d'avant-poste au corps d'armée...

La pluie redouble... Apparaît, à pied, fort empaqueté, sous un grand parapluie, le général commandant la division à laquelle nous avons été détachés. Il nous fait le meilleur accueil, s'excuse de l'humidité que nous trouverons *chez lui* et nous installe sur les cailloux mêmes du lit de la rivière.

Cela me fait penser à un de nos bivouacs de la guerre d'Italie. C'était à Sarzana, près de Massa-Carrara. Nous étions campés dans le lit desséché d'un de ces torrents qui descendent des Alpes. La journée avait été admirable. A dix heures du soir, éclate un orage épouvantable et nous sommes littéralement enlevés par les eaux... Il y avait là deux escadrons et une batterie d'artillerie... Les hommes eurent le temps de s'échapper; mais plusieurs chevaux furent entraînés et noyés. Tous les effets et harnachements s'en allaient à la dérive. Deux pièces d'artillerie furent emportées par le torrent.

Donc nous voilà les pieds dans l'eau et la pluie sur le dos... La bonne humeur du soldat persiste sous ce déluge... Ah! quelle friture de goujons!... c'est le cri général. Les chevaux sont à la corde. Les tentes sont dressées. Les amateurs de pêche courent aussitôt à la rivière. Fantassins et cavaliers, de grandes gaules à la main, s'alignent sur le bord de l'eau. Plaisanteries, éclats de rire... Ça mord... Ça ne mord pas... etc...

On entend un coup de feu. C'est le premier de la campagne. Un maladroit s'est amusé à jouer avec son chassepot. Il a grièvement blessé un de ses camarades.

La pluie cesse. Le ciel se dégage... On regarde... On s'oriente... Sur le côteau voisin passent et repassent des vedettes prussiennes. On les aperçoit distinctement. Elles nous considèrent et nous comptent à loisir. Un escadron part en grand'garde, un peloton en reconnaissance.

Cependant des chasseurs à pied traversent la Moselle : ils ont appris que le tabac et les cigares coûtaient moins cher dans le Luxembourg qu'en France. Ils allaient faire leur petite provision, malgré les plus sévères défenses des officiers... Et le lendemain une note de M. de Bismarck, adressée directement à l'état-major général, dénonçait la violation par les troupes françaises de la neutralité du Luxembourg.

Le peloton en reconnaissance a signalé des vedettes qui se sont repliées à son approche et la présence d'un trompette monté sur un cheval blanc... Nous avons été toujours accompagnés par ce trompette monté sur ce cheval blanc.

J'envoie mon ordonnance me chercher à Thionville une peau de mouton pour la nuit... Il me rapporte en même temps des journaux. Ces journaux nous donnent des nouvelles de la reconnaissance faite par la brigade de Bernis. On a pris deux uhlans et un journaliste anglais dans une auberge. Pourvu qu'on n'ait pas illuminé à Paris !

Le lendemain 28, à deux heures du matin, on monte à cheval sans bruit... Il faisait nuit close. On dit qu'on va marcher en avant, entrer en Allemagne... Nous traversons le village de Sierck... Des bourgeois effarés se précipitent au-devant des officiers, les implorent, les supplient : « Épargnez nos voisins , disent-ils, » ce sont nos amis, nos frères... Mon gendre sert dans » la landwehr... Ma fille est mariée à Trèves avec » un officier d'administration prussien... Ayez pitié » d'eux, etc., etc. »

Nous sortons du village. Voici la frontière, et, en travers de la route, la barrière prussienne noire et blanche. Le sous-officier de l'avant-garde part au galop et franchit rondement la barrière. Un hussard veut le suivre, enlève son cheval, mais, en arrivant devant l'obstacle, l'animal s'arrête, refuse, se dérobe. Le douanier prussien se précipite alors... Il parlait

très-bien français, était fort aimable, souriant, em-
pressé.

« Attendez, s'écrie-t-il, attendez, je vais ouvrir. »
Il fait glisser la barrière. L'Allemagne était devant
nous. Nous y entrons.

Cinq heures du matin. Perl, petit village allemand.
Comme on était confiant et gai ce jour-là !.. Un calem-
bour suffisait à notre joie ; il était bête comme tous
les calembours ; les Parisiens et même certains Parisiens seulement peuvent le comprendre... On criait
au milieu de grands éclats de rire : *C'est à qui qu'aura
Perl ! c'est à qui qu'aura Perl !*

La population est stupéfaite. Des portes s'entr'ouvrent.
Des têtes effarées se montrent... A demi nues, des femmes paraissent aux fenêtres... On envoie un officier
s'emparer du télégraphe ; l'employé répond qu'il a
expédié les appareils à Trèves... Ils sont très-probablement cachés dans la cave, mais on accepte naïvement l'explication.

Des hussards, à coups de sabre, brisent les fils du
télégraphe. Les habitants nous regardent faire... De
l'étonnement, de la curiosité... Pas de colère... Ma
conviction est que, si nous avions été victorieux, nos
hussards se seraient promenés en Allemagne aussi
tranquillement que les uhlans se sont promenés en
France, plus tranquillement peut-être... L'Allemand
au fond est bonasse, facile à vivre et docile devant la
force. La victoire l'a rendu insolent et dur. La défaite
l'aurait trouvé doux et résigné.

Nous sommes en pays ennemi. Dispositions pour la marche... On envoie des éclaireurs et des flanqueurs... Coups de feu échangés... L'inévitable cheval blanc se montre et se replie devant nous... Le terrain devient difficile et boisé. Hésitation du colonel. On s'approche, on le questionne... Nous sommes très *en l'air*... Il y a un ravin sur la droite et peut-être du monde dans ce ravin. Le bois est-il occupé? On se met à étudier le vol des oiseaux ; c'est l'observation la plus simple et l'indice le plus sûr. Si, en effet, il y a des mouvements de troupes dans un bois, tous les oiseaux effarés déménagent, se sauvent, volent éperdus au-dessus des arbres, en jetant de grands cris. Rien, nous ne voyons ni n'entendons rien. On peut entrer ; on entre. Le plus grand calme et le plus grand silence dans ces bois. Nous continuons notre marche régulière et méthodique.

Nous arrivons en vue de Borg. On fait fouiller le village par un peloton. Des cavaliers dispersés en tirailleurs et marchant sur une ligne circulaire, à grands intervalles, s'approchent du village et l'enveloppent, puis les plus avancés se jettent au galop dans le village et le parcourent dans tous les sens. Absolument la manœuvre tant admirée chez nos vainqueurs. Nos hussards l'auraient exécutée aussi hardiment que les uhlans, s'ils avaient précédé en Allemagne une armée française victorieuse.

On ne trouve rien dans le village. L'ennemi a passé la nuit à Borg, mais il s'est retiré au petit jour dans la direction de Trèves. Retour à Sierck par une route différente. Ce n'était qu'une reconnaissance. Mauvaise humeur des soldats. Pourquoi ne pas rester en Allemagne? Ce n'était pas la peine de venir pour s'en aller si vite que ça, etc., etc...

Aux abords d'un village, la colonne s'arrête ; un quart d'heure de halte... Les chevaux mangent avidement l'avoine sur pied... On les laisse faire. C'est de l'avoine ennemie. Les habitants du village avec beaucoup d'empressement accourent et nous vendent le plus cher possible force canards et force poulets ; nous payons le tout en bon argent, qui est accepté avec la plus vive satisfaction. Oui, je le répète, nous aurions très-bien trouvé à vivre en Allemagne... Peut-être seulement n'aurions-nous pas fait preuve du génie allemand dans l'application administrative du système des réquisitions. Nous aurions laissé beaucoup d'argent français en Allemagne. Nous aurions eu une certaine façon chevaleresque de comprendre et de faire la guerre ; chevaleresque et partant un peu sotte, en présence d'un tel ennemi.

Rentrée au bivouac — temps superbe — arrivée des journaux de Paris... Ils nous annoncent une grande victoire de la flotte dans la mer Baltique. Sur cette heureuse nouvelle, on se souhaite une bonne nuit et on rentre chez soi... Ma maison est un peu resserrée, mais assez confortable. Vingt-cinq centimètres de plus en hauteur et je pourrais m'y tenir debout. J'ai acheté à Sierck un petit pliant. Je m'assieds sur mon pliant et je me mets à écrire sur mes genoux... Mon bout de

bougie est planté dans une pomme de terre trouée...
Il fait une chaleur extrême... La lune se mire dans la
Moselle... Sur le quai un point lumineux... C'est un
cabaret très-éclairé d'où sortent de bruyants éclats de
rire... Un général de brigade et quelques officiers
achèvent de dîner... Ce général, très-jeune, très-riche
et de grande maison, était tué trois semaines après à
Gravelotte.

Quant à moi j'écris ma lettre qui commençait ainsi :
« Nous avons fait aujourd'hui un petit tour en Alle-
» magne... Nous avons été très-bien reçus par les
» habitants... Nous y retournerons, etc., etc. »

En effet, je devais y retourner, trois mois plus tard,
prisonnier, après la capitulation de Metz.

II

FRŒSCHWILLER

Le temps était épouvantable. Nous avions passé à Frœschwiller la nuit du 3 au 4 août. Le général Ducrot, qui commandait notre division, était resté debout toute la nuit, sous la pluie, près d'un grand feu. A six heures nous partons et nous allons bivouaquer au-dessus de Lembach. On dresse les tentes, on place les grand'gardes.

Vers midi on apprend qu'une bataille se livre du côté de Wissembourg. Nous voyons arriver le maréchal Mac Mahon. Il donne au général Ducrot l'ordre de se porter en avant. Nous plions bagage. Nous partons. Il était trop tard. A Climbach nous trouvons les débris de la division Douay, des turcos, des soldats du 74e. Un chef de bataillon du 74e vient à nous; il est

tout couvert de boue, il boite; son cheval a été tué. Ce
chef de bataillon parle à nos officiers : « Je commande
» ce qui reste du régiment, leur dit-il, et voilà tout ce
» qui en reste : pas grand'chose, comme vous voyez.
» Tous les officiers sont tués ou disparus. La division a
» été surprise, abîmée, écrasée. »

Nous ne continuons pas notre marche en avant.
L'ennemi arrive en force entre les montagnes et le
Rhin. Il faut garder les hauteurs. On a froid, on a
faim, on grignote un peu de biscuit. Des compagnies
sont détachées pour occuper les bois. Nous abattons
des arbres et nous les couchons en travers sur la route;
nous creusons des fossés.

La nuit vient. Nous sommes épuisés de fatigue. Officiers et soldats se couchent par terre, dans l'eau,
sans abri. Des sentinelles sont placées à deux ou trois
cents mètres en avant pour surveiller et garder les
routes. Je fais ainsi deux heures de faction, seul, dans
une nuit noire, tressaillant au moindre bruit, et croyant
toujours voir, à travers l'obscurité, s'agiter des formes
confuses.

A trois heures du matin, un mouvement de retraite
est ordonné; nous allons prendre des positions en arrière. Les chemins sont difficiles, le sol est humide,
boueux. Il faut marcher vite cependant. L'ennemi, à ce
qu'il paraît, nous serre de très-près. Une grand-garde
a été oubliée; pourra-t-elle nous rejoindre? Aurait-elle
été enlevée par les Prussiens? Non, voici nos camarades, mais dans quel état! Exténués, rendus, ha-

rassés..... Ils ont vu les Prussiens. Il faut nous hâter.

Voici Lembach. Là étaient tous nos approvisionnements de vivres, de fourrages. On les entasse précipitamment sur les charrettes des paysans. Nous devons former l'extrême arrière-garde, ramasser les égarés et les fuyards, pousser devant nous les traînards. C'est une désolation dans le village. Les habitants veulent nous retenir. Les femmes crient, pleurent : « Pourquoi partez-vous ? Ne nous abandonnez » pas ! Qu'est-ce que nous allons devenir ? »

Nous suivons une route délicieuse. Quel riche, et charmant, et riant pays que toute cette partie de l'Alsace ! Quelle merveille que ce vallon de Liebenfraventhal ! Et cette terre française, il faut l'abandonner à l'ennemi... A tous les braves gens qui nous interrogent, nous faisons la même réponse : « N'ayez pas » peur, nous reviendrons, nous reviendrons. » Et nous ne sommes pas revenus !

Nous arrivons enfin à notre ancien bivouac de Frœschwiller. L'ennemi nous suivait de bien près ; à peine notre campement commençait-il à s'établir que le canon se faisait entendre. C'était une forte reconnaissance de cavalerie prussienne qui, appuyée par de l'artillerie, s'avançait. Quelques coups de canon sont jetés par les Prussiens dans Frœschwiller et y répandent la panique. Des hommes qui battent en retraite sont facilement démoralisés. Les officiers ont grand'peine à rétablir l'ordre et le calme. Nous nous formons, prêts à marcher au combat. Ce n'était qu'une alerte. La cavalerie prussienne se retire. La canonnade cesse. Nous passerons la nuit tranquillement à Frœschwiller. Nos bagages nous rejoignent. On dresse les tentes. On se couche.

Le lendemain matin, à huit heures, on entend la fusillade et le canon. Nous sommes attaqués. L'ennemi arrive par les bois et de notre côté. C'est nous qui supporterons le premier choc. Nous autres, les fantassins, nous sommes bien vite prêts, mais l'artillerie n'a pas ses chevaux. Tout à l'heure ils sont partis, en longues files, pour aller boire, et il paraît que l'eau était très-loin.

Nous avons dans notre compagnie un groupe de Parisiens, des jeunes gens. Ils ont apporté un drapeau qui doit flotter dans les rues de Berlin le jour de l'entrée triomphale. Ceux-là sont résolus, gais, confiants.

Mon voisin est marié; il pleure; il me prend les mains en me disant : « Ma pauvre femme! mes enfants! » Si je suis tué, vous trouverez une lettre dans mon » portefeuille. »

Voici de nouvelles troupes qui arrivent. C'est une division du 7e corps; les régiments de cette division sont encore en voie d'organisation pour passer sur le pied de guerre; tenus en main, sans harnais ni couvertures, les chevaux destinés aux voitures régimentaires suivent les troupes. Pourquoi ne pas avoir laissé à Reischoffein ces chevaux inutiles? La route est encombrée, obstruée. Les chevaux d'artillerie arrivent au grand galop, revenant de l'abreuvoir, tombent dans cette confusion, sont obligés de s'arrêter, d'attendre. Quel désordre !

Frœschwiller est en feu. Les obus pleuvent sur le village. Dans la campagne, autour de nous, de tous les côtés, nous voyons s'élever de lourdes colonnes de fumée noire. Ce sont des fermes qui brûlent. Les habitants affolés s'enfuient, traversent nos rangs, conduisant des charrettes, portant de grands sacs sur les épaules. Une femme passe près de nous, le visage baigné de larmes, un enfant sur chaque bras et trois petites filles accrochées à ses jupes.

Enfin nos pièces sont attelées. Nous pouvons répondre à l'artillerie allemande. Nous nous portons en avant. Nous allons à l'ennemi. Non , pas encore. L'ordre est donné de s'arrêter. Nous assistons à un combat de tirailleurs. Les Prussiens occupent le bois et cherchent à en sortir. A chaque tentative ils sont arrêtés et repoussés par les tirailleurs du 1er zouaves. Dans les bois, par une éclaircie, nous voyons manœuvrer des masses noires. Les mitrailleuses avancent et, pour la première fois, nous entendons le bruit saisissant de leurs détonations. Les obus sifflent au-dessus de nos têtes. Nous sommes tous couchés par terre ; nous nous soulevons, appuyés sur les mains, pour essayer de voir un peu. On ne parle pas. On sent que c'est la bataille, la vraie bataille qui arrive et va nous envelopper. Les hommes sont calmes et décidés. La canonnade augmente, approche. L'artillerie tonne à notre droite avec une intensité formidable.

Un ordre arrive. Nous reprenons notre marche en avant, dans la direction de Frœschwiller. Au pas accéléré, d'abord, puis de nous-mêmes, sans commandement, nous prenons le pas de course. On est comme attiré, comme entraîné. Un bois très-épais se présente à notre gauche. Nous nous y engageons pêle-mêle. Nous avons marché trop vite, le désordre est dans nos rangs. Toutes les compagnies du bataillon sont confondues. Nous apercevons des hommes couchés par terre, blottis derrière des arbres. Nous les obligeons à se relever, à marcher avec nous. Nous avançons toujours à travers bois, dans un fourré inextricable. L'ennemi sans doute a vu notre mouvement, car les obus accompagnent notre marche. Nous approchons, nous serons bientôt en pleine bataille. Voici, sous sa forme la plus hideuse, la mort qui nous l'annonce. Un turco étendu par terre, sur le dos, le ventre ouvert. C'est un nègre. Sa figure est toute couverte de sang. On détourne la tête, on passe sans regarder. Nous rencontrons des blessés qui se traînent, gémissant, s'accrochant aux arbres, tombant, faisant de vains efforts pour se relever, criant, appelant, demandant secours. Nous marchons, nous marchons toujours. Un chef de bataillon vient d'être tué roide d'une balle dans le cœur. Un capitaine est à genoux près du corps étendu par terre sur une grande couverture de laine grise; il retire des poches du commandant un portefeuille, une montre, des clefs, une poignée de menue monnaie, un étui en maroquin. Il fait voir cet étui à deux ou trois

officiers qui sont là : « La photographie de sa femme
et de son petit garçon », dit-il. Le capitaine remet
toutes ces choses à l'ordonnance, tire un mouchoir
blanc de sa poche, le déplie, l'étend sur la figure du
commandant, se passe les deux mains sur le front, et
dit aux officiers qui étaient là : « Allons, maintenant ! »

Quant à nous, après une halte de quelques minutes,
nous reprenons notre marche et nous arrivons sur la
lisière du bois. Nous sommes arrêtés par une véritable
pluie de mitraille. Nous trouvons là des turcos et des
soldats de la ligne de divers régiments qui, mêlés, confondus, font ensemble le coup de fusil.

Nous nous blottissons quatre ou cinq dans un fossé,
nous avons devant nous les tentes des turcos. On se
bat dans leur camp. Beaucoup de tentes sont encore
debout. D'autres battent au vent, renversées, déchirées,
mises en lambeaux. La terre est jonchée de sacs et
d'effets de campement. Nous voyons l'ennemi de tout
près, distinctement. De l'autre côté de la petite rivière
de la Sauerbach, les Prussiens massent de l'artillerie
et de la cavalerie. Par-dessus nos têtes passent encore quelques boulets envoyés par notre artillerie, mais
le tir devient rare, faible et nous protége mal. Nos
pièces ont perdu beaucoup de servants et de chevaux.
Elles seront bientôt obligées de se taire.

Les Prussiens se forment devant nous et s'avancent
en colonnes serrées. Il faut déposer le sac... Mon pauvre sac ! Comme il me pesait sur les épaules pendant
la longue et laborieuse traversée de ce bois ! Et main-

tenant, au moment de le quitter, je le regarde. J'ai là des vivres, des cartouches et des lettres... surtout des lettres. Et puis encore, sous la marmite, la viande de l'escouade. Comment fera-t-on la soupe ce soir, si je ne retrouve pas mon sac?

Nous laissons arriver les Prussiens. Le colonel Suzzini, des tirailleurs indigènes, avait pris le commandement, montrait le plus grand sang-froid, nous obligeait à régler notre feu. C'est, avec le chassepot, la grande difficulté. Une fois qu'on a commencé de tirer, il n'y a plus de raison pour s'arrêter ; on va, on va toujours, on se grise avec son arme et, au bout d'un quart d'heure, plus de cartouches.

Nous ne commencions le feu que lorsque l'ennemi était à bonne portée ; puis, quand nous avions mis l'hésitation et le désordre dans les rangs allemands, nous nous jetions en avant. J'entends encore les cris des turcos. Les officiers avaient beaucoup de peine à les modérer. Les Prussiens se retiraient, puis revenaient et ces efforts nous épuisaient. Les Prussiens perdaient du monde, beaucoup de monde ; seulement les généraux allemands avaient des hommes plein les mains et renouvelaient sans cesse les colonnes d'attaque. Et nous autres, peu nombreux, affaiblis, non soutenus, nous avions ainsi affaire à un ennemi toujours frais et toujours en haleine.

Nos cartouches s'épuisaient. Nos voitures de munitions avaient disparu. Aucun moyen de se ravitailler. Plusieurs fois déjà le colonel Suzzini avait fait demander des cartouches. On ne lui envoyait rien. Quel soldat et comme il s'est bien conduit ! Allant et venant sans cesse dans nos rangs, sous le feu, nous encourageant et nous disant : « Du calme, du calme ! Ne tirez pas » trop vite, ménagez vos cartouches. »

Un général à pied, seul, sans aide de camp, tout à coup sortant du bois, vient se jeter au milieu de nous. Plusieurs officiers aussitôt l'entourent.

— La position n'est pas tenable, mon général, dit un de ces officiers ; donnez un ordre de retraite ; on ne peut pas sacrifier des troupes inutilement.

— Non, non, répondit-il ; je ne donnerai pas d'ordre de retraite. Voyez, je n'ai plus rien ; mes deux chevaux tués, mes aides de camp disparus. Je vais rester avec vous. Il faut tenir ici, et, si on ne peut pas tenir, mourir.

Quelques instants après, un de mes camarades me dit :

— Le général qui était ici tout à l'heure...

— Eh bien ?

— Eh bien ! il est mort. Il s'est jeté en avant, dans les balles. On n'a pas pu l'empêcher. Il voulait se faire tuer.

— Sais-tu son nom ?

— Le général Raoult.

Cependant notre artillerie, qui jusqu'alors nous avait couverts de son feu, était complétement silencieuse. Les Prussiens redoublaient leurs attaques. Nous étions inondés d'un déluge de feu et de plomb.

Les arbres, autour de nous, étaient hachés par la mitraille ; les branches craquaient, se brisaient, tombaient sur nos têtes. Partout des blessés, dont les plaintes étaient horribles.

Un de nos officiers s'écrie :

— En retraite !

En retraite !... Nous sommes battus. Inutile a été le courage de tous ces braves gens qui sont là couchés par terre. Inutile a été leur mort. En retraite ! En retraite ! Que ce mot est dur à entendre !

Nous reculons. Nous nous glissons dans le bois. Nous marchons pliés en deux. Nous trouvons un chemin. Il est jonché de blessés et de morts. Dans ce sentier marchent devant nous deux sapeurs-tirailleurs. Ils portent un corps roulé dans la toile d'une tente-abri. Deux bras sortent et pendent de chaque côté. Sur des manches en drap bleu clair je vois cinq galons d'or. Je m'approche de l'un des sapeurs :

— C'est le colonel Suzzini ?

— Oui, c'est lui. Il vient d'être tué.

Nous suivons le chemin qui ramène à Frœschwiller. C'est la défaite ! c'est la déroute ! Un de mes malheureux camarades est là, par terre, les deux pieds coupés par un obus. Il me reconnaît, m'appelle par mon nom, m'implore d'une voix suppliante. Que faire ? Je suis seul. Je me détourne et je passe. C'est un de mes remords. On pouvait les compter par centaines, ceux qui restaient dans ce bois, mutilés et sans secours ! Mais celui-là, je le vois encore, je le verrai toujours, appuyé contre un arbre, le regard fixe et tendant les bras vers moi !

Nous sortons du bois. Nous apercevons Frœschwiller. A l'entrée du village, des maisons isolées. Nous avançons cinq ou six. Nous passons à côté de canons démontés. Des cadavres d'hommes et de chevaux sont étendus près des affûts brisés.

A cent cinquante ou deux cents mètres du village, nous sommes accueillis par des coups de fusil. Frœschwiller est occupé par des tirailleurs prussiens. Nous nous rejetons dans le bois. La retraite est coupée de ce côté. Il faut chercher une autre issue.

Dans le bois je me trouve seul. Mes camarades se sont dispersés. Je vais devant moi à l'aventure. Je marche pendant une heure. Je vois un cheval immobile, sans cavalier. Je m'approche. Un homme est étendu par terre, sur le ventre. Il a été tué roide par une balle. La bride du cheval est restée dans la main de l'homme et l'animal n'a pas bougé. Je retire la bride de ces doigts crispés par la mort et je monte sur le cheval.

J'arrive à la lisière du bois. Une plaine s'ouvre devant moi. Je me lance au galop. Des balles me sifflent aux oreilles. Je me couche sur l'encolure du cheval. Une de mes sangles éclate, la selle tourne. Je tombe. Je me relève. Je ne suis pas blessé. J'appelle le cheval, il vient à moi docilement. Je replace la selle. Je remonte, je repars. Tout cela au milieu des balles. J'aperçois des pantalons rouges. Ce sont les débris du 1ᵉʳ régiment de zouaves. Une centaine d'hommes qui se retirent lentement, fermement, groupés autour du drapeau.

L'ennemi nous suit de près, de très-près. Les hauteurs se couvrent de ses tirailleurs et de son artillerie. Je me dirige du côté de Reischoffein. A l'entrée du village, une tente surmontée du drapeau blanc à la croix rouge est criblée de projectiles par les Prussiens. Je traverse le village. Une grande maison brûle. C'est une ambulance.

A ma droite, à travers champs, s'avance au pas, sous le feu le plus violent, un groupe nombreux de cavaliers. C'est le maréchal Mac Mahon, suivi de son escorte.

Les troupes s'amassent et s'entassent dans Reischoffein. Beaucoup d'hommes s'arrêtent, demandant un morceau de pain, un verre d'eau. Les habitants chargent en hâte leurs récoltes sur des charrettes. Sur tous les visages le désespoir et la terreur.

Je traverse le village avec beaucoup de lenteur et de peine. Le même encombrement et la même confusion sur la route, qui est obstruée par des canons brisés, des voitures renversées. Fantassins et cavaliers marchent pêle-mêle. On se laisse emporter, tête basse, silencieux, par ce grand courant de déroute.

Nous sommes arrêtés par les barrières fermées du chemin de fer. Deux trains sont en gare et nous barrent le passage. On brise les palissades de la voie. On passe derrière les trains. Devant nous la campagne est libre. Cette fois où aller? On se consulte. Les uns disent à Bitche; les autres à Saverne. Quant à moi, j'ai peur des grandes routes. Je ne veux pas tomber aux mains des Prussiens. Je demande le chemin de Saverne par la montagne. Un paysan m'indique un sentier dans les bois. Je m'engage dans ce chemin; il est impraticable pour un cheval. Je suis obligé de regagner la grande route. Plusieurs escadrons de cavalerie arrivent à grande allure, bousculant tout sur leur passage, obligeant les fantassins à se jeter de côté dans les terres labourées. Je suis entraîné par le torrent. Je fais ainsi trois ou quatre kilomètres au galop. Mais je ne suis pas grand cavalier. Le train est trop rapide. Je ne peux pas suivre. Je me jette dans un chemin de campagne. Je traverse deux ou trois villages abandonnés.

La nuit arrivait. Dans un de ces villages je m'arrête, je mets pied à terre; je fais boire mon cheval à l'abreuvoir sur la place. Toutes les fenêtres sont fermées, toutes les portes closes. Je meurs de soif et de faim. J'entends une voix qui m'appelle. C'est un cabaretier; il n'a pas abandonné sa maison. Il me fait entrer chez lui, me donne quelques poignées d'avoine pour mon cheval. Je dévore un morceau de pain, je bois un verre de vin. Une femme d'une quarantaine d'années me regarde d'un air stupide, hébété. Elle tient sur ses genoux un petit enfant de six à sept ans.

— C'est donc vrai, me dit le cabaretier; vous avez été battus?

— Oui, complétement. C'est la déroute.

Et alors j'entends le petit garçon dire à demi-voix :

— Maman, c'est-il un Français ou un Prussien?

— C'est un Français.

— Alors pourquoi qu'il dit qu'il a été battu?

On avait raconté à cet enfant que l'armée française avait toujours été et ne pouvait pas ne pas être victorieuse.

Je veux payer le cabaretier. Il refuse. Que de braves gens dans cette Alsace! Je remonte à cheval. Je veux aller d'une traite jusqu'à Saverne. J'ai à faire sept ou huit lieues. Déjà, sur la route, des hommes à bout de forces se couchent par terre et s'endorment sur le bord du chemin. Où ils sont tombés, ils passeront la nuit, et demain ils essayeront de gagner Saverne. Beaucoup de ces hommes seront tués ou pris par les uhlans.

Nuit noire... Voici des lumières... C'est un grand village. Il est rempli de fuyards. Les habitants sont admirables, viennent au-devant de nous, et, châritablement, nous offrent du vin, de la bière, des vivres. Des misérables abusent de cette hospitalité qui leur est offerte. Des soldats dans une maison s'enivrent, se disputent, se battent. Je passe sans m'arrêter. J'éprouve un sentiment de soulagement à me trouver seul sur la grande route. Je me suis informé : dix kilomètres seulement me séparent de Saverne.

Je rejoins quatre ou cinq zouaves. Je fais route avec eux; nous traversons le chemin de fer et le canal. Nous approchions de Saverne, quand nous sommes arrêtés sur la route devant une haute grille, dont les deux battants étaient ouverts.

— Entrez, mes enfants, nous dit un vieillard, entrez chez moi, vous avez besoin de manger et de dormir ; la maison est à vous !

Et, en parlant ainsi, il nous prenait les mains et nous les serrait à nous les briser.

Nous entrons. J'attache mon cheval à un arbre dans la cour. Toutes les portes sont ouvertes, toutes les chambres éclairées. Des domestiques vont et viennent pour nous recevoir. Une jeune femme — la maîtresse de la maison — nous fait asseoir à une grande table dans une vaste salle à manger qui est illuminée comme pour une fête. La jeune femme nous sert elle-même, nous apporte de grandes assiettées d'une soupe bien chaude et nous dit à tous de bonnes paroles. Je crois encore entendre sa voix. Il y avait sur ses lèvres un sourire si doux et si triste ! En la regardant, je pensais à ces contes qui ont amusé et attendri notre enfance, à ces châteaux étincelants qui s'ouvrent, tout d'un coup, au milieu d'une forêt, devant le voyageur épuisé. Je regarde autour de moi. Nous étions là une trentaine autour de cette table. Des cuirassiers, des zouaves, des artilleurs, des dragons. De mon régiment, pas une figure. Mes camarades, que sont-ils devenus? Où et comment les retrouver? Quand j'ai fini de manger, je vais voir mon cheval. Du foin et de la paille sont étendus par terre devant lui, mais il n'y touche pas. Je rentre dans la maison. On a défait tous les lits. Les matelas sont étendus dans les grandes pièces du rez-de-chaussée contre les murs. Je me jette sur un de ces matelas et je m'endors aussitôt d'un sommeil de plomb.

Quand je me réveille, il fait grand jour, et je vois devant moi la jeune femme d'hier au soir. Elle enroule une longue bande de toile blanche autour du bras d'un zouave qui, assis dans un grand fauteuil de velours rouge, regarde son infirmière d'un air étonné. Quand la bande est attachée, le zouave rabat sa manche, se lève, prend la main de la jeune femme, la serre entre ses doigts, et, sans trouver une parole, s'en va.

Je me lève, je descends. Les domestiques, en bas, dans le vestibule, nous donnent à chacun un gros morceau de pain encore chaud et qui a dû être cuit au château même pendant que nous dormions. On remplit de vin nos gourdes jusqu'au bord. Je remonte à cheval. Je pars. Et je n'ai pas même songé à demander le nom de cette famille française qui nous a fait un tel accueil, et qui celle-là, j'en réponds, ne deviendra jamais une famille allemande.

La route est encombrée de soldats de toutes armes qui se dirigent vers Saverne. Des fantassins à cheval, des cavaliers à pied, des cuirassiers sans cuirasse et sans casque, des blessés qui se traînent péniblement appuyés sur des camarades. De grands chariots de campagne passent chargés de soldats qui se tiennent debout dans les voitures, entassés et serrés les uns contre les autres. Beaucoup de ces hommes laissent tomber leur tête et dorment.

Je regarde les numéros des képis. Je cherche des

camarades. Je ne vois personne. Aux abords de Saverne, on essaye de mettre un peu d'ordre dans ce
grand désordre. Des camps s'organisent. Des officiers
d'état-major nous indiquent sur quel point nous devons nous porter. Des colonels attendent leurs officiers
et leurs soldats, les rallient au passage.

Enfin je trouve un de mes officiers. Il est à pied,
mort de fatigue, épuisé. Je lui donne mon cheval. Cet
officier me conduit au campement assigné à notre bataillon. C'était une prairie à l'extrémité de Saverne,
sur le bord de la route. Je trouve là un bien petit
nombre de mes camarades; on n'ose pas se compter.
Presque tous nos officiers et sous-officiers manquent;
ils ont été pris ou tués.

On cherche à se débrouiller, on se procure des mar-
mites, du pain, de la viande. Vers quatre heures, nous
étions occupés à préparer la soupe quand arrive un de
nos camarades; le pauvre garçon depuis quelques jours
était malade. Le chirurgien avait voulu l'envoyer à
l'hôpital, mais il avait répondu : « Entrer à l'hôpital
» la veille d'une bataille; non, non, je ne veux pas. .
» Tant que je pourrai aller, j'irai; quand je ne pourrai
» plus, il faudra bien que je m'arrête. »

Il était resté. Avec nous, il avait fait les marches si
dures de ces derniers jours; avec nous, la veille, à
Frœschwiller, il s'était battu, et depuis vingt-quatre
heures, dévoré par la fièvre, il marchait, ou plutôt se
traînait, s'arrêtant tous les cinquante pas, tombant sur
la route, puis se relevant et faisant encore une cinquan-

taine de pas. Pendant qu'il nous racontait cela, nous le regardions attentivement. Il avait de gros boutons rouges sur la figure. Un de nos camarades va chercher le médecin. Celui-ci arrive et tout aussitôt s'écrie :

— Vous ne pouvez pas rester ici. Allez-vous-en. Allez-vous-en tout de suite.

— M'en aller, et où voulez-vous que je m'en aille ?

— A l'hôpital. Vous trouverez une ambulance à Saverne.

— Comme vous regardez ma figure ! Qu'est-ce que j'ai sur la figure ? Une glace. Qu'on me prête une glace. Je veux savoir ce que j'ai sur la figure.

Une glace, personne ne voulut ou ne put lui en prêter une. Tous nos sacs étaient restés dans le bois de Frœschwiller.

Le pauvre garçon s'éloigna dans la direction de Saverne. A peine avait-il fait quelques pas que le médecin nous disait :

— Il a la petite vérole et très-violente.

Le soir, à six heures, ce malheureux revenait de Saverne, toujours à pied. On n'avait pas voulu le recevoir à l'hôpital. Partout il avait été repoussé comme un pestiféré, et nous, encore une fois, nous eûmes la cruauté de le renvoyer. Il partit. Nous ne l'avons pas revu et je ne sais ce qu'il est devenu.

Cependant on s'était compté. Nous étions deux cents environ... deux cents au lieu de neuf cents... trois officiers seulement. Les Prussiens devaient approcher. On entendait de temps en temps des coups de fusil.

Enfin l'ordre de battre en retraite arrive. L'o.dre n'était pas très-clair, à ce qu'il paraît, car le général, en le lisant à nos officiers, cherchait et semblait trouver avec peine sur la carte les villages indiqués comme ligne de retraite.

Nous nous préparions au départ, qui devait avoir lieu à sept heures. Déjà un régiment avait passé près de nous, remontant la route qui mène à Phalsbourg, lorsque nous entendons, du côté de Saverne, une immense rumeur, puis des cris, des coups de fusil. Une colonne de cavalerie, général en tête, arrive au grand galop sur la route, comme une avalanche. « Les Prus- » siens! les Prussiens! les voilà! » Les cavaliers, en passant, nous crient cela et disparaissent.

Pourquoi cette panique? Nous ne pouvons avoir déjà affaire au gros de l'armée prussienne. Très-probablement, ce ne sont que des détachements de cavalerie jetés en avant par l'ennemi. On pourrait encore se défendre, essayer de résister. Telles sont les réflexions de nos officiers. Par bonheur, les régiments qui nous entourent font bonne contenance et ne bougent pas. Ce mauvais vent passe sans nous emporter, et, à sept heures du soir, bien peu nombreux, hélas! mais, du moins, calmes et en bon ordre, nous nous mettons en route.

On nous dirige vers le chemin de fer, dont nous devons suivre la voie. Les habitants nous regardent effarés. Un ouvrier nous insulte : « Les soldats sont » des feignants, dit-il. » Nous passons, baissant la tête, sans que personne ait la pensée de répondre. Cet homme pouvait bien cependant, rien qu'à voir passer ce bataillon de deux cents hommes, calculer quelle large part les blessures et la mort avaient prélevée sur ces *feignants*.

Nous suivons la voie ferrée. Nous arrivons à l'entrée d'un des tunnels qui livrent passage au chemin de fer sous la chaîne des Vosges. Nous nous engageons sans lumière dans ce tunnel. La voie n'est pas ballastée ; les traverses ne sont pas couvertes ; nous trébuchons à chaque instant et nous n'avançons que très-lentement, comme à tâtons. Les chevaux de nos officiers ont peur, se défendent, pointent, refusent d'avancer. On les entend souffler de frayeur. Pendant que nous marchons dans cette obscurité, deux trains nous dépassent, allant dans la direction de Paris, reculant eux aussi devant l'invasion. Les machines sifflent, sifflent pendant toute la traversée du tunnel. Il y a des blessés dans ces trains. On entend des gémissements, des plaintes.

Nous arrivons enfin à l'extrémité du tunnel, et là nous prenons la route qui côtoie le chemin de fer. Pas de lune, pas d'étoiles, nuit profonde. Des nouvelles sinistres circulent : Nous avons éprouvé un nouveau désastre, nous sommes cernés, coupés, les Prussiens vont nous barrer le passage, etc., etc. Alors on forme des projets : on se jettera dans les bois, on fera la guerre de partisans. Les têtes sont fatiguées. Ces craintes chimériques gagnent et troublent les plus résolus. On s'attend toujours à une attaque, on avance très-lentement. Personne ne parle, personne ne fume. Des hommes sont envoyés en éclaireurs pour sonder la route.

Au bout d'une petite étape de deux heures, il faut déjà faire halte. L'épuisement est général. Bien peu d'hommes ont eu, la nuit dernière, quelques heures de sommeil. On s'arrête sans bruit, sans sonnerie, sans tout le tapage habituel. On ne quitte même pas le fond de la route, on tombe où l'on se trouve, on s'étend par terre, on s'endort. Le général lui-même se couche au milieu de nous, et, au moment du départ, après un repos d'une heure, c'est un de nos officiers qui, pour réveiller le général, est obligé de le secouer de toutes ses forces. Le général se lève brusquement et s'écrie :

— Quoi ? qu'est-ce qu'il y a ? que se passe-t-il ?

Nous nous remettons en route. Nous approchons d'un village ; c'est Lutzelbourg, nous dit-on. Phalsbourg n'est pas loin ; voici la route qui nous y conduirait... Nous laissons cette route sur notre gauche. Il est minuit environ. Nous traversons Lutzelbourg ; toutes les maisons sont éclairées. Par les fenêtres nous apercevons les habitants qui vident des armoires, remplissent des caisses, font des paquets, se préparent à fuir.

Nous prenons des guides dans le village, et, péniblement, nous continuons notre route. Il paraît que nous allons à Sarrebourg, et que nous devons nous y rendre par des chemins détournés.

Quels chemins! Des sentiers étroits, escarpés, abruptes, qui montent à pic, à travers un interminable bois de sapins. Ce n'est qu'à deux heures du matin que nous touchons enfin au terme de notre ascension. Nous débouchons sur un grand plateau nu. Nous avons laissé derrière nous les bois et les ravins que longe le chemin de fer; devant nous, il y a maintenant de l'air et de l'espace, mais il faut attendre que la longue colonne qui nous suit ait atteint le plateau. On parle d'hommes égarés dans les détours des bois. Nous nous couchons dans un champ.

Des lumières paraissent bientôt à l'horizon. On fait des suppositions : Ce sont les Prussiens qui investissent Phalsbourg; une rencontre est peut-être imminente. Nos guides sont là, gardés à vue. Un des paysans que nous avons emmenés supplie le général de le laisser retourner à Sarrebourg. Il y a laissé sa femme et ses enfants, il veut être là quand les Prussiens arriveront, etc., etc. Ce pauvre homme se lamente, pleure. Le général est inflexible. Ordre de tirer sur ce malheureux, s'il cherche à s'échapper.

Le froid est très-vif. Nous sommes à peine couverts. Nous dormons en tas, par terre, rapprochés, collés les uns contre les autres. La nuit se passe tranquillement. Au petit jour, ordre de départ.

Conduits par nos guides, nous cheminons à travers bois, nous traversons des villages. Les habitants viennent au-devant de nous, nous apportent du vin, du pain. Nous vivons d'aumônes et nous sommes nourris

par la charité publique; car, depuis quarante-huit
heures, de l'intendance aucune trace, aucune nouvelle.
Quel aspect misérable nous devons avoir! Beaucoup
de femmes pleurent en nous regardant. Les hommes
nous serrent la main. Peu de paroles d'ailleurs. Nous
arrivons exténués, abrutis, inertes, avec nos barbes
longues, nos joues creuses, nos uniformes souillés de
boue. Nous nous appuyons contre les murs. Nous nous
laissons tomber comme des paquets sur le pavé de la
route. Nos désastres sont racontés sans que nous ayons
à dire une parole.

Voici Sarrebourg. La ville est encombrée de soldats.
Le général Ducrot est arrivé et cherche à rallier les
troupes du corps d'armée. Le général n'est pas venu
par la route de Saverne; il a passé par la *Petite-
Pierre*. Nous traversons toute la ville; nous allons
nous établir dans un grand champ au-dessus du chemin de fer. Beau temps. Le vin et les vivres nous
sont donnés en abondance. Nous achetons des mar-
mites en grès. La soupe commence à marcher, mais
nos maudits pots se brisent au feu et voilà tout le
bouillon par terre. Nous mangeons notre viande gril-
lée.

Chaleur excessive. Le ciel se couvre. Un orage menace. On entend des grondements lointains. Est-ce le
tonnerre? Est-ce le canon? Panique dans un campement de cavalerie établi au-dessous de nous, au bord
de l'eau. Les chevaux sont sellés à la hâte, les hommes crient, jurent, sautent à cheval, et prennent au

galop, dans la plus grande confusion, la route de Lunéville. Bien des objets de harnachement sont oubliés. Les chevaux étaient en train de manger et le fourrage reste abandonné par terre. Nous assistons impassibles à cette déroute. Ce n'était pas le canon. C'était bien le tonnerre. Voici la pluie, et la pluie battante.

Nous voyons arriver quelques-uns de nos camarades de Frœschwiller. Ils sont venus par des routes différentes, par Bitche, par Phalsbourg, par des sentiers dans la chaîne des Vosges. Ils se sont égarés vingt fois, et c'est le hasard qui les fait tomber au milieu de nous.

Le général Ducrot vient nous voir.

« Quoi! c'est là, dit-il, tout ce qui reste du bataillon? » Est-ce possible? » Il nous adresse quelques paroles, serre tristement la main de nos officiers, de nos *trois* officiers, et s'éloigne.

Le lendemain matin, nous nous remettons en route.

La pluie qui, pendant la nuit, avait cessé, reprend avec violence et persistance. Nous gagnons, par des détours, un petit village sur la route de Lunéville.

Nous campons dans un terrain détrempé, sur une hauteur. Des habitants des villages voisins nous apportent des vivres. Nous avons une vache, une vache entière, une vache vivante. Mais pour la tuer, pour la dépecer, rien, rien que des couteaux de poche. Et cependant, en un tour de main, comme par miracle, — c'est une des choses les plus étranges que j'aie vues,

— l'animal est tué, mis en morceaux et partagé entre les escouades.

Le reste de la journée et la nuit sans incidents. Le lendemain matin, nous partons, pour aller à Lunéville, nous dit-on, et de là à Nancy. La pluie continue. Nous marchons, marchons, marchons.

Le maréchal Mac Mahon passe près de nous au grand trot. Il ne tourne pas la tête. On dirait qu'il ne veut ni voir ni être vu.

Encore un général suivi d'une escorte de huit ou dix cavaliers. Derrière l'escorte, une voiture et deux femmes dans cette voiture. La femme et la fille du général, dit-on. Elles voulaient suivre l'armée triomphante, arriver avec nous à Berlin. Elles se trouvent entraînées dans cette épouvantable déroute.

Nous nous reformons pour traverser Lunéville. Quelle entrée et quel défilé! Tout le monde, en nous voyant, a des larmes dans les yeux. Devant un café, des officiers de la garde mobile étalent leurs galons, nous regardent passer.

Pourquoi nous faire ainsi traverser cette ville? Pourquoi donner un tel spectacle à ses habitants? Après ce triste défilé, nous allons bivouaquer à quelques kilomètres de Lunéville, dans des terres labourées. La pluie tombe à torrents. On nous fait camper dans la boue. Nous sommes cependant tout près de deux grands villages où nous pourrions trouver des abris. On se plaint, on murmure, mais les ordres sont formels. Il faut rester dehors. Alors le désordre recom-

mence, et la débandade se met parmi nous. Le chemin
de fer marche encore et de Lunéville conduit à Nancy.
La tentation est trop forte. Des hommes vont sans
permission s'entasser dans les wagons. Nos rangs s'é-
claircissent encore.

Et puis le lendemain, avec le jour, en route, et l'on
va, l'on va devant soi. L'anéantissement moral est si
complet, si profond, que la fatigue physique est moins
sensible, moins douloureuse; on marche mécanique-
ment, automatiquement. Halte! et l'on s'arrête. En
avant! et l'on repart. On ne sait plus d'où l'on vient,
on ne demande plus le nom des villages que l'on traverse, on ne s'inquiète plus de savoir où l'on va. On
est convaincu qu'on n'arrivera jamais, voilà tout.

Un seul souvenir est resté très-net dans mon esprit.
Nous arrivons dans un village. On nous donne une
heure de repos. La pluie n'avait pas cessé de tomber,
très-violente, depuis quarante-huit heures et nous
sentions nos chemises trempées nous *plaquer* sur le
corps. Nous envahissons une immense grange. Nous
allumons cinq à six grands feux de fagots. Nous nous
déshabillons des pieds à la tête, et, tenant nos habits
étendus au-dessus de la flamme, nous faisons sécher
en même temps et notre peau et nos effets. Au bout
d'une heure, nous étions à peu près secs, hommes et
habits.

Les vêtements sont durcis et ratatinés ; cependant,
avec un peu d'effort, je réussis à rentrer dans ma
capote; mais quand je veux essayer de rentrer dans

mes chaussures, impossible. A Lunéville, pour remplacer mes souliers d'ordonnance qui tombaient en
ruines, j'avais acheté des bottines, et ces bottines
avaient été absolument cuites et racornies par le feu.
On sonne le ralliement. Je m'élance, pieds nus, mes
chaussures à la main, dans les rues du village; pas
un cordonnier! Et mes camarades allaient partir. Enfin,
j'avise un pauvre savetier; il n'avait pas une seule
paire de souliers à me vendre, mais il possédait une
paire de formes. Le savetier prend mes bottines, les
met sur la forme et, pendant un quart d'heure, ne cesse
de me répéter :

— C'est de la drogue, ça. Qu'est-ce qui vous a
vendu ça? On vous a volé. Voyez, ça n'est pas cousu.
Quoi! c'est à Lunéville? Faut-il qu'il y ait des filous
dans le monde! etc., etc.

Cet homme ne m'a pas parlé d'autre chose. Enfin, je
chausse ces malheureuses bottines et je parviens en
courant à rejoindre mes camarades sur la route.

Le 16, nous arrivions à Neufchâteau. Le soir, on
nous entasse dans des wagons de troisième classe. Je
tombe sur une banquette, je m'endors et le matin je
me réveille dans la gare de Châlons.

III

FORBACH

Je reçois, le 5 août, à Metz, la visite de mon ami M...
Il avait assisté, en amateur, au combat de Saarbruck.

« Je retourne demain à Forbach, me dit-il; venez
avec moi. Nous irons déjeuner à Saarbruck, en Allemagne. La victoire du 2 août a été un peu une victoire pour rire; mais cependant elle nous a ouvert la
frontière, et nous pouvons risquer, sans passe-ports,
cette légère invasion en pays ennemi. Venez et, sur le
terrain, je vous raconterai la petite bataille ou plutôt la
petite guerre de Saarbruck. »

Le lendemain matin, par le train de cinq heures,
nous partions de très-bonne humeur tous les deux.
Nous faisions d'avance le menu de notre déjeuner
allemand; nous l'arrosions de vin du Rhin, et

nous nous rappelions les vers d'Alfred de Musset :

> Si vous oubliez votre histoire,
> Vos jeunes filles, sûrement,
> Ont mieux gardé notre mémoire ;
> Elles nous ont versé votre petit vin blanc.

Nous arrivons à Forbach à sept heures et demie. Il y avait un buffet dans la gare. Je propose à M... de faire à tout hasard de petites provisions.

— Non, non, me répond-il, à Saarbruck, nous déjeunerons à Saarbruck. Je sais un petit hôtel excellent, tout près du pont, sur les bords de la rivière.

Nous sortons de la gare. La voie était coupée au delà de Forbach. Nous avions à faire à pied quatre ou cinq kilomètres. Nous voilà tous les deux sur la grande route qui, longeant le chemin de fer et passant par Styring-Wendel, conduit à Saarbruck. A notre droite, dans les champs, des régiments d'infanterie, les fusils en faisceau, attendaient. Un commandant d'artillerie passe à côté de nous, au petit galop d'un admirable cheval noir.

— Ah ! c'est trop bête ! se disait-il à lui-même, ah ! c'est trop bête !

Cet officier, évidemment, avait vu faire ou était obligé de faire quelque chose qui lui paraissait absurde.

Nous laissons à notre gauche Styring-Wendel, petit village et grande usine. Les huit ou dix hauts-fourneaux de M. de Wendel étaient surmontés de gros pa-

naches de fumée noire ; on entendait le bruit des machines, on voyait aller et venir les ouvriers... toute
l'apparence d'ateliers en pleine activité.

Nous nous trouvons au milieu d'un régiment de
ligne — le 67e, si j'ai bonne mémoire. Un vieux sergent nous dit :

— J'étais à Saarbruck, nous leur avons donné une
fière frottée... ils ont tous décampé... Nous aurions pu
pousser en avant... il n'y avait plus rien devant nous...
Mais nos généraux sont des malins... Nous avons fait
semblant de reculer. C'est un piége. Nous avons ici de
rudes positions... Que les Prussiens essayent de venir
s'y frotter !

Nous continuons notre route.

— Voyez-vous, me dit M..., cette maison rouge,
sur les hauteurs en face de nous... c'est la frontière,
c'est l'Allemagne.

Un factionnaire nous arrête : On ne passe pas. Nous
nous adressons à un officier d'état-major.

— Mais vous ne pouvez aller plus loin, nous répond-
il, vous trouveriez les Prussiens à Saarbruck. On se
battra peut-être ici dans une heure.

Et notre pauvre déjeuner à Saarbruck ! Nous étions,
hélas ! déjà revenus de notre voyage en Allemagne.
Quelque chose, en effet, annonçait et sentait la bataille.
Le général Verger, qui commandait la division rassem-
blée en avant de Forbach, était là, dans les champs,
allant et venant, à pied, une lorgnette à la main, au
milieu de ses officiers. Il monte à cheval. Grand mou-

vement d'estafettes. Un régiment reçoit l'ordre de jeter la soupe qui était sur le feu.

— Elle allait si bien, notre pauvre soupe! dit à côté de nous un soldat qui docilement renversait la marmite ; mais c'est toujours comme ça, quand la soupe va bien, il faut la jeter.

— Et quand elle va mal, ajoute un autre soldat, il faut la manger.

— Et quand il n'y en a pas du tout, il faut s'en passer.

— Enfin, on ne regrettera pas la soupe s'il s'agit d'essayer les chassepots et de les essayer pour tout de bon.

Essayer les chassepots, c'était la phrase qui était sur toutes les lèvres. Les hommes étaient gais, calmes, paraissaient confiants et résolus. Cependant, nous sommes obligés de rebrousser chemin. Nous rencontrons un bataillon de chasseurs à pied, et je vois encore un vieux capitaine qui, sans se retourner, étendait les bras, réglait le pas de ses hommes et leur disait d'un ton amical et paternel : « Marchez en ordre! marchez » en ordre! » Sur toutes les figures le même air de bonne humeur et de décision. C'étaient de braves gens et qui ont fait bravement leur devoir ; mais il n'y a pas de patriotisme et de courage qui puissent donner la victoire à des hommes qui se battent un contre trois et sous des chefs incapables.

L'artillerie met ses pièces en batterie dans la plaine. On entend le canon du côté de Spickeren. Toutes les

troupes prennent des positions de combat. C'était la
bataille, il n'y avait plus à en douter; mais où était
l'ennemi?

Les sentinelles commencent à nous malmener tout
à fait et à nous repousser vers Forbach. La place n'était
plus tenable. Nous nous jetons dans les terres labourées, et, après une demi-heure d'une marche très-labo-
rieuse, nous arrivons sur le sommet de collines escar-
pées qui, à droite de la route, en face de Styring-
Wendel, dominent toute la plaine. De là, nous avons
une vue très-libre et très-étendue.

La bataille commence, et nous voyons bien maintenant où est l'ennemi. Il est dans ces bois qui, de
l'autre côté de la plaine, en face de nous, à droite et
au-dessus de Styring-Wendel, couronnent les hauteurs. Des balles et des obus sortent déjà de ces bois
et viennent battre la plaine. Pas un Prussien ne se
montre. Nos soldats vont avoir à combattre un ennemi invisible et insaisissable.

Une compagnie du génie est envoyée pour faire
une sorte de retranchement. Deux charrettes suivent,
chargées de pelles, de pioches et de brouettes. Les
hommes dans un ordre parfait, froidement, posément,
comme à la manœuvre, se rangent en une longue ligne
droite... On distribue les pelles et les pioches... Sous
le feu de l'ennemi, les soldats se mettent à attaquer la
terre... Un homme, de temps en temps, tombait; on le
relevait, on l'emportait, sans que le travail fût troublé
ou interrompu.

Des tirailleurs sont jetés en avant dans la plaine et dépassent la ligne fortifiée par le génie. Ils rampent, se glissent, avancent à quatre pattes, à plat ventre. Je vois encore un de ces hommes, tout seul, à une distance énorme, touchant presque ces bois d'où sortait de plus en plus épaisse et de plus en plus violente une pluie de balles et de boulets.

Notre infanterie aborde le bois. De midi à trois heures, c'est une série de petites attaques répétées, opiniâtres, hardies et infructueuses. Ce n'est pas contre des hommes, c'est contre des arbres que nos soldats ont l'air de se battre. Ils se jettent sur ces bois résolûment, d'un seul élan, sans tirer un coup de fusil. Beaucoup, avant d'arriver, tombent... Puis les compagnies, déjà très-diminuées, disparaissent derrière les arbres. Le bruit de la mousqueterie devient plus vif, plus serré. Et peu après les compagnies sortent du bois, en désordre, en débandade, accompagnées par les balles ennemies. Pas un Prussien, pas un. Si fait, à une grande distance, hors de portée, on voyait se mouvoir de grandes masses noires. C'étaient des régiments prussiens qui allaient renforcer et renouveler cette masse de tirailleurs enfouis dans le bois. Au milieu même de la bataille, continuait à s'élever la fumée des hauts-fourneaux de Styring-Wendel.

Du côté de la Maison-Rouge, l'artillerie prussienne se fait entendre. Une batterie française arrive au grand galop de Forbach par la route ; les chevaux, sans diminuer leur allure, se jettent dans les champs et, tirant à plein collier, enlèvent les pièces dans les terres labourées. Un officier d'artillerie seul, en avant, le sabre haut, dessine le mouvement pour le premier attelage ; tous les autres attelages suivent et les six pièces se trouvent en batterie. Cette conversion, sous un feu très-violent, est exécutée avec un sang-froid et une précision admirables.

La batterie commence à tirer. Un obus tombe sur un caisson de munitions qui éclate. Un cheval attelé à ce caisson se cabre, se débat, brise son entrave, vient à nous en ligne directe d'un galop furieux, franchissant les fossés et les haies ; ses traits qui battaient le sol se prennent et s'entortillent dans ses jambes, il tombe, se relève, dresse la tête, hennit furieusement, reprend son galop, se jette dans les bois et disparaît. C'est le premier fuyard que nous ayons vu.

Cependant, les attaques de notre infanterie contre le bois devenaient plus rares et plus molles. Les troupes évidemment se lassaient d'être jetées contre cet ennemi qu'elles ne pouvaient atteindre. Les pantalons et les képis rouges étaient moins nombreux autour du bois. Beaucoup de tirailleurs étaient encore couchés par terre, à plat ventre, dans la plaine. Ce n'est qu'après un très-long temps et par réflexion, que, les voyant toujours à la même place, je me suis dit : « Ce sont des morts. » C'étaient des morts !

Je vis commencer la déroute. Le désordre se mit tout à fait dans nos régiments... la panique même... Des soldats, en courant, traversaient la route, se je-

taient dans les terres labourées, et venaient à nous en criant : « Nous sommes perdus ! nous sommes tra-
» his ! » Parmi ces fuyards, un capitaine d'infanterie, cinquante ans, épaisse moustache noire, cheveux gris coupés ras, petit, gros, tête nue, la tunique entr'ouverte ; il n'avait plus ni sabre, ni ceinturon, sa gourde ballottait à ses côtés. Il vint à moi, et, les bras au ciel, il s'écria :

— Ma compagnie ! ma pauvre compagnie ! Tous tués ! tous ! tous ! Voilà ce qui me reste !

Et il me montrait une douzaine d'hommes groupés autour de lui.

— Ce bois, continue le capitaine, c'est ce bois ! Nous y sommes entrés trois fois... Il est plein de Prussiens... de Prussiens invisibles. Je n'en ai pas vu un seul ! pas un ! Nous nous battions contre des balles. Ma compagnie ! ma pauvre compagnie ! Et je ne suis pas mort ! Pourquoi ne suis-je pas mort ?

Il me prit par le bras.

— Ah ! je vous en prie, me dit-il, soutenez-moi, je n'en puis plus... Ce n'est pas ma faute, voyez-vous, si je ne suis pas mort... J'ai fait ce que j'ai pu...

Puis, tout d'un coup, s'écartant violemment de moi :

— Un Prussien ! vous êtes un Prussien ! Laissez-moi. Venez, mes enfants, venez. Il faut essayer de mourir.

Et il se jeta dans les bois, suivi de ses hommes, qui paraissaient attachés à lui, comme un petit troupeau docile et tremblant.

Nous avions sous les yeux un spectacle déchirant.
C'étaient ces mêmes hommes que nous avions vus,
quelques heures auparavant, pleins de bonne humeur et
d'entrain... M... et moi, nous eûmes tous les deux,
en même temps, la même pensée : nous ne voulions
pas assister à cette déroute française... Nous entrons
sous bois, nous marchons pendant dix minutes devant
nous, au hasard, muets, désespérés.

Nous arrivons à une espèce de carrefour. Au milieu
de ce carrefour, s'élevaient deux grandes croix de pierre,
de ces vieilles croix simples et naïves qui représentent
si bien la religion et la foi d'un autre siècle. Autour de
ces croix, agenouillées dans la poussière, une vingtaine
de pauvres femmes, la tête dans les mains, priaient.
L'endroit était charmant, en pleine forêt, entouré de
grands arbres. On entendait distinctement les coups de
canon de l'artillerie prussienne et aussi, mais déjà plus
rare, le bruit sec et si particulier de nos mitrailleuses.
Nous nous arrêtâmes surpris, émus devant le plus touchant et le plus extraordinaire des tableaux. Ce n'était
rien encore, cependant. Un soldat — c'était un chasseur
à pied, un tout jeune homme blond, l'air d'un enfant —
sortit du bois. Il vit ce groupe de femmes qui priaient
et, s'approchant, il ne s'agenouilla pas, mais il se laissa
tomber auprès de l'une des deux croix ; il posa son fusil
par terre à côté de lui, et là, le front appuyé sur sa
main droite, il se mit à pleurer... Nous nous approchons de lui... Il relève la tête, voit que nous le regardons,

— Ah! nous dit-il comme pour s'excuser, ce n'est pas pour moi, c'est pour mon frère; nous étions dans la même compagnie, nous sommes entrés ensemble dans le bois là-bas; j'en suis sorti, il y est resté.

Nous nous remettons en route, conduits par un paysan. Nous arrivons à Forbach. Le général Frossard était là, à pied, entouré de ses officiers, devant la maison du maire. Je m'approche d'un capitaine d'état-major qui seul, à l'écart, se promenait, fumant un cigare. Je lui dis que j'arrivais de Styring-Wendel, que j'avais vu la bataille, que les choses allaient mal et très-mal pour nous de ce côté.

— Voulez-vous parler à mon général ? me dit-il.

— Très-volontiers.

Il me conduit vers ce général, mais celui-ci, dès les premiers mots, m'interrompt pour me dire :

— Nous avons gardé nos positions, n'est-ce pas?

Je lui réponds que nous avons été obligés de les abandonner.

— Ah! réplique-t-il, il faudra que nous apprenions cette tactique prussienne de la guerre dans les bois.

Et ce fut tout. Personne, dans tout cet état-major du général Frossard, ne paraissait se douter que la bataille était déjà perdue et complétement perdue.

Nous trouvons à la gare un train qui partait dans la direction de Metz. Il était environ cinq heures... Quel retour, et comme nous ne pensions plus à redire les vers d'Alfred de Musset !

A la première station, à Cocheren, je crois, un colonel se promenait sur le quai, dans la gare. Il vient à nous. Il entendait le canon. Que se passe-t-il? Nous lui racontons ce que nous avons vu et comme les choses allaient mal, quand nous avions quitté Forbach.

— Le général a des troupes ici, dans la main, nous dit-il ; mais il n'a pas d'ordres, et on ne peut rien faire sans ordres.

Ces troupes appartenaient-elles au corps Bazaine? Je ne sais ; mais ce que je sais, c'est que ces troupes, en un quart d'heure, auraient pu être portées à Forbach par le chemin de fer, et que les choses, par leur arrivée, auraient pris peut-être une autre tournure. Les commandants en chef, par malheur, avaient fait de leurs corps d'armée autant de petites républiques indépendantes, et ne paraissaient guère se soucier de porter secours au voisin. Il n'y avait pas de commandement supérieur, pas de direction d'ensemble. Sur ce point, les témoignages abondent et ont le caractère de l'évidence.

Tout était trouble et confusion dans la gare de Saint-Avold. Il y avait encombrement de trains de vivres et de munitions. Fallait-il diriger ces trains sur Forbach? Fallait-il les faire rétrograder sur Metz? Fallait-il les garder à Saint-Avold? Le chef de gare ne savait quel parti prendre. Il n'avait pas d'ordres. *Nous allons essayer nos chassepots*, c'était la phrase de la matinée; *nous n'avons pas d'ordres*, c'était la phrase de l'après-midi. Le premier soin des Prussiens aurait été de mettre un chef de gare *militaire* dans la gare de Saint-Avold,

mais nous ne soupçonnions pas ce que pouvait être
et ce que devait être en temps de guerre l'organisation
du service des chemins de fer.

Nous restons là une heure sur le quai, au milieu de
ce grand désordre. Un autre train arrive de Forbach.
Les nouvelles continuent à être mauvaises. On forme
un train pour Metz. Nous partons. Un voyageur est
monté dans notre compartiment : grand, mince, moustaches noires, redingote boutonnée; il est agité, irrité,
indigné.

— Je suis un ancien capitaine de zouaves, nous
dit-il. Je sais ce que c'est que la guerre, eh bien ! jamais, jamais je n'ai rien vu de semblable. Cette malheureuse armée est abandonnée. Il n'y a pas de commandement. Les soldats sont admirables. Je suis resté
pendant deux heures au milieu d'un bataillon de chasseurs à pied qui s'est héroïquement conduit. Mais que
pouvaient faire des troupes sans direction? C'est horrible!

Nous arrivons à Metz, et nous nous séparons de notre compagnon de route.

— Vous savez qui c'est? me dit M...

— Pas du tout.

— M. Jérôme David.

Metz était parfaitement calme. Le jour baissait. On
allumait le gaz. Les cafés regorgeaient de monde. Personne ne savait rien de ce qui se passait à Forbach.
Tombant de fatigue, mourant de faim, nous entrons
dans un café, le café Turc, je crois. La foule y était

énorme, et cette foule était très-bruyante, très-gaie,
très-animée. Un de nos amis, le capitaine L..., vient à
nous.

— Eh bien, nous dit-il, vous savez la nouvelle?

— Quelle nouvelle?

— Grande victoire de Mac Mahon... quarante mille
prisonniers... je ne sais combien de canons et de drapeaux pris aux Prussiens. Et maintenant on s'amuse à
faire courir le bruit d'une bataille perdue à Forbach. Je
quitte le général Z... Il n'y a pas un mot de vrai là-
dedans.

IV

GRAVELOTTE — SAINT-PRIVAT

RÉCIT D'UN OFFICIER DE HUSSARDS

14 *août* 1870. — Le soir, à quatre heures, violente attaque du côté de Borny. Nous étions à ce moment sous le fort Saint-Julien. Le général Ladmirault rappelle les troupes qui avaient déjà passé sur la rive gauche de la Moselle et réunit tout son corps d'armée. Nous montons à cheval et nous marchons dans la direction de Borny. Nous passons entre le fort Bellecroix et les Plantières. Il est huit heures du soir, quand, par un grand détour, à travers des routes détestables et encombrées, nous nous trouvons en arrière du champ de bataille, sur la route de Bouzonville. La lutte est très-vive. Nous y assistons sans y prendre part. Vers neuf heures du soir, l'horizon est en feu ; des incendies s'allument de toutes parts ; les Prussiens brûlent les

villages environnants. Ordre de rentrer au bivouac.

Nous traversons le faubourg Saint-Julien au milieu d'une effroyable confusion. Que de voitures chargées de morts et de blessés ! Nous passons devant une vieille église ; les portes sont toutes grandes ouvertes. Des torches, des falots éclairent l'intérieur de l'église, qui est pleine de blessés étendus sur de la paille ; des chirurgiens vont et viennent ; on entend des plaintes, des cris. Très-nombreuses, des femmes se pressent sous le porche ; elles se lamentent, pleurent et ne peuvent cependant se détacher de ce spectacle.

Dans les rues la foule est énorme. Nous n'avançons que difficilement et lentement. Les habitants de la ville nous interrogent. Est-ce une victoire ? est-ce une défaite ? Nous ne savons que répondre à ces questions. Nous passons la nuit sous la tente sur les hauteurs de la Moselle.

15 *août*. — De grand matin ordre de monter à cheval. Changement de bivouac. Nous nous installons dans des prés délicieux, sur les bords de la Moselle, au-dessous de Grimont. Près de nous est le troupeau de bestiaux du corps d'armée. Nos hommes découvrent qu'il est très-facile de se procurer du lait, et le régiment tout entier s'en va traire les vaches. On pourrait appeler cette journée la journée du café au lait, du riz au lait, de la soupe au lait. Le temps est charmant. Pas un coup de canon. Un régiment d'infanterie est campé dans notre voisinage. La musique de ce régiment se met à jouer vers trois heures, et nous allons entendre

une fantaisie sur le *Trovatore* et une valse de **Strauss**.

A cinq heures du soir, alerte. Nous attendons des ordres, la bride au bras. La nuit vient, pas d'ordres; on desselle les chevaux; on essaye de dormir un peu.

16 *août*. — A deux heures du matin, nouvelle alerte, et nous voilà encore pendant trois heures la bride au bras. A six heures nous passons la Moselle; on nous dirige sur Moulins. L'encombrement des routes est tel que nous nous jetons dans un chemin vicinal. A huit heures et demie, halte, et nous déjeunons assis sur le bord d'un des fossés de la route. Déjeuner très-sommaire : du pain et du fromage. Nous entendions très-distinctement le canon à notre gauche.

Notre divisionnaire, le général Legrand, arrive mourant de faim et de soif. Il s'arrête, descend de cheval, vient au milieu de nous. On lui donne un morceau de pain, un verre de vin. Pauvre général! Je le vois encore dans sa tenue d'officier d'Afrique, avec ses cheveux blancs, ses moustaches noires, son haut képi galonné, sa grande ceinture de laine rouge.

Neuf heures du matin.—Nous nous acheminons, longeant l'ancienne voie romaine. Nous traversons un petit bois. Dans un fossé nous apercevons un homme étendu sur le ventre, dans une position si naturelle qu'il paraît endormi. On s'approche, c'est un uhlan. On le secoue, on le retourne. Il avait reçu une balle dans la tête. Un peu de sang sortait par le nez. Il était mort.

La canonnade est très-vive, très-proche. Nous hâtons

notre marche. Nous avançons à travers champs par régiments déployés. Nos pelotons d'éclaireurs et de flanqueurs fouillent les bois à droite et à gauche. Nous arrivons à Doncourt à dix heures et demie. Cette fois, c'est une bataille, une vraie bataille, et nous en serons.

Ordre de décharger les chevaux à la hâte et de prendre position à droite et en arrière de la première division d'infanterie. Marche rapide vers les points dé-signés. Nous rencontrons des éclaireurs du 3e corps. Ils nous disent qu'une grande action est engagée du côté de Rezonville, que tout va bien, qu'un régiment de cuirassiers blancs a été complétement détruit.

Nous faisons halte dans la plaine. Devant nous, à cinq ou six cents mètres, la première division d'infan-terie fait bonne contenance et maintient ses positions. La canonnade, après avoir été très-violente, s'apaise et, vers trois heures, s'arrête presque complétement sur toute la ligne.

Temps splendide. Tout le monde très-confiant, très-gai. Le bruit se répand que la bataille est gagnée, que les Prussiens se retirent.

Arrive une division de cavalerie : chasseurs d'Afri-que, lanciers et dragons de la garde. Nous voilà main-tenant huit régiments de cavalerie dans cette vaste plaine. Les officiers se retrouvent, se reconnaissent, vont les uns aux autres, causent le plus joyeusement du monde. Un officier apporte une grande peau de bouc pleine de café. La chaleur était ardente; on ac-court, on se presse, et, avec de grands éclats de rire,

on se bouscule pour boire. La brigade de la garde et
les chasseurs d'Afrique avaient accompagné l'empereur jusqu'à Conflans; là, ils avaient été relayés par un
escadron de guides et par deux autres régiments qui
avaient pris l'escorte jusqu'à Stenay. On interroge les
officiers : « Que disait-il ? quelle figure avait-il ?
etc. » De minute en minute un coup de canon. On n'y
faisait pas grande attention.

A quatre heures, la canonnade reprend avec la plus
violente intensité. C'est la bataille qui recommence.
Grande poussière à l'horizon. Qu'est-ce que c'est que
cette grande poussière ?

On nous reforme en bataille; on nous porte en
avant. Nous apercevons distinctement des mouvements de troupes cherchant à déborder notre aile
droite. Le colonel envoie en reconnaissance sur Bru-
ville un sous-officier et trois hommes, hardis, intelli-
gents et bien montés. Ils partent, descendent au grand
galop la pente du ravin qui était devant nous et disparaissent dans la vallée. Mais, au bout de quelques
minutes, nous les voyons de l'autre côté du ravin,
escaladant, toujours au galop, la pente au sommet de
laquelle était le village. En approchant des maisons,
ils reçoivent et rendent quelques coups de feu. Le
village était occupé. Les quatre hommes se replient,
reviennent du même train dont ils s'en étaient allés,
et rendent compte au colonel.

Nous commençons à souffrir du feu de l'artillerie
ennemie, une batterie prussienne vient s'établir à

gauche du village, à bonne portée et en excellente position pour nous faire le plus grand mal. Cette batterie
se met à tirer et en un instant nous couvre de projectiles. Deux hommes et quatre chevaux sont atteints
par des éclats d'obus.

Un officier d'état-major arrive porteur de cet ordre
du général en chef : « Ramasser toute la cavalerie, la
» faire charger en masse afin de dégager la droite de
» la ligne menacée. »

Il y avait toujours la même grande poussière à l'horizon. Nous échangeons quelques paroles avec cet
officier d'état-major. Nous lui demandons ce qu'il pense
de ce nuage. « Nous avons d'abord cru, nous dit-il,
» que c'était de la poussière française : une grande
» reconnaissance de la cavalerie du maréchal Lebœuf;
» mais nous nous trompions ; c'est de la poussière prus-
» sienne. Ce sont des réserves qui entrent en ligne. La
» bataille n'est pas finie. »

Cependant, nous nous ébranlons. La brigade légère
fait demi-tour par pelotons et rompt par quatre au galop. Nous descendons le ravin d'une vitesse insensée.
J'entends les hommes dire joyeusement autour de moi :
« — On va charger! ça va chauffer! » Nous allons
droit devant nous, passant par-dessus les haies, sau-
tant des rigoles et des fossés, traversant des cours de
fermes. Les obus prussiens nous font la conduite ; toutes
les habitations, d'ailleurs, silencieuses, abandonnées,
désertes. Cependant, dans une cour de ferme, un malheureux enfant d'une douzaine d'années, debout dans

un tombereau, poussait des cris aigus, dansait et gam-
badait en nous regardant passer. Quelque pauvre petit
idiot qu'on avait oublié là.

Nous remontons le ravin, nous franchissons la route
de Verdun et nous nous trouvons haletants, en nage,
hommes et chevaux, adossés à un bois, formés en bataille, la gauche à la grande route. Plus de projectiles
prussiens. Nous voyons se rallier devant nous le régiment de chasseurs d'Afrique qui, par une charge en
fourrageurs bien conduite, venait de dégager le plateau
et avait obligé à une retraite précipitée les batteries
prussiennes qui nous mitraillaient.

Mais quand les chasseurs d'Afrique, en se ralliant,
déblayent le terrain, nous apercevons devant nous, à
travers la poussière, un immense développement de
cavalerie ennemie. Deux régiments étaient rangés en
bataille, et, derrière leur aile gauche, se tenaient plusieurs autres régiments formés en masse profonde.

On s'arrête un instant, le général et notre colonel
semblent se consulter : « Laissez-nous faire un feu
» avant de charger, mon général, dit le colonel. —
» Non, répond le général Montaigu, l'ordre est for-
» mel. » Et mettant l'épée à la main il s'écrie : « A
» l'arme blanche, allons, messieurs! » Le colonel alors
se tourne vers son régiment qu'il embrasse du regard,
et, debout sur ses étriers, le sabre haut, avec un geste
qui aurait peut-être paru banal sur le champ de manœuvre, mais qui était sublime à ce moment-là, commande d'une voix éclatante : « Escadrons, garde à

» vous, pour charger, sabre à la main, au galop, mar-
» che ! » Les clairons sonnent la charge et tous les
officiers répètent le commandement : Chargez ! L'entrain des hommes est admirable. Nous n'avons pas
besoin de les exciter. Il y a de l'émotion dans tous les
cœurs, mais une émotion haute et généreuse.

Nous partons. Nos excellents et légers et courageux
petits chevaux bondissent de sillon en sillon. Le cheval aussi bien que le cavalier s'anime et se grise à la
guerre. Rapidement la distance se rapproche, et, à
travers le nuage de poussière qui nous enveloppe, nous
apercevons la ligne ennemie, imposante et calme. C'est
une grande masse qui nous paraît immobile et qui
vient à nous cependant, mais qui vient au pas, comme
certaine de sa force, au-devant de notre torrent. Nous
rassemblons et nous enlevons violemment nos chevaux.
Nous approchons! nous approchons! Un grand cri se
fait entendre : Chargez! chargez! Qui le pousse ce
cri? Tout le monde. Il sort à la fois de toutes les poitrines. Des hurras frénétiques l'accompagnent. On entend le petit bruit sec de mille revolvers déchargés en
même temps. Il nous semble que le canon et la mousqueterie se taisent.

Quant à moi, couché sur l'encolure de mon cheval,
les étriers chaussés jusqu'au talon, l'éperon au flanc,
les rênes courtes, le sabre et une poignée de crins dans
la main gauche, le revolver dans la main droite, je jette
deux coups de feu dans la muraille vivante qui me fait
face et j'entre dans cette muraille, enlevé, poussé,

porté par cinq ou six braves cavaliers de mon peloton
qui s'écrient : Les voilà ! les voilà ! Nous les tenons !

Je fais brèche, je pénètre. Mon cheval aussitôt, après
un écart terrible, se cabre follement. Il a reçu un violent coup de pointe dans l'épaule. Presque désarçonné,
je suis comme remis en selle par une masse qui me
tombe sur le bras gauche. C'est un hussard, mon plus
proche voisin, qui vient d'être atteint et renversé.

Alors juste en face de moi, au-dessus de la crinière
d'un cheval alezan, je vois deux grands yeux bleus,
doux et sans colère, une longue barbe blonde sous
un casque noir à l'aigle d'or. Ces deux yeux me regardaient. Je tire un coup de revolver. La tête blonde disparaît le long de l'encolure du cheval, le corps s'affaisse
et roule.

Un visage brun, dur et ensanglanté, une manche
d'habit bleu passent ensuite devant mes yeux. Mon
revolver rate. Mon sabre, repris de la main droite, pare
un violent coup de plat de sabre. Le choc a été si dur
que mon bras retombe tout engourdi. Je me retourne.
Je regarde. Personne autour de moi. Mes hommes ont
été ramenés. Je m'écrie : A moi ! à moi ! Je me sens
à la nuque une sorte de chaleur moite et écœurante. Je
porte la main derrière ma tête. Je ramène mon gant
tout ensanglanté. Une vigoureuse estafilade m'était
tombée du ciel sur la nuque. Je n'avais pas eu le temps
de m'en apercevoir.

En cet instant, près de moi, passe le colonel ; son
malheureux cheval avait le poitrail presque coupé en

morceaux et laissait derrière lui une trace rouge. Le colonel, lui aussi, faisait de vains efforts pour rallier les hommes. Les dragons et les lanciers de la garde lancés à notre rescousse viennent augmenter le désordre. Six régiments de cavalerie française et autant de régiments allemands sont entassés, confondus pêle-mêle dans un étroit espace. On entend les cris et les commandements et aussi les gémissements dans les deux langues. Les morts et les blessés, hommes et chevaux, couvrent déjà la terre. C'est sur des cadavres qu'on galope, qu'on se cherche, qu'on se poursuit, qu'on se bat et qu'on se tue.

Au milieu de cette mêlée, j'aperçois le général, qui, tout à l'heure, au premier rang, nous avait si bravement entraînés à la charge.... démonté, courant à pied, brandissant son épée, blessé à la tête, la figure rouge de sang. Des cavaliers ennemis le poursuivent. Il va être atteint. Un officier de hussards prussiens, — dolman vert, tresses jaunes et noires, à peu près l'uniforme de notre régiment des guides, — pique droit sur le général d'une course effrénée. Il va l'atteindre. Non, le cheval est emporté, dépasse le but. L'officier prussien, un tout jeune homme, fait pour l'arrêter de vains efforts; le cheval continue sa course et l'emmène au milieu d'un petit groupe de lanciers de la garde; il reçoit au passage cinq ou six coups de pointe, dont un en pleine gorge; il tombe à la renverse, sur la croupe, puis glisse, mais une jambe est engagée dans l'étrier. Ainsi accroché par le pied, l'officier est traîné pendant une cinquantaine de mètres; il se détache enfin du cheval et reste immobile, par terre, sur le dos. L'animal aussitôt s'arrête; un de nos hommes s'approche, le prend par la bride et l'emmène.

Cependant le ralliement sonne de part et d'autre. Les débris de nos hussards, pêle-mêle avec des cavaliers de toutes armes, repassent le ravin. Les chevaux sont exténués, rendus, brisés. On se reforme, non sans peine, sur le plateau opposé. On se compte. On fait l'appel. Le général Legrand a été tué dans la mêlée. Le général Montaigu disparu. Et un tel? Qui l'a vu ? — Moi, répond un camarade, il est tombé à quatre pas de moi, tué roide d'une balle en pleine poitrine, dès le commencement de l'affaire; toute la charge lui a passé sur le corps. — Et un tel? — Moi, je l'ai vu. Il était emballé par son cheval. Il est prisonnier, s'il n'est pas tué, car il s'en allait droit vers les dragons hanovriens.

En ce moment arrive épuisé, haletant, les yeux hagards, tout couvert de sang, sur un cheval à moitié fourbu, un adjudant. Ses vêtements en lambeaux et son sabre en tire-bouchon témoignent éloquemment des combats corps à corps qu'il a dû livrer. Il ramène un de nos camarades qui est littéralement haché de coups de sabre : nez enlevé, poignets coupés, etc., etc.

Au loin nous apercevons la cavalerie prussienne qui se reforme, elle aussi, en désordre et bien loin du plateau dont elle nous avait disputé la conquête et dont la possession ne restait en définitive ni aux uns ni aux autres, après cette sanglante diversion.

Nous ramassons nos morts et nos blessés sur le plateau de Doncourt. Le premier blessé que je rencontre
est un capitaine de dragons. Il a la tête fendue, la
cervelle sort et fait bourrelet en dehors du crâne. Il râle
dans un buisson d'épines. Ses mains sont affreusement
déchirées :

« Sommes-nous vainqueurs, me dit-il en soulevant
» ses paupières alourdies ? »

Et moi, je ne pouvais lui répondre ni oui, ni non, car
cette question qu'il m'adressait, nous nous l'adressions
tous à nous-mêmes : Où en sommes-nous ? Qu'est-ce
que nous avons fait aujourd'hui ? Voilà les phrases qui
étaient sur toutes les lèvres.

Je fais descendre un homme de cheval. Il enlève sa
selle, prend sa couverte, l'étend par terre. Sur cette
couverte nous plaçons le blessé et nous nous mettons
en route. Il souffrait et gémissait horriblement. Cependant il put me dire quelques mots :

« Je suis marié. J'ai deux enfants. Il y a un petit
» portefeuille dans la poche de ma veste. Dans ce por-
» tefeuille une lettre pour ma femme, avec l'adresse.
» Je vous recommande cette lettre. »

Nous rencontrâmes par bonheur un cacolet. On
étendit le blessé sur une des sellettes. Il y avait de l'autre côté un mort pour faire contre-poids, un tout jeune
homme, maréchal des logis aux lanciers de la garde.

Nous restons là une grande heure, visitant les sillons, ramassant les blessés et les morts. Nous remontons sur le plateau et nous retrouvons le régiment

qui opérait un mouvement en arrière. Mauvais signe. On était inquiet, triste.

Neuf heures du soir. Nuit noire. Au loin, très au loin, plusieurs incendies.

Où allions-nous? A Doncourt, disait-on, reprendre nos effets jetés à la hâte sur le bord du chemin, quand on avait déchargé les chevaux pour partir à la légère. La plaine était silencieuse. Le champ de bataille désert. Les sillons remplis de morts prussiens que l'ennemi, qui semblait se retirer et renoncer à la lutte, ne venait point relever. Était-il donc bien nécessaire de revenir sur nos pas? L'ennemi n'avait pas gagné un pouce de terrain et n'avançait pas. On se demandait : Pourquoi ne pas pousser sur Mars-la-Tour? On verrait, au moins, ce qui se passe par là.

Les chevaux épuisés, à bout de souffle et de force, ne nous portaient qu'à grand'peine. Leur pas traînait. Ils buttaient au moindre obstacle. Ils n'avaient ni bu ni mangé depuis dix-huit heures. La colonne s'allongeait silencieuse dans les ténèbres. L'avant-garde était comme vacillante et incertaine de la direction de notre point de ralliement. Nos hussards ramenaient beaucoup de chevaux allemands ramassés dans la plaine, et qui par leur épuisement témoignaient des grands efforts faits par la cavalerie ennemie. Ces chevaux étaient chargés de butin : casques à pointe, selles, sacs d'infanterie, bidons, etc., etc. Toutes ces choses pendaient accrochées par des courroies, se heurtaient, se cognaient dans un perpétuel cliquetis. Un de ces

chevaux qui succombait sous la fatigue et sous la
charge, fait un écart, tire sur la longe, se défend, se
cabre. Un bidon de fer-blanc, mal fixé, se détache,
vient battre les jambes du cheval qui s'échappe, se
met à courir, épouvanté, affolé, et jette le plus grand
désordre dans la colonne. Les hommes qui, pour la
plupart, étaient à moitié endormis sur leur monture,
se réveillent, et, avec de grands cris, se mettent à la
poursuite du cheval. Celui-ci, aux abois, prend des
temps de galop à tort et à travers, passe à ma portée, me lance une ruade. Mon étrier se brise comme
du verre ; je crois avoir la jambe cassée. Moment de
désespoir et de colère. Cette blessure me paraissait
absurde. J'aurais préféré un bon coup de sabre prussien, deux heures plus tôt. Enfin, j'en ai été quitte
pour une contusion.

Nous apercevons des feux dans la nuit. C'était Doncourt. Nous traversons le village. Grand encombrement de toutes les troupes du 4ᵉ corps. Partout des
blessés : dans les maisons, sous les hangars, dans
les cours de ferme, sur l'herbe. Pas de service organisé. Des falots vont et viennent dans l'obscurité. Nous
nous arrêtons dans une terre labourée à côté du village.
Là chacun se tâte, s'examine ; on se découvre de-ci delà de légères avaries : contusions, estafilades, écorni-
flures. La plupart de ces petites blessures sont à la
tête. Aussi, une heure après que nous avons mis pied à
terre, la moitié des hommes se promenaient avec des
bandes, des mouchoirs, des compresses autour de la

tête. Par là dessus, des képis déchirés, des shakos fendus, des bonnets de coton, des foulards indiens noués aux quatre coins, à la propriétaire, enfin les coiffures les plus variées et les moins militaires. Quelques blessures plus sérieuses et plus profondes se sont enflammées, nécessitent des pansements. Les chirurgiens ont peine à suffire à la tâche.

Enfin on réussit à remettre la main sur nos gros bagages. Nos voitures régimentaires arrivent. Nous allons pouvoir souper. Distribution de vivres aux soldats. Trois de mes camarades d'escadron sont blessés, le quatrième est à la distribution. Je soupe seul, assis par terre, appuyé contre la voiture de nos bagages et sans grand appétit, bien que je n'aie pas mangé depuis le matin. Notre cuisinier cependant s'est distingué ; il a, je ne sais comment, mis la main sur un lapin, et me sert une gibelotte qui a très-bonne mine.

Je m'organise tant bien que mal une petite installation, et je me mets à écrire une lettre qui est tombée aux mains des Prussiens et s'en est allée à Berlin, au lieu de s'en aller à Paris. Je me souviens que ma première phrase : *Je me porte bien*, etc., était suivie d'une longue et douloureuse liste : vingt-trois noms d'officiers blessés, morts ou disparus dans notre seul régiment.

17 *août*. — La nuit fut courte. A cinq heures du matin, ordre de se rendre au plateau d'Amanvillers. Pour nous décider à accepter avec résignation ce mouvement en arrière, on nous dit qu'il n'y a plus de mu-

nitions. Nous arrivons à onze heures du matin sur le plateau d'Amanvillers. Repos de vingt-quatre heures accordé aux troupes. Les voitures régimentaires sont envoyées à Metz en ravitaillement de vivres et de munitions. On fait l'inventaire des cantines des officiers morts, et, à une heure, triste exposition de tous les objets qui vont être vendus à la criée. Tout cela est étalé par terre, sur le gazon. Un officier fait fonctions de commissaire-priseur. La vente commence.

Une chemise de flanelle. Six paires de chaussettes. Deux caleçons en toile. Les poésies d'Alfred de Musset. Une douzaine de paires de gants. Un petit briquet en argent. Une paire de pantoufles. Une carte d'Allemagne.

Une carte! Chose rare! Aussi les enchères s'élèvent-elles à des prix extravagants. 51 francs la carte! Nous avions encore des illusions! C'était une carte de l'Allemagne du Nord, excellente pour le Brandebourg et la Poméranie.

Un encrier de poche. Un porte-cigares très-bien garni. Une demi-livre de chocolat (de chez Marquis, messieurs, il est de chez Marquis, ajoute le commissaire-priseur). Une lorgnette, une bonne lorgnette. Un caoutchouc. Une paire de revolvers. *La Chartreuse de Parme*, de Stendhal, etc., etc., etc.

Tous les officiers sont là rangés en cercle autour du commissaire-priseur et achètent. Rien de plus triste que cette vente, et cependant, de temps en temps, une plaisanterie éclate et fait rire. On est si bien prêt à mourir pour son propre compte qu'on s'habitue à la mort des autres.

A trois heures, nouvelle vente aux enchères. C'est la vente des chevaux de prise qui appartiennent à l'escadron. Nous avons pour notre compte une dizaine de chevaux prussiens. Le prix minimum est fixé à 50 fr. Les plaisanteries, cette fois, sont tout à fait de saison et vont comme un feu roulant.

Cagliostro, des écuries du marquis d'Hertfort, 11 ans 1/2, se monte et s'attelle, hautes actions, 53 fr. 75.

Amusette, jument de pur sang, par *Monarque* et *Hollande,* appartenant à madame X..., de Paris, 7 ans, 117 fr.

Bismarck, cheval de berline dépareillé, hors d'âge, provenant du haras de Warzin, 62 fr.

On nous présente un cheval de uhlan ; il monte tout de suite à 140 fr. Je dis à mon camarade M... : « Achète » donc ce cheval ; il est un peu étroit du devant comme » tous les chevaux allemands, mais il a de la taille, un » beau mouvement d'épaule, il sera superbe quand tu » l'auras remplumé. » M... ajoute cent sous, on lui adjuge la bête et, le lendemain, sur ce cheval prussien, il était tué devant Sainte-Marie-aux-Chênes.

De ce qui se passe autour de nous, nous ne savons rien, absolument rien. Nous sommes occupés à reformer le régiment, à resserrer les rangs. On répare le désordre de la tenue, on reprise les habits déchirés et tailladés par les lames prussiennes, on rajuste les harnachements, comme on peut, avec des lanières de cuir et des bouts de ficelle.

Le soir, de très-bonne heure, on se glisse sous les tentes. A une heure du matin on crie : Aux armes ! Alerte sérieuse. Les vedettes n'avaient, hélas ! que trop bien vu. Les bois qui nous entouraient se remplissaient de Prussiens. Pas d'ordres. On ne bouge pas. La nuit est chaude, étoilée. Le clair de lune admirable. On rentre sous les tentes, à deux heures du matin, mais tout habillé...

A neuf heures du matin, ordre de tenir les chevaux sellés, chargés, sans abattre les tentes. On déjeune en hâte. J'avais fini de manger et je fumais un cigare, assis sur le bord d'un fossé, quand, à travers la légère fumée d'une bouffée de tabac, je vois un petit nuage blanc, au niveau de la crête du bois de Lacusse, qui était en face de nous. Une détonation se fait enten- dre, et, en même temps, un obus éclate à quatre pas de moi, atteint en pleine poitrine le brigadier sellier et le blesse grièvement. Grand désarroi parmi les trois ou quatre ouvriers selliers qui, groupés autour du briga- dier, assis sur leurs talons, travaillaient à raccommoder les selles endommagées de la veille.

Après ce premier obus, un second, puis un troi- sième, puis une véritable grêle de projectiles. Le clo- cher d'Amanvillers prend feu. On n'a que le temps de détacher les chevaux, de sauter en selle et de se former en bataille en avant du front de bandière. Les hommes, a pied, sous une pluie de projectiles, essayent d'en-

lever les tentes et les bagages. Quelques chevaux,
restés à la corde, fous de terreur, brisent leurs entra-
ves, s'échappent et se mettent à galoper à l'aventure
dans la plaine. Notre camp est incendié et brûlé, pour
ainsi dire, sous nos yeux. Les tentes, les cantines, les
bagages, tout est renversé, détruit, dispersé. Notre
ruine est complète. Il ne nous reste plus que ce que nous
avons sur les épaules.

La position des escadrons devient intenable. Nous
sommes là comme une cible fixe offerte au feu de l'ennemi. Nous commençons à manœuvrer — peloton à
droite et à gauche — afin de donner moins de prise
aux projectiles. Nous continuons ce manége pendant
deux heures.

L'infanterie se forme rapidement en avant. Les hommes se glissent, rampant dans les sillons. Les chasseurs
à pied sont répandus en tirailleurs dans la vallée. Ils
font beaucoup de mal aux tirailleurs prussiens postés sur
la lisière du bois de Lacusse, mais ils ne gagnent pas
de terrain. Les Prussiens ont passé la nuit à s'installer
solidement dans ce bois ; ils se battent derrière des
tranchées et des épaulements.

A l'extrême gauche l'engagement est formidable. Le
gros de l'action est là, en avant du 3e corps (Lebœuf).
Notre escadron est envoyé en reconnaissance à la droite
du 3e corps, dans la direction du Gros-Chêne. Nous
nous approchons à cinq ou six cents mètres. De là,
avec la lorgnette, nous voyons, près du Gros-Chêne,
le maréchal Lebœuf, immobile sous le feu le plus vio-

lent. Derrière le maréchal, quelques officiers et le sous-officier porte-fanion. On voit flotter la flamme tricolore. L'escadron d'escorte a été laissé en arrière, assez loin.

Nous revenons sur nos pas, et nous allons nous re-mettre sous le feu des batteries du bois de Lacusse. Arrivée du général Ladmirault. Tout le monde est plein de bonne humeur et d'entrain. « Le général! le général! On va marcher en avant. » Hélas, non! Nous tenons fermement, nous n'abandonnons pas un pouce de terrain à l'ennemi, mais nous n'avançons pas.

Le fanion du général Ladmirault est porté par un sous-officier du 7e hussards. L'avant-veille, à Grave-lotte, le porte-fanion du général, un jeune maréchal des logis, fils du général Henry, avait eu la tête em-portée par un boulet. L'aide de camp du général, le capitaine de la Tour du Pin, s'était emparé du fanion pendant que tombait le pauvre enfant : « Permettez-moi, mon général, avait-il dit, de prendre la place du maréchal des logis. » Et c'était M. de la Tour du Pin qui, jusqu'à la fin de la bataille, avait porté le fanion.

Le général Ladmirault était très-reconnaissable avec sa haute taille, son grand couvre-nuque blanc flottant sur les épaules, son nombreux état-major et son fanion tricolore. L'ennemi l'aperçoit; avalanche de projec-tiles. Le cheval d'un de nos camarades est littérale-ment *crevé*; un autre cheval a la tête emportée; il fait encore quelques pas, sans tête, puis va rouler, comme une masse, avec son cavalier, qui se relève sans une égratignure.

Apparition de l'intendant. Sa bête, épouvantée sous ce feu violent d'artillerie, refuse d'avancer. L'intendant a perdu ses chevaux et ses ordonnances. Il demande un guide. Deux hussards sont mis à sa disposition, sortent des rangs, emmènent l'intendant. Ce petit épisode a été assez gai.

Nos munitions sont épuisées. Nos batteries réduites au silence. Arrive un aide de camp du maréchal Canrobert. Il vient demander des munitions au général Ladmirault. Le 6e corps est dans le même dénûment que le 4e. Plus de cartouches. Plus de gargousses. Plus rien... Enfin de Metz, nous voyons venir un convoi de munitions. Il nous est destiné; mais le général Ladmirault abandonne généreusement un tiers des voitures au maréchal Canrobert.

Le maréchal Canrobert envoie un nouvel officier d'état-major. Le maréchal se sent déjà débordé; il est obligé de s'étendre extrêmement sur sa droite. Il demande que nous bouchions avec de la cavalerie un trou qui s'est fait entre le 4e et le 3e corps. La bribade de dragons qui, l'avant-veille à Gravelotte, étant un peu en arrière, avait eu moins à souffrir, part aussitôt au galop et marche à grande allure au-devant des obus prussiens. On la voit se mettre en position, à découvert. Elle est aussitôt criblée de projectiles, mais calme, ferme, impassible, elle garde, sous ce terrible feu, la plus belle attitude.

Saint-Privat commence à brûler. De nombreux blessés, Français et Allemands, sont morts dans le village, au milieu des flammes. Nous commençons à voir clairement combien notre situation devient critique. Plus rien à gauche; le silence. Au centre le combat continue et nous faisons encore bonne contenance. Les détonations se multiplient à l'extrême droite. Les batteries prussiennes nous prennent d'écharpe, de flanc, et nous font beaucoup de mal. L'enveloppement prussien s'est effectué. Nous sentons que l'emprisonnement commence.

Et la garde? la garde? Que fait-elle? Pourquoi ne voit-on pas la garde? Il est sept heures et demie. Le jour commence à baisser. Nos batteries sont démontées et silencieuses. Nous sommes acculés à une espèce de carrière, à un escarpement dans lequel sont blotties, pêle-mêle, des voitures d'ambulance, de bagages, du train des équipages.

Dans cette demi-obscurité nos rangs s'ouvrent à un petit groupe de soldats qui viennent chercher un refuge parmi nous. Un officier, un caporal, quelques soldats. Que portent-ils avec eux? Que cherchent-ils donc à sauver et à cacher? C'est un lambeau d'étoffe attaché à une hampe brisée. C'est le drapeau du 93ᵉ de ligne.

Tout à coup se font entendre les trompettes de l'artillerie de la garde et les clairons de l'infanterie. « La garde! c'est la garde! c'est la garde! » On reprend confiance. On veut encore espérer. On avait tant de peine à croire à la défaite.

La tête de colonne de l'artillerie débouche de la

route du bois de Saulny. Le général Ladmirault place
lui-même deux batteries dans une admirable position.
Les tambours de la garde arrivent au pas de course,
battant la charge. Les clairons leur répondent. Les
zouaves se jettent en avant en tirailleurs. Le général
Bourbaki lui-même apparaît. Il regarde le champ de
bataille et voit où en sont les choses. « Comment!
» s'écrie-t-il, on m'appelle et on bat en retraite! »

Moment très-court d'arrêt et d'hésitation de la part
de l'ennemi. Puis l'attaque reprend furieuse, et les
batteries prussiennes nous font bien voir qu'elles
n'étaient pas, comme nos batteries, à court de munitions. La retraite de notre droite se prononce, s'accentue, se précipite. Le 6e corps est débordé. La
nuit est venue et d'immenses incendies, de toutes parts,
s'élèvent à l'horizon.

Nous nous replions sur Metz par le bois de Saulny.
Nous tombons dans des fondrières. Nous suivons de
petits sentiers de piétons. Nous marchons en colonne
par un. Les projectiles prussiens bruissaient dans les
feuilles, abattaient des branches, cassaient des arbres.
Et, en sortant du bois, que trouverons-nous? Les
Prussiens peut-être. Nous traversons un ravin presque
à pic. Des chevaux tombent, roulent, ont toutes les
peines du monde à se relever. Les distances se perdent.
De l'autre côté du ravin, on se retrouve, on se rallie.
Une espérance nous soutenait encore : « Nous
» allons, disait-on, faire une diversion derrière l'en-
» nemi. »

On pressait le pas des chevaux, le fourreau du sabre dans la main, pour empêcher le cliquetis.

Nous traversons un petit village. Aspect désolé. Maisons fermées et silencieuses. Pas un habitant sur la route. Quelques portes s'entr'ouvrent. Nous apercevons des blessés étendus par terre sur de la paille. Je m'arrête devant une de ces portes, et m'adressant à un vieux paysan :

— Où sommes-nous ? lui dis-je.

— Vous êtes à Saulny, mon pauvre monsieur, me répond-il.

Jamais je n'oublierai de quel ton cet homme m'a dit : *mon pauvre monsieur*. Puis, me montrant un blessé qui était étendu comme inanimé sur une méchante couchette :

— C'est un dragon, me dit-il. Tout le monde ici a pris des blessés, et moi j'ai choisi un dragon, parce qu'autrefois j'ai été dans les dragons.

Les routes sont encombrées. Nous nous jetons à travers champs dans les terres labourées. Des clairons d'infanterie de toutes parts, autour de nous, sonnent pour le ralliement le refrain distinctif de chaque régiment. Il y a quelque chose de triste, de plaintif, de désespéré dans ces appels de clairons. Ce n'est pas, comme au soir de Solferino, le joyeux et éclatant ralliement de la victoire.

Il est une heure du matin quand nous arrivons sous les glacis de Metz. Clair de lune éclatant. Interminable défilé de voitures et de cacolets. Près de la porte de

Thionville, le maréchal Canrobert et le général Ladmirault, à cheval, enveloppés dans leurs manteaux,
causaient. Les deux états-majors s'étaient arrêtés à
distance. Devant les deux commandants en chef continuaient à passer les cacolets.

Nous mettons pied à terre sur les glacis. C'est là
que se groupaient les régiments. Les officiers faisaient
le compte de leurs hommes. Les clairons continuaient
à sonner le ralliement.

Le lendemain matin, le jour éclaire cette grande armée entassée sur les glacis de la place. Le désespoir
est dans toutes les âmes. Nous avions bien moins souffert *matériellement* qu'à Gravelotte, mais *moralement*
nous avions souffert bien davantage. A Saint-Privat,
à partir de quatre heures, nous avions eu le sentiment
de la défaite et du désastre. Le soir de Gravelotte on se
disait : « Pourquoi reculer ! Ne pourrait-on pas, au
» contraire, aller de l'avant ! » Et le soir de Saint-Privat
on se disait : « Il faut reculer. On ne peut pas ne pas
» reculer. » L'armée, cependant, s'était admirable-
ment battue. Elle avait lutté pied à pied tant que le
combat n'avait été qu'inégal. Elle n'avait cédé que
sous les feux écrasants et irrésistibles de l'artillerie
prussienne. Nous n'avions pas abandonné un canon,
pas un drapeau aux mains de l'ennemi. Mais nous sentions déjà de toutes parts son étreinte autour de cet
immense camp retranché qui allait devenir notre prison. L'anneau de fer était rivé. La manœuvre prussienne avait réussi. Pas complétement cependant, car

le vieux Steinmetz aurait dû à tout prix pousser de l'avant, et, nous coupant de notre ligne de retraite sur Metz, nous prendre entre deux feux.

Et la garde! la garde! Pourquoi la garde n'avait-elle pas donné? Pourquoi ne s'était-elle montrée sur le champ de bataille que lorsque la partie était déjà perdue? Et le maréchal Bazaine, pendant le combat, où était-il? Que faisait-il? Personne ne l'avait vu.

Nous restons jusqu'à midi sur les glacis, inquiets, agités, anxieux... De longues files de charrettes se pressaient aux portes de Metz. C'étaient les paysans qui, de toutes parts, fuyaient épouvantés devant l'invasion. Les charrettes étaient chargées de meubles, de matelas, de femmes et d'enfants. De longs troupeaux de bestiaux suivaient, encombrant les avenues.

Enfin, des ordres arrivent. Un campement précis est indiqué pour chaque corps. On nous assigne un immense et magnifique carré de choux dont nous prenons immédiatement possession. Nos chevaux, en un clin d'œil, labourent et dénudent le champ. A peine ce ravage était-il consommé que de nouveaux ordres arrivent. Il y avait erreur. Notre campement est ailleurs, un peu plus loin. Nous entrons dans de superbes jardins maraîchers, au milieu d'irrigations savantes et de plates-bandes fleuries. En un instant les haies de rosiers sont rasées, arrachées. La place est rendue nette. Les cordes sont tendues, les tentes dressées, les chevaux mis à l'entrave. Çà et là, autour de nous, s'élèvent de gentilles petites maisonnettes aux trois quarts enfouies dans le chèvrefeuille et la vigne vierge, habitations des maraîchers ou petites bastides des bourgeois de Metz. Élevées sur la zone militaire, toutes ces maisons doivent disparaître.

Cependant, près de la gare devant les ponts, où s'installe une ambulance, nous avisons un petit cabaret de barrière avec des treilles, des tonnelles et des volets verts. Cette guinguette devient notre quartier général. La cabaretière, une pauvre vieille femme d'une soixantaine d'années, nous dorlote et nous choye de son mieux, nous fait la cuisine, nous déterre dans sa cave quelques bouteilles d'assez bon vin, et nous installe des matelas dans une grande chambre.

Nous passons quatre ou cinq jours sous le toit menacé de notre cabaretière. Elle ne cessait de nous dire : « Ma maison! ma pauvre maison ! Promettez-moi bien » qu'on ne la démolira pas, ma pauvre maison! » Hélas! nous ne pouvions rien promettre, d'autant que le génie militaire rôdait constamment autour de *la pauvre maison*, et que toutes les petites bastides dans les environs tombaient l'une après l'autre.

Le 25 au soir, ordre de départ. L'armée doit prendre les armes à deux heures du matin, passer la Moselle. Allégresse générale. « On va percer! on va percer! » Nous partons au petit jour. Matinée brumeuse et triste. Interminable passage de la Moselle sur deux ponts de bateaux. Traversée de l'île Chambière. Il est déjà midi quand nous prenons nos positions sur le plateau, en avant du fort Saint-Julien. Pluie torrentielle à travers laquelle, pour la forme, on échange quelques platoniques coups de canon. Sous ce déluge, nous allumons laborieusement quelques petits feux, et nous restons là, accroupis mélancoliquement dans la boue autour de ces misérables foyers. Nous étions déjà bien loin de notre joie et de notre espérance du matin.

Nous savions qu'un conseil de guerre se tenait à Grimont... Nous voyons revenir encapuchonnés, silencieux et mornes, sous la pluie, les maréchaux Bazaine et Lebœuf, le général Ladmirault. Nous arrêtons un officier d'état-major. Il nous répond en riant : « Mais » on ne se battra pas aujourd'hui. Bazaine n'a pas dé- » ménagé son quartier général. Ses marmitons sont à » Plappeville. »

Cinq minutes après, arrivait l'ordre de rentrer dans les anciens bivouacs. Désolation. Retour sous une pluie battante. Au lieu de passer les ponts de la Moselle, nous traversons Metz. La ville est sombre, lugubre. Les habitants nous regardent passer, tristes, accablés, couverts de boue, mouillés jusqu'aux os, enveloppés dans nos grands manteaux. Tout le monde a l'air de nous prendre en pitié. On n'ose pas même nous demander d'où nous venons, ce qui s'est passé. On voit bien que nous n'avons rien fait et que nous revenons navrés d'une course inutile. On appela cette bataille manquée la *bataille des Pas-Perdus*.

Nous rentrons à notre bivouac de la nuit précédente. Nous espérions retrouver notre pauvre cabaret. Hélas ! le matin même, le génie avait attaqué la maison. Le toit était déjà enlevé. Il ne restait plus une tuile. Le salon d'en haut, le salon de noces, le grand salon de trente couverts était à ciel ouvert et recevait abondamment la pluie. Nos petits lits de campagne avaient été jetés dans l'eau sur la grande route. Une charrette stationnait devant la porte, et notre pauvre hôtesse en larmes était en train de faire charger ses meubles sur cette charrette.

27, 28, 29 et 30 *août*. — Quatre jours dans la tristesse, dans l'inaction et dans la boue.

31. — Nouveaux ordres, les mêmes que pour le 26. A deux heures du matin, on lève le camp, on part, mais sans confiance, je ne sais pourquoi. La journée, cependant, s'annonce mieux. Passage de la Moselle plus rapide, plus facile. A dix heures et demie, nous occupons les positions de combat qui avaient été prises le 26. Abritée sous les redoutes de Grimont, sous les ouvrages de Saint-Julien et de Bellecroix, notre triple ligne de bataille se développe majestueusement. La cavalerie se tient en réserve, à droite et en arrière, sur les pentes de Saint-Julien. A l'horizon s'étale le sérieux spectacle de la position ennemie à attaquer. C'est le village de Sainte-Barbe, transformé en un véritable camp retranché, hérissé de trois rangs de batteries dont les lorgnettes nous permettent de compter distinctement les pièces.

Il est midi. On n'attaque pas. Ordre est donné de mettre pied à terre et de faire le café. Les hommes courent, les uns à l'eau, les autres au bois. On allume le feu, non sans peine. L'eau va bouillir.

« A cheval! à cheval! » nous nous transportons sur un autre point; et là, nouvelle tentative de café! Oui, voilà le récit fidèle d'un de nos jours de bataille! Que serait-ce donc, si l'on voulait essayer de raconter les soixante journées pendant lesquelles on ne s'est pas battu?

Donc, nouvelle et encore infructueuse tentative de café... Il faut précipitamment remonter à cheval... Et ces deux armées, dont les positions prises s'accusaient nettement au soleil, continuent à se considérer en silence. On entendait répéter de toutes parts : « Tirez » les premiers, messieurs les Prussiens ! » C'était la plaisanterie du moment. Mais pourquoi ne pas attaquer?

Une heure, deux heures, trois heures. Les glacis du fort Saint-Julien et les bastions couronnés de la grosse artillerie de siége se couvrent de spectateurs. Le bruit s'est répandu dans Metz qu'il allait y avoir une bataille. On est accouru. Et nous autres, avec nos lorgnettes, nous sommes partagés entre les canons qui garnissent les batteries prussiennes et les fraîches ombrelles qui garnissent les parapets de Metz. Mais pourquoi ne pas attaquer?

Enfin, à trois heures et demie, grand mouvement sur la route de Bouzonville. C'est le maréchal Bazaine. Il désigne lui-même un emplacement pour une batterie. Le génie bâcle un fort épaulement avec une extrême dextérité, et à quatre heures se fait entendre le premier coup de canon. Mais encore une fois pourquoi donc avoir attendu jusqu'à quatre heures? C'est le cri de toute l'armée. On avait une telle envie de se battre, de se bien battre et de sortir de prison.

Immédiatement s'engage un duel formidable d'artillerie ; puis l'infanterie s'ébranle et nous assistons, les bras croisés, à la magnifique marche en avant concentrique de toute l'armée. Le mouvement s'accentue rapidement au centre (4e corps). Mais l'aile droite rencontre de sérieux obstacles et ne peut agir que plus lentement. Les positions intermédiaires de Servigny d'une part, de Noisseville de l'autre, arrêtent longtemps l'effort de nos troupes. Le soleil commence à décliner et le résultat de la lutte ne paraît pas encore appréciable quand soudain nous entendons battre et sonner la charge. Le général Changarnier, disait-on, avait supplié le maréchal Bazaine de lui faire entendre encore une fois son vieux refrain d'Afrique.

La distance est franchie au pas de course par l'infanterie, les jardins en avant de Servigny sont enlevés à la baïonnette, les Prussiens rejetés, refoulés dans le village. Ils se défendent pied à pied, derrière de redoutables barricades et des murs habilement crénelés. La charge continuait à battre et à sonner de plus belle ; le jour diminuait, l'horizon s'empourprait d'incendies allumés par nous, l'infanterie marchait rondement à l'attaque, la cavalerie, sur ses talons, était au petit trot. Cette fois, les Prussiens reculent et nous avançons.

Ordre de s'arrêter. La nuit était venue. On est obligé

de prendre les dispositions les plus prudentes. Sur quelques points on est nez à nez, à quelques mètres de l'ennemi et cela sans même s'en douter. Cependant nous allumons des feux pendant que le camp prussien restait dans la plus complète obscurité. Metz, ce soir-là, illuminait et chantait victoire.

Le général Ladmirault, après avoir parcouru deux ou trois fois sa ligne et donné ses ordres pour la nuit, fait placer par terre une couverture, se couche et, en s'étendant, se heurte à un corps dur : « Il y a une » pierre là-dessous, dit-il, ôtez cette pierre. » C'était un obus chargé.

A onze heures du soir, mousqueterie furieuse. Les Prussiens revenaient à la charge dans la nuit et nous reprenaient Servigny. Nous ne l'avons su que le matin. Pendant toute la nuit, nous avions cru que c'étaient nos troupes qui attaquaient et continuaient à avancer.

A quatre heures du matin, admirable lever de soleil et nos positions en pleine lumière, pendant que les positions prussiennes sont enveloppées du brouillard le plus épais. Tout était contre nous dans cette malheureuse guerre. Nous sommes réveillés par une grêle de projectiles... La cavalerie de la garde arrive et s'étage sur les pentes de Saint-Julien. L'action s'engage très-vive au 3e corps à Noisseville et à l'extrême droite à Montoy. Les obus continuent à pleuvoir sur nous. Bonne humeur et confiance cependant. Tout le monde croyait au succès. Un homme passe, l'homme aux mauvaises nouvelles. On l'interroge : « Ah ! ré-

» pond-il, c'est toujours la même chose. Nous perdons
» du terrain... Quelle pitié! » On aurait étranglé cet
homme.

Et, une heure après, poursuivis par l'artillerie prussienne, nous reculions et cédions le champ de bataille.
Ces merveilleux carabiniers de la garde, dont les casques étincelaient au soleil, recevaient les premiers
l'ordre de faire demi-tour et retournaient à leur bivouac
de l'île Chambière. Là, près du campement des carabiniers, on avait creusé la fosse commune de l'armée.
Les voitures d'ambulance apportaient les corps roulés
dans une couverte... On secouait la couverte. Le ca-
davre roulait dans la fosse... Une courte prière, une
pelletée de chaux, et tout était dit.

Nous retournons à notre bivouac, et de ce jour-là
commençait, hélas! notre captivité en Allemagne...

V

DE CHALONS A SEDAN

Dès notre arrivée au camp de Châlons, nous nous occupons de réparer notre attirail... On nous donne des souliers, des chemises et des sacs. Nous sommes campés sur les bords de la Vesle, près de Louvercy. Les routes sont constamment couvertes de troupes, d'artillerie, de convois. Des renforts arrivent de tous les côtés. L'armée doit être bien nombreuse maintenant.

Le 18 août, grand mouvement. C'est l'empereur qui arrive. Il vient de Metz. De grandes batailles sont engagées autour de Metz ; on dit que Bazaine est vainqueur, etc. La curiosité me pousse. Je vais voir passer l'empereur. Il est fatigué, courbé, silencieux. Pas de cris sur son passage... Les cent-gardes l'accompagnent, mais les cent-gardes sans cuirasses et sans casques, les cent-gardes en tunique et en tricorne... Tout ce petit cortége a un air de tristesse. L'empereur s'arrête pour parler à un colonel... Je saisis ces quelques mots : « Nous serons plus heureux... » Une poignée de main, une inclinaison de tête, un pâle sourire et l'empereur continue sa route, au milieu du même silence. Où est l'état-major éclatant et caracolant des jours de victoire? Où sont les acclamations du soir de Solférino? Deux magnifiques régiments de chasseurs d'Afrique sont arrivés au camp en même temps que l'empereur. Ils lui servaient d'escorte. Ils vont marcher et combattre avec nous.

Le 20, nous quittons le camp de Châlons... Nous avons eu trois jours pour nous refaire et nous reposer.

Nous partons pour Reims à dix heures du matin. Nous ne suivons pas la route directe... Nous traversons plusieurs petits villages. Les habitants nous font bon accueil... Ils sont émerveillés de voir passer tant de canons, tant de chevaux et tant de culottes rouges. Nous marchons toute la journée. Le soir arrive. Nous apercevons dans la brume les tours de la cathédrale de Reims. L'obscurité s'épaissit. Nous sommes harassés. Nous mourons de faim. Le désordre se met dans nos rangs... On marche par paquets, au hasard; les régiments sont confondus. A chaque maison, des groupes d'hommes se détachent. On entend des querelles entre les habitants et les soldats. Ce sont des pillards qui veulent rançonner le paysan. Notre pauvre petit ba-

taillon de deux cents hommes fait bonne contenance.
Nous n'avons pas quitté nos officiers depuis Frœschwiller et nous sommes bien résolus à aller avec eux
jusqu'au bout.

Nous nous arrêtons à onze heures du soir et nous
campons comme nous pouvons. Nous nous procurons
quelques vivres, du café, de la paille. Nous mangeons
une soupe faite à la hâte et nous dormons. Quel sommeil de plomb !

Le lendemain 21, notre division se trouvait seule au
milieu d'une grande plaine près d'un village nommé
Ounes. Il paraît que ce n'était pas là que nous devions
camper. En effet, des ordres arrivent et nous allons
camper près de Reims, à Cormontreuil. Nous restons
pendant quarante-huit heures sans avoir ni journaux
ni nouvelles. Le 23 nous nous remettons en route. On
avait perdu deux jours. On nous dit que nous devons
gagner Montmédy en traversant la Champagne, qu'une
armée prussienne marche sur Paris, que nous allons
nous réunir à Bazaine dans le Nord et que nous reviendrons ensuite avec Bazaine couper la retraite à
cette armée prussienne qui s'est engagée en France
trop à l'aventure. Tous ces propos nous donnent confiance et ce plan nous paraît d'autant meilleur que nous
y ajoutons deux ou trois grandes victoires.

Nous passons le canal de la Marne, mais là nous
sommes arrêtés pendant plusieurs heures. La route que
nous devons suivre est encombrée par un interminable
défilé de troupes. Las d'attendre, notre général nous

fait reprendre notre marche et, pendant quelque temps, nous cheminons côte à côte avec des troupes d'un autre corps d'armée. La plupart de ces hommes sont des soldats de la réserve qui n'ont jamais vu le feu. Ils nous regardent curieusement. Ils nous interrogent : « Vous vous êtes déjà battus? Votre bataillon n'est pas » plus gros que ça? Et les autres, où sont-ils? » Nous répondons qu'ils sont restés à Frœschwiller. Mais la conversation n'est pas bien animée. On échange des mots. Le mauvais temps est venu et l'on n'est pas très en train de causer quand on patauge dans la boue, sous une pluie glaciale. Enfin nous trouvons une route latérale et nous nous séparons de nos compagnons de rencontre. En nous éloignant d'eux, nous les entendons répéter. « Mais regardez donc, regardez donc, comme » ils sont peu!... Et c'est tout ce qui reste d'un batail- » lon!... Il faut que ça ait été chaud là-bas! »

Nous traversons ces grandes plaines nues de la Champagne. La route est monotone. Quelques petits bois de sapins, et de rares villages blancs sont dispersés dans ce véritable petit désert. Le soir, nous nous arrêtons près d'un village. Les pillards aussitôt se mettent en route à travers champs. Ils disent qu'ils vont *acheter* des vivres, mais on sait bien ce qu'ils veulent dire par là. Quelques minutes après, on entend des feux de peloton dans les champs et dans les cours de ferme. C'est le massacre des canards et des poulets qui commence. Nous nous disons : « Ah! les voilà qui » achètent de la volaille! » Des officiers à cheval partent au galop dans la direction du village, essayant de rattraper et de ramener ces hommes. Un exemple serait nécessaire. Il ne vient pas. Les maraudeurs en sont quittes pour des reproches et se régalent de bonnes fricassées de volaille, pendant que nous faisons un maigre souper avec nos vivres de campagne.

Nous passons la Suippe... Toute la cavalerie de l'armée est campée près de la route. Nous faisons toujours le même effet, à cause de notre petit nombre et de notre air de délabrement. Des officiers de cavalerie viennent serrer la main à nos officiers, leur parlent de Frœchswiller, etc., etc., etc. Ces messieurs sont pleins de bonne humeur et de confiance. « N'ayez pas peur, disent-ils, » nous revaudrons ça aux Prussiens, c'est à notre tour » maintenant. La première fois, ça se passera autre- » ment, etc., etc. »

Nous marchons toute la journée du 23 et toute la journée du 24, à travers les mêmes plaines et sans incidents. Le 24, nous passons la nuit à côté d'un village qui s'appelait Pauvre et qui méritait bien ce nom, car les vivres n'y abondaient pas.

Le 25, nous arrivons à Attigny. La division s'établit autour du village. Le commandant de notre corps d'armée, le général Ducrot, est au milieu de nous. Son fanion est accroché à la porte d'une maison du village.

Le 26, nous passons le canal des Ardennes... Nous campons le soir, en pleine boue, près d'un petit village appelé Neuville. On commence à dire que les Prussiens sont dans le voisinage. On fait partir les malades et les

écloppés. Des paysans arrivent et nous racontent qu'ils
ont vu venir de grandes masses noires de Prussiens,
qu'alors ils se sont enfuis et que, la nuit précédente,
pendant qu'ils se sauvaient, le ciel était rougi dans le
lointain par de grands incendies. La tente de notre général reste éclairée toute la nuit.

Le 27, de bonne heure, nous nous mettons en route.
On dit que nous allons prendre position, qu'une grande
bataille est imminente. Nous sommes tous prêts à nous
battre. Nous avons une telle envie d'avoir notre revanche de Frœchswiller ! Nous gravissons une longue
montée au sommet de laquelle se trouve le village de
Voncq. Le canal des Ardennes est à nos pieds. La position est formidable. Nos officiers étudient le terrain.
Au moindre bruit on croit avoir entendu la fusillade.
La journée se passe. Rien. Nous allons camper dans
les champs voisins.

Le 28, nous nous disposons à partir. Au moment où
nous allions nous mettre en marche, l'ennemi est signalé
en vue de Voncq... Nous entendons quelques coups
de fusil... Nous voyons venir une charrette entourée
d'une dizaine d'hommes portant des costumes de fantaisie. Ce sont des francs-tireurs parisiens. Une femme
est assise, dans cette charrette, sur de la paille. Elle a
les mains liées derrière le dos... Les francs-tireurs
nous racontent que c'est une espionne prussienne,
qu'ils viennent de l'arrêter, qu'ils la conduisent au
grand prévôt, etc., etc., etc. Ces hommes sont mécon-
tents d'ailleurs ; on leur fait faire le métier de soldat,

on leur donne des corvées, on les astreint à la discipline, etc., etc. Ce n'est pas pour cela qu'ils se sont engagés. Ils veulent faire la guerre de partisans. Ils ne devraient pas être forcés de marcher comme les autres troupes... S'ils avaient leur liberté, il y a déjà longtemps qu'ils auraient vu les Prussiens et qu'ils auraient *descendu* des uhlans, etc., etc.

Dans la soirée nous quittons les hauteurs de Voncq. Des éclaireurs prussiens nous observent et nous suivent. Nous nous engageons dans les bois par un chemin étroit et boueux. Nous allons au Chêne-Populeux. Nous faisons route côte à côte avec des cavaliers qui se plaignent de leurs officiers. Ils ont vu des uhlans dans la journée; ils ont demandé à les charger; on n'a pas voulu le leur permettre. Nous marchons une bonne partie de la nuit, sans trop nous rendre compte du chemin que nous suivons. Nous nous entassons pour camper dans un terrain humide sur la lisière d'un bois.

Le lendemain 29 août, au petit jour, nous reprenons notre marche. Nous descendons vers le Chêne-Populeux. Grand encombrement d'hommes, de chevaux et de voitures. L'ennemi est près, tout près de nous. C'est le bruit qui court. Nous continuons à marcher. Nous arrivons à un village perché sur un monticule au milieu de la plaine, c'est Stonne. L'empereur y a passé la nuit. Il est encore là, mais sur le point de partir. Ses berlines et ses voitures de bagages obstruent la route. Impossible d'avancer. Les postillons qui conduisent une voiture de bagages refusent de se ranger et, quand nous leur crions de se garer, ils nous répondent en riant que nous avons bien le temps d'attendre, que cela nous arrivera encore plus d'une fois, etc.

L'officier qui est à la tête de colonne se fâche et nous ordonne de mettre la voiture hors du chemin. Les postillons jurent, crient... Nous les obligeons cependant à se ranger et nous passons. Nous descendons la longue côte de Stonne, mais, quand nous arrivons en bas, nous tombons encore dans des bagages et dans des postillons. Notre colonne est coupée en deux; nous sommes obligés d'attendre là, pendant deux heures, jusqu'à ce que les berlines, les fourgons et leur escorte aient évacué le village. La longue file des voitures de bagages passe au milieu de nous, escortée par un bataillon de grenadiers de la garde impériale. Nous voyons de loin l'empereur qui s'en va à cheval, au pas, par une autre route, suivi par les cent-gardes et par un escadron de guides.

Après cette longue attente, nous partons enfin et nous arrivons à Raucourt par des chemins de traverse. C'est là que nous devons passer la nuit. L'empereur est arrivé avant nous; il occupe une maison au centre du village. Des officiers d'ordonnance très-nombreux se tiennent devant la porte... Quand nous passons devant la maison, les rideaux d'une fenêtre s'écartent au premier étage... Nous apercevons la tête de l'empereur... Il nous regarde... On le regarde. Pas de cris.

Raucourt est dans un fond. Nous sommes réunis là en très-grand nombre. On dit que les Prussiens sont tout près de nous... Nos feux brillent, nos clairons sonnent, nos tambours battent... Les Prussiens, grâce à ces lumières et à ce tapage, doivent être pleinement renseignés sur notre position.

Le 30, l'empereur, de grand matin, quitte Raucourt. Il va à Mouzon. Nous nous dirigeons sur Remilly. Là tout notre corps d'armée se rassemble.

Nous faisons une longue halte à côté d'un cimetière. Nous dominons une grande plaine. La Meuse, avec de longs détours, coule au pied des hauteurs que nous occupons. A nos pieds on construit les ponts qui doivent nous livrer passage. A côté de nous, une batterie d'artillerie se met en position, se préparant à balayer le terrain si l'ennemi veut s'opposer à notre opération. Nous descendons vers la Meuse. A cheval, sur le bord de la rivière, le général Ducrot surveille le passage de son corps d'armée. Nous franchissons tranquillement et en bon ordre deux ponts faits à la hâte, l'un formé de bacs et réuni aux deux rives par de courtes chaussées de pierre, l'autre formé de planches reposant sur des chevalets et des pieux enfoncés dans l'eau. Les chevaux et les voitures passent sur le premier pont, l'infanterie sur le second.

Longue attente sur l'autre rive. On nous annonce enfin que nous ne nous mettrons en route que vers deux ou trois heures de l'après-midi, dans la direction de Carignan. Le général Ducrot part et nous précède.

De tous les côtés des curieux arrivent. Ils nous montrent à gauche, Sedan, et plus près de nous, le joli village de Bazeilles tout enveloppé de verdure. On cause, on rit, le temps se passe, on ne part pas.

Tout à coup le canon se fait entendre à notre droite. Les décharges sont très-vives, très-fréquentes. Nous pensons que les avant-gardes prussiennes ont atteint une de nos colonnes et la harcèlent, cherchant à entraver le passage de la Meuse. Nous partons enfin et nous nous dirigeons vers un village voisin en avant duquel passe une petite rivière. Nous demandons le nom de ce village. On nous répond : Donzy.

Cependant la canonnade continue de plus en plus violente sur notre droite. Il nous semble bientôt que la fusillade s'y mêle. Des cavaliers à grande allure courent de tous côtés sur la rive de la Meuse que nous avons quittée le matin. Un gendarme à pied arrive tout effaré au milieu de nous. On l'arrête, on l'interroge : « Nous avons été surpris, dit-il, les Prussiens » nous ont pris nos chevaux, notre camp était criblé » de balles et d'obus, tout le 5ᵉ corps est en déroute. »

Nous nous rapprochons de Donzy. Un général vient vers nous, suivi d'une escorte d'une vingtaine de cavaliers. Il demande à nos officiers où est le maréchal. J'entends dire que c'est le général de Wimpfen. La route est encombrée de voitures qui gagnent toutes au plus vite le village de Donzy. Avec quelques pièces d'artillerie nous gardons les abords du village jusqu'à ce que ce passage de voitures se ralentisse un peu.

Nous avons été séparés de notre division. Nous nous mettons à sa recherche. Nous la retrouvons à grand'peine en dehors du village, dans un champ, près de la route qui est toujours encombrée de voitures : équipages de l'armée, charrettes chargées de meubles, de femmes et d'enfants... tout cela pêle-mêle.

Il est neuf heures du soir. Le sol est détrempé. Nous nous faisons des lits de cailloux et nous nous couchons par terre... Les voitures passent, passent toujours... Un contre-ordre arrive. On marchait sur Carignan, il faut maintenant que les voitures rebroussent chemin et se dirigent sur Sedan dans un sens diamétralement opposé. Alors désordre indicible et enchevêtrement inextricable de toutes ces voitures. Les conducteurs veulent tourner tous ensemble. Les roues se heurtent, s'accrochent. Les chevaux montent les uns sur les autres, se mordent, s'envoient des ruades.

Nous aussi, nous recevons l'ordre de changer de position. Nous sommes obligés de traverser la route et d'ajouter encore par là à cette effroyable confusion. Nous partons cependant et, un à un, frôlant les roues, nous glissant entre les voitures, baissant la tête pour passer sous le nez des chevaux, nous nous engageons dans ce dédale. Nous avançons bien lentement. La nuit est très-noire. Un général est à cheval au milieu de cette bagarre. Il apostrophe un de nos officiers : « Marchez donc, monsieur, marchez donc. — Mar» cher, mais c'est impossible, répond l'officier. — Je

» vous donne l'ordre de marcher, » s'écrie le général furieux. Il pousse son cheval en avant, dans l'obscurité, et vient se heurter violemment à la voiture qui nous barrait le passage.

Nous mettons une heure à nous dépêtrer de cette malheureuse route. Enfin, nous voilà passés de l'autre côté... Nous arrivons à la gare de Donzy. Des troupes sont déjà campées tout autour. De grands feux de bivouac brillent dans la nuit... Nous les regardons avec envie. La nuit est fraîche et nous grelottons... Nous nous arrêtons dans un champ. C'est là que nous devons passer la nuit... Je prends dans mon sac un peu de biscuit et un morceau de viande froide que j'avais précieusement conservé depuis le matin... Nous ne dressons pas de tentes. Nous achevons notre nuit sur la terre, sans abris.

Au jour — c'est le 31 août — un brouillard épais enveloppe tout le pays qui nous entoure... Par des chemins détournés nous gagnons le village de Givonne. Nous gravissons une pente assez roide et nous dressons nos tentes dans un grand champ de pommes de terre, qui fit les frais de plus d'un dîner. Des soldats isolés, de petits détachements conduits par des officiers passent près de nous et nous demandent où est le 5ᵉ corps. Nous leur répondons que nous n'en savons rien... Et ils continuent leur route, au hasard, à la recherche d'un corps en déroute qu'ils ne retrouveront pas... Ils vont s'engloutir dans Sedan avec les débandés et les fuyards.

Nous venions de manger la soupe, quand nous entendons le canon et la fusillade, au loin, très au loin. Notre camp est caché dans un pli de terrain. Nous sortons de notre trou et nous montons sur la hauteur pour essayer de voir ce qui se passe. Nous apercevons Sedan d'abord, puis, au milieu des arbres, un village qui brûle. Nous demandons à des paysans le nom de ce village... C'est Bazeilles... Une lourde fumée noire s'élève lentement dans le ciel. Les obus continuent à pleuvoir sur les maisons en feu. Le combat, malgré l'incendie, continue dans le village. Nos officiers avec des lorgnettes regardent. Ils nous disent que les choses vont bien pour nous, que les Prussiens se retirent, que le feu de notre artillerie les repousse... Sans lorgnette on ne voit pas grand'chose.

La canonnade s'arrête... Nous attendons des nouvelles... Bazeilles brûle toujours... L'incendie même semble gagner et s'étendre... Un soldat de la ligne arrive au milieu de nous. Il était d'une escorte qui accompagnait un convoi de bagages. La route a été tout d'un coup balayée par la mitraille prussienne. Il y a eu des hommes et des chevaux tués... Cela se passait très-près de nous... Les Prussiens approchent et ont l'air de vouloir nous entourer... Il faut s'attendre à une bataille sérieuse pour demain.

La nuit est tranquille... Je suis de garde dans un ravin et je n'aperçois qu'un petit coin des collines de l'autre côté de Sedan. Les Prussiens sont là... Je vois un feu, un seul. Autour de nous rien ne bouge..

Partout l'immobilité et le silence. Au point du jour, reprise très-violente de la canonnade et de la fusillade. C'est le 1ᵉʳ septembre. Une bataille s'engage et une grande bataille. Nous levons notre camp et nous allons prendre position au-dessus de Givonne. Bazeilles brûle toujours.. Pour le moment on ne se bat qu'à notre droite. Une longue traînée de fumée blanche nous indique la ligne du combat. Du haut des collines qui bordent la rive gauche de la Meuse, l'artillerie prussienne tire avec persistance. On lui répond du camp retranché en avant de Sedan. Le combat se rapproche. Les projectiles commencent à arriver de notre côté. Nous apercevons des mouvements de troupes prussiennes sur l'autre versant du ravin au fond duquel se trouve Givonne. De l'infanterie et de l'artillerie s'établissent en face de nous... On nous fait coucher à terre... Une de nos batteries et des mitrailleuses se mettent en position près de nous... On envoie un détachement occuper Givonne.. L'attaque paraît imminente.

Bruit formidable à gauche ; les projectiles nous arrivent en même temps et de flanc et de face... Notre artillerie riposte. C'est un lieutenant qui commande la batterie placée à côté de nous, un jeune homme, admirable de calme et de sang-froid. Il vérifie le pointage de ses pieces, puis remonte à cheval pour mieux voir l'effet du tir et, les rênes passées dans le bras gauche, les jambes droites sur les étriers afin de se grandir, la lorgnette à la main, il regarde... Tout d'un coup nous

voyons rouler par terre, tombant comme foudroyés en
même temps, le cheval et le cavalier. Nous nous précipitons... « Je ne suis pas blessé, nous dit le lieutenant.
» C'est mon cheval, mon pauvre cheval... » L'animal a
été atteint par un boulet en plein poitrail.. L'officier a
les jambes prises sous le cheval et accrochées dans les
étrivières. Nous sommes obligés de nous mettre à six
pour déplacer le cheval qui a été tué roide et pour dégager le lieutenant. Il se relève, regarde un peu son
cheval, puis nous dit : « Ma lorgnette ? où est ma lor-
» gnette ? » Elle lui avait échappé des mains et avait
roulé dans l'herbe. Je la retrouve... Il retourne à ses
pièces, rectifie le tir de sa batterie, prend le cheval
d'un de ses hommes, saute en selle et, à la même place,
avec la même tranquillité, toujours bien à découvert
et la lorgnette devant les yeux, il recommence à suivre
le tir de ses pièces.

Une colonne prussienne se montre, débouchant des
bois au-dessus de Givonne. Nos mitrailleuses admira-
blement pointées ouvrent leur feu sur cette colonne,
et nous voyons distinctement les Prussiens, surpris par
cette grêle de projectiles, se rejeter dans les bois en
grande hâte et en grand désordre. Le tir avait été si
juste que nous crions : « Bravo les artilleurs ! bravo
les moulins à café ! » Les artilleurs impassibles continuent à tourner la petite manivelle et les mitrailleuses à cracher une pluie de balles.

Notre joie ne fut pas longue. Le feu de l'artillerie
redouble de violence. Les obus viennent jusqu'à nous.

Plusieurs de mes camarades sont atteints. Deux de nos pièces sont mises hors de service. Notre artillerie insuffisante est obligée de se replier. Nous sommes entourés. Les projectiles nous arrivent de tous les côtés. Un régiment de marche vient nous appuyer. Beaucoup de jeunes soldats qui n'ont jamais vu le feu et qui se troublent en se voyant tout d'un coup en face de l'ennemi. Il y a un moment très-douloureux de désordre et de désarroi... Les officiers sont admirables... Ils arrêtent leurs hommes. Ils les ramènent. Le régiment reprend son aplomb et se reforme derrière nous sous une grêle d'obus. Un des projectiles prussiens vient éclater au milieu d'un groupe, renverse les huit ou dix hommes qui le composaient. Ils sont tous tués ou blessés. Le feu prend aux vêtements de trois ou quatre de ces malheureux. Nous nous jetons sur eux, nous les roulons dans des couvertures, nous arrachons de leur corps ces uniformes à moitié consumés et qui tombent en miettes... Tout cela sous les obus prussiens.

Des balles maintenant. L'ennemi s'approche. Il sera bientôt à portée. Nous l'attendons avec confiance et fermeté, tout en nous abritant de notre mieux contre les obus. Nous nous tenons accroupis derrière des haies, couchés par terre dans des plis de terrain, la main sur la détente de nos fusils et fouillant le terrain du regard pour découvrir des Prussiens à bonne distance. Nos officiers très-calmes vont et viennent au milieu de nous. Ils nous ordonnent de nous relever, de nous grouper. Nous allons nous porter en avant, descendre vers Givonne, essayer de trouver l'ennemi et de l'atteindre.

A ce moment nous voyons venir à nous une avalanche désordonnée de cavalerie... Une centaine de chevaux dont plusieurs sans cavaliers. Ils arrivent d'une course folle, poursuivis par les obus et se jettent sur nous au risque de nous renverser et de nous écraser. Parmi ces fuyards, pas un officier. Mon cœur se serre. Je me rappelle Frœschwiller. C'est le même désordre, la même panique. Et à Frœschwiller on avait eu au moins le temps de se battre... Aujourd'hui je n'ai pas encore tiré un seul coup de fusil.

Les tirailleurs prussiens paraissent. Nous échangeons quelques balles avec eux, mais on sent bien que tout est fini; un véritable cercle de feu nous entoure. Notre général passe au milieu de nous; il est à pied, ses chevaux ont été tués... Notre artillerie se retire, et alors commence, sous une pluie de projectiles, une lamentable retraite. Nous restons un peu en arrière, quelques-uns de mes camarades et moi. Nous voudrions user nos cartouches sur les tirailleurs ennemis qui avancent toujours... Je me retourne, je m'arrête, je regarde, je suis assez bon tireur et je ne voulais pas perdre mon coup de fusil... Je reçois tout à coup comme un violent coup de fouet sur le bras, au-dessous de l'épaule droite. Mon fusil me tombe des mains. Le drap de ma veste était troué et un petit filet de sang glissait déjà sur ma manche. J'empoigne l'échancrure

avec les doigts de la main gauche et j'agrandis l'ou-
verture. Les chairs étaient déchirées, mais l'os n'avait
pas été atteint. Mon bras n'était qu'engourdi par la doù-
leur. J'arrache de petits morceaux de drap qui étaient
entrés dans les chairs. Je me fais attacher par un de
mes camarades mon mouchoir autour du bras et je
cours rejoindre le petit, bien petit groupe d'hommes qui
s'attachaient fidèlement à nos officiers.

Où allons-nous? Le flot de la retraite nous porte vers
Sedan. Notre commandant, cependant, deux ou trois
fois s'arrête, nous rassemble, cherche ce qu'on pourrait faire : « J'ai peur de cette ville, dit-il, la guerre
» est finie pour ceux qui entreront là-dedans. » Bien
souvent, depuis ce jour, je me suis rappelé ce mot-là...
Oui, mais que faire? Une ligne continue de feux nous
presse et nous enserre de toutes parts. Il faut plier devant elle. Nous arrivons jusqu'à une espèce de ravin où
sont entassés des canons, des caissons, des fourgons.
Les conducteurs cherchent vainement à pénétrer dans
la place.

Le passage nous est barré. L'obstacle est infran-
chissable... Nous revenons alors sur nos pas... Nos
officiers veulent faire encore un effort et chercher à
repousser l'ennemi... Je ne suis plus bon à rien avec
ma blessure, mais je ne veux pas quitter les officiers.
Rien ne me faisait plus de peine que de voir des soldats abandonner leurs officiers. Il faut rester dans le
rang tant qu'on peut marcher; c'est le seul moyen
d'avoir la conscience tranquille.

Mes camarades brûlent encore quelques cartouches. Un colonel d'artillerie réussit à tirer une batterie d'artillerie de tout ce chaos d'hommes, de chevaux et de voitures. La batterie est mise en position, elle ouvre son feu, mais pour être bientôt écrasée. Le colonel tombe frappé d'une balle à quelques pas de moi. Des artilleurs le relèvent : « Un chirurgien, un chirurgien ! » s'écrie un capitaine d'artillerie. — Non, ce n'est » pas la peine, dit le colonel, portez-moi là contre cet » arbre. » On l'adosse contre l'arbre et, là, très-doucement, au bout d'une minute ou deux, il meurt en tenant serrées dans ses mains les mains de deux de ses officiers et en disant à ses hommes : « Merci, mes en- » fants, merci. » J'étais là dans un petit groupe d'artilleurs. « C'est dommage, dit un sergent, en regardant le » colonel, c'était un brave homme. La mort est toujours » comme ça... Il faut qu'elle prenne les meilleurs. »

Nous sommes rejetés sur la ville. Un de nos officiers nous appelle. Il a encore l'espérance de fuir... La route de Mézières qui longe la rive droite de la Meuse est peut-être libre... A travers des jardins où pleuvent les balles, nous arrivons jusqu'à la route, mais elle est occupée par les Prussiens... On place des pièces d'artillerie devant la porte de la ville pour tenir l'ennemi à distance. Il n'y a plus rien à tenter, plus rien à espérer et nous nous laissons entraîner par ce torrent qui va s'engouffrer derrière les murailles de Sedan...

A peine étions-nous arrivés dans la ville qu'un général nous prend et nous envoie sur les remparts. Il faut empêcher l'ennemi d'approcher trop près de la ville. Nous montons sur les remparts... Nous voyons là une vieille grosse pièce d'artillerie servie par des gardes nationaux de Sedan... Un de nos officiers s'approche de ces hommes et leur dit :

« Pourquoi ne tirez-vous pas ? Les Prussiens sont à » portée. » On lui fait cette réponse : « Nous le savons » bien et nous ne demanderions pas mieux que de » tirer, mais nous n'avons que trois coups par pièce et » nous les réservons pour le moment critique. »

Trois coups par pièce ! mais la ville est pleine de canons et de caissons qui entrent par toutes les por- tes... on peut garnir les remparts... Le comman- dant nous envoie, quatre ou cinq, à la recherche d'of- ficiers d'artillerie pour les prévenir, pour les amener... Les rues sont tellement encombrées de voitures, d'hommes et de chevaux que toute cette artillerie reste là immobile et ne peut bouger...

Un général passe à côté de moi... Il dit avec colère à son aide de camp : « Et mes bagages, monsieur, que » sont-ils devenus mes bagages? Vous ne vous êtes » pas occupé de mes bagages ? Qu'est-ce que vous avez » donc fait ?.. Ah! ce fourgon là-bas, non... non... ce » n'est pas le mien... Ils sont perdus!.. ils sont per- » dus ! »

De tous côtés on entend retentir une sonnerie... c'est l'ordre de cesser le feu... Le drapeau blanc flotte sur le château... La bataille cependant continue sous les murs de Sedan et ce n'est que vers le soir que le si-

lence se fait... Nous passons la nuit entassés sur les
remparts. Plusieurs incendies étaient allumés dans
Sedan.

Le lendemain on nous apprend qu'on a capitulé...
Nous serons tous prisonniers, officiers et soldats...
Nous allons sortir de Sedan où nous laisserons nos
armes... Nous quittons les remparts... Dans la ville
tout est livré au pillage... Les magasins du château ont
été envahis et par les fenêtres on jette à la volée les
pains de munition, les gros morceaux de lard... Partout des hommes ivres et des soldats déguenillés qui
s'injurient, se battent, insultent les officiers... Dans
une cour, à peu de distance du château, les agents du
Trésor payaient la solde... Des mains avides étaient
tendues... L'or s'étalait à tous les yeux.

Mon bras me faisait un peu souffrir... J'entre dans
une ambulance, à côté de la sous-préfecture... Je
trouve là une bonne sœur qui me panse ma plaie et
me bande le bras... Ma blessure était très-légère... Je
rejoins mes camarades... Nous sortons de Sedan et
nous défilons devant les sentinelles bavaroises. Des
canons étaient de tous les côtés braqués sur nous. On
entendait les musiques allemandes jouer les airs les
plus gais.

VI

SEDAN

RÉCIT D'UN CHIRURGIEN D'AMBULANCE

Le 30 août, notre ambulance est installée à Mouzon. Dès le matin très-vive canonnade. Je rencontre un capitaine d'état-major : « Ce canon-là, me dit-il, est encore à quatre ou cinq lieues ; il est bientôt midi ; on tiraillera jusqu'à la nuit aux avant-postes, et ce sera tout pour aujourd'hui ; mais demain... ah ! demain vous aurez de la besogne. »

Une heure. — Toujours la même canonnade. Rien à faire à l'ambulance. Je pars. Je marche à l'aventure ; je cherche à découvrir quelque chose et ne découvre rien. Les paysans se sauvent, poussant leurs bestiaux devant eux, emportant leurs meubles dans des charrettes. Un homme laboure tranquillement son champ.

Quatre heures. — Il faut retourner à Mouzon. La bataille évidemment s'est rapprochée. Le canon parle beaucoup plus haut et beaucoup plus net ; on a déjà peut-être apporté des blessés à l'ambulance. Me voilà marchant, et de mon meilleur pas, dans la direction de Mouzon. La route tout d'un coup fait un coude. Quelque chose me passe très-vite, en sifflant, devant les yeux. Est-ce une balle? Oui, c'était une balle... En voici une autre... et deux autres... et dix autres. Un obus éclate à une centaine de mètres.

Je m'arrête... C'est la première fois que je me trouve au milieu d'une bataille. Je n'ai pas peur.... non, je n'ai pas peur.... mais je suis un peu surpris, un peu ému... Il y a décidément trop de balles dans ce chemin-là... Cherchons une autre route. Mouzon est entouré de feu... Pourrai-je rentrer à l'ambulance ?

Je tombe au milieu du 4e régiment d'infanterie de marine. « Où allez-vous? — A Mouzon. — A Mou-
» zon ! me répond un officier ; vous n'irez pas ce soir à
» Mouzon... Les obus pleuvent tout autour du village.
» Voici bientôt la nuit. Si vous ne connaissez pas le
» chemin, vous vous égarerez, vous tomberez dans des
» grand'gardes françaises ou prussiennes qui vous en-
» verront des coups de fusil. Passez la nuit ici, avec
» nous. Mouzon sera peut-être dégagé demain matin,
» et vous pourrez y rentrer. »

Je reste. Nuit glaciale. Je n'ai ni manteau ni couverture. J'étais parti en flâneur, en curieux, les mains dans mes poches. Je m'assieds près d'un grand feu. Longue conversation avec un vieux capitaine. Il est

très-inquiet. « Nous avons de bons brigadiers, me dit-
» il, et de bons divisionnaires ; mais l'intendance a perdu
» la tête, et on ne sent pas le commandement supérieur.
» L'armée n'est pas dans la main du chef. On se bat au
» hasard, à la diable, au petit bonheur, où on se trouve
» et comme on peut. Enfin, à la grâce de Dieu ! C'est un
» peu comme ça que nous avons battu les Autrichiens
» à Solferino. » Il se noue bien correctement un foulard
autour de la tête, s'enveloppe les jambes dans une
couverture, et, la tête sur un sac de soldat, s'endort.

A trois heures du matin, ordre au régiment de se
rapprocher de la Meuse. Que faire ? Je ne peux rester
seul, la nuit, en pleine campagne. « Venez avec nous,
» me dit le vieux capitaine, au petit jour vous chercherez
» à vous orienter et à voir si vous pouvez retrouver votre
» ambulance ; mais n'y comptez pas, la bataille est ve-
» nue se mettre entre nous et Mouzon. »

Je pars avec le régiment. Nous arrivons à la Meuse,
et subitement nous nous trouvons en plein feu. Moins
d'émotion qu'hier. Beaucoup moins. D'ailleurs, je ne
suis pas seul, et il y a plaisir à voir se battre ces braves gens. Ils sont tranquilles et résolus. Je suis pres-
que content d'être là et d'avoir ma part de leur danger. Il y a une contagion du courage comme une contagion de la peur. Mon vieux capitaine va et vient au
milieu de ses hommes. Il est maussade et bougon.
« Voyez-vous, me dit-il, c'est bien ce que je vous di-
» sais hier soir. Pas de commandement supérieur. Nous

» nous battons tout seuls et pour notre compte. Nous
» avons devant nous de l'artillerie prussienne... et de la
» bonne... et pas d'artillerie française avec nous. »

Le feu augmente..... Nous sommes couverts de mitraille prussienne. Je rencontre encore mon capitaine : « Ah ! me dit-il durement, ne restez donc
» pas ici, dans nos jambes. Vous allez vous faire tuer
» bêtement, pour rien. Ne cherchez pas à rentrer dans
» Mouzon ; tout ce côté-là est en feu. Vous êtes mainte-
» nant plus près de Sedan que de Mouzon. Essayez de
» vous jeter dans Sedan. Les chemins doivent être libres
» par là. Vous trouverez des blessés à Sedan, et vous
» serez très-utile dans les ambulances. Allez-vous-en,
» allez-vous-en, et au plaisir de vous revoir. »

Il était sept ou huit heures du matin. Je pars, épuisé de fatigue, la tête pesante, dormant tout debout, ne sachant plus ni où j'étais, ni où j'allais, ni ce que je faisais... Toujours le canon ; toujours des obus... plus rares cependant. Je traverse un petit bois de mélèzes. Je sens une invincible lassitude... je me laisse tomber dans l'herbe... La terre était trempée, et me voilà couché dans l'eau. Je n'ai jamais eu de lit meilleur, et jamais je n'ai dormi d'un plus profond sommeil.

Tout d'un coup, je reçois sur la tête une espèce de douche violente. Je me secoue. J'étais couvert de boue et de terre. Un obus avait éclaté à dix pas de moi. Encore des obus. C'est une averse. Je pars en courant, au hasard, devant moi. Mon courage s'en allait. Les fantassins de marine n'étaient plus là pour me soutenir et me donner l'exemple... Voici des balles maintenant.

Je rencontre enfin un grand talus qui borde le chemin et me met à l'abri. Le hasard m'avait servi : c'était dans la direction de Sedan que j'avais couru. J'aperçois la ville. Après avoir un peu soufflé derrière mon talus, je me remets en route. Fin du talus. Nouvelle pluie de balles, et plus drue, et plus serrée que jamais. J'étais dans la ligne même du feu d'un régiment prussien. Je reprends le trot et je fais un nouveau mouvement en arrière. Combien de temps ai-je dormi dans mon herbe mouillée? Combien de temps ai-je marché et combien de temps couru? Je ne sais trop; mais ce que je sais, c'est qu'il était six heures du soir quand j'arrivai au milieu du campement d'un escadron de cuirassiers.

Je trouve là un sous-lieutenant, grand, beau garçon, d'une vingtaine d'années. Je mourais de faim. Mon vieux capitaine m'avait donné un morceau de pain, que j'avais dévoré à six heures du matin, sous les balles prussiennes.

Le sous-lieutenant de cuirassiers me dit : « Je peux vous donner un morceau de pain et autre chose encore. Vous êtes du Midi? — Oui, de Marseille. — Oh! j'ai bien reconnu cela à votre accent. Moi, je suis de Béziers. Vous devez aimer les oignons? — Certainement. Vous en avez? — J'en ai tout un champ. » Là-dessus, il s'en va lui-même, avec son grand sabre qui traînait par terre, et ses grosses bottes couvertes de boue et de poussière, m'arracher cinq ou six oignons

dans *son* champ. — « Ils sont excellents, me dit-il
» en me les offrant, et ce n'est pas tout, j'ai du sel! j'ai
» du sel! » Il tira alors de sa poche un petit cornet
crasseux qui était rempli de sel.

Nous nous asseyons tous les deux sur l'herbe, et me
voilà mangeant avec délices mon pain, mon sel et mes
oignons. — « Alors, me dit mon sous-lieutenant, voilà
deux jours que vous êtes perdu au milieu de la bataille.
Eh bien! que pensez-vous de nos affaires? Ça va mal,
n'est-ce pas? ça va mal? — Mais je ne sais pas trop,
c'est la première bataille que je vois, et je n'y comprends rien du tout. — Oh! je vous dis que ça va mal.
Nous ne sommes pas commandés. Ainsi, nous, voilà
deux jours que nous sommes là comme oubliés, sans
ordres. C'est stupide des guerres comme ça. »

Mon dîner terminé, je parle de m'en aller. Je ne
pense plus à Mouzon, mais je veux entrer dans Sedan.

— Restez avec nous cette nuit, me dit mon sous-
lieutenant, vous trouveriez ce soir les portes fermées.
Partez demain matin au petit jour. Je vais vous faire
donner une botte de paille et une couverture.

Je me décide à rester... J'étais hier dans l'infanterie
de marine; me voilà maintenant dans la grosse cavalerie. Je me fourre dans ma botte de paille et dans ma
couverture. Je m'endors.

La fusillade et la canonnade me réveillent au petit
jour. Les affaires décidément allaient mal, car la bataille, qui depuis l'avant-veille est sur mes talons, me
pourchasse et me rattrape. Les cuirassiers montent à

cheval : « Au revoir, me dit mon sous-lieutenant, et » bonne chance. » Je le quitte, et trois jours après, à Mouzon, en reconnaissance de l'hospitalité et du dîner qu'il m'avait offerts, je lui coupais le bras droit.

Après trois ou quatre heures de marches et de contre-marches, je réussis enfin à gagner, sain et sauf, une des portes de Sedan. Près de la porte, je vois un dragon tenant des chevaux en main. Il me demande si j'ai des nouvelles de la bataille. Je lui réponds que je ne sais rien, et je lui demande, moi, ce qu'il fait là : « Je garde, me dit-il, les chevaux d'un général. — Quel général ? — Je ne le connais pas. Hier dans la journée j'ai perdu mon régiment ; alors, apercevant une ville, je venais voir si par hasard mon régiment n'était pas dedans. J'ai rencontré ce général qui m'a dit : « Eh dragon ! venez ici, dragon ; venez tenir nos » chevaux. » J'ai mis pied à terre, j'ai pris les deux chevaux, et voilà trois heures au moins que je suis là à croquer le marmot. Je crois que le général et son aide de camp sont allés déjeuner dans Sedan. Ils auraient bien dû m'inviter ; je n'ai rien mangé depuis hier matin. C'est une drôle de guerre tout de même ! »

Enfin me voilà dans Sedan. Pas un soldat. Les rues désertes. Toutes les maisons et les boutiques fermées. La ville pleine de charrettes, de fourgons et de caissons. Je vois la croix de Genève sur une grande porte noire. J'entre. C'est une ambulance installée dans une usine. J'offre mes services, qui sont acceptés. On commence à apporter des blessés. La canonnade se rapproche. Des obus tombent sur la ville.

A soixante pas de notre ambulance était la sous-préfecture, quartier général de l'empereur.

De nos fenêtres, je voyais tout ce qui se passait sur la place. Des officiers brodés et galonnés partaient et revenaient sans cesse au grand galop. L'empereur, de temps en temps, à cheval, suivi d'un énorme état-major, faisait de petites promenades au dehors. On a raconté, depuis, que l'empereur avait passé toute la journée du 1er septembre à chercher la mort. Soit, mais il ne la cherchait ni bien loin, ni bien longtemps, car à peine était-il sorti que déjà il était rentré. Les aides de camp de l'empereur étaient sérieux et sombres. Lui, toujours le même, impassible, inerte, un air d'indifférence et de somnolence.

Nos lits et notre paille, rapidement, se garnissaient de blessés. Nous faisions de notre mieux, un chirurgien militaire et moi, pour suffire à tout. Mais voilà que, subitement, un obus tombe, au milieu de la salle, comme un coup de tonnerre, sur le lit d'un vieux capitaine, grièvement blessé.

L'obus éclate, ricoche, traverse le plancher, casse tous les carreaux, perce les murs et, avec un tapage effroyable, remplit la salle de poussière, de poudre et d'une fumée noire, âcre, asphyxiante, aveuglante. Pleurs, cris, tumulte indescriptible. La fumée enfin se dissipe. Je me retrouve sous un lit. Je me relève, Je me tâte. Pas de blessure ; mais j'ai les yeux brûlés par la poudre. Je ne peux pas rouvrir l'œil droit et j'entr'ouvre péniblement l'œil gauche.

J'assiste alors à un prodigieux spectacle. Nous avions là environ cent cinquante blessés. Tous, sauf une dizaine, qui, ayant des jambes coupées ou des cuisses cassées, ne pouvaient bouger, tous s'étaient relevés et couraient au hasard, à tort et à travers, dans la salle, cherchant à se sauver, poussant des cris, en chemise, pieds nus, celui-ci portant son bras, celui-là soutenant sa tête, au milieu des dames de Sedan affolées et des religieuses éperdues.

Peu à peu, on se calme, on se retrouve. Je criais de toutes mes forces : « Retournez à vos places, il n'y a plus de danger; retournez à vos places. » Mes yeux me faisaient un mal horrible. L'ordre se rétablit et je vois tranquille, dans son lit d'où il n'avait pas bougé, le vieux capitaine sur qui la bombe m'avait paru tomber en plein. Je cours à lui. « Je n'ai rien, me dit-il, rien du tout; il paraît que ce n'est pas encore pour cette fois... » Il est mort dans la journée, d'une horrible blessure qu'il avait dans l'aine. La bombe avait tué un malade et blessé une religieuse.

Six heures arrivent. L'empereur avait cessé ses petites promenades qui, à ce moment-là, n'auraient pas été sans danger, car nous commencions à être sérieusement bombardés. Je vois sortir de la sous-préfecture un général, suivi d'un lancier portant un grand drap blanc attaché au bout d'une lance. Absolument

en même temps arrivait à la sous-préfecture un parle-
mentaire prussien, les yeux bandés.

La nuit vient. La canonnade cesse. Jusqu'à une
heure du matin, je m'occupe de mes blessés ; puis, je
me jette sur un lit, et je dors jusqu'au jour. A six
heures, — c'était le 2 septembre, — je me lève, je
descends... La proclamation Wimpffen est affichée
dans les rues. L'armée tout entière, avec armes et bagages, est livrée à l'ennemi.

Quelle journée! Quel spectacle! L'armée française,
prisonnière, défilait sur le pont de Sedan, devant les
remparts, entre deux haies de troupes prussiennes.
Soldats et officiers, en traversant le pont, jetaient dans
la Meuse sabres, fusils, ceinturons, gibernes, croix,
médailles, épaulettes. Pendant ce temps, à grands
coups de marteau, dans Sedan, les artilleurs enclouaient
les canons et brisaient les ressorts des mitrailleuses.
On démolissait les fourgons et les caissons. Les chevaux dételés erraient à l'aventure dans les rues de
Sedan. En prenait qui voulait. Des soldats criaient :
Cheval à vendre! cheval à vendre! Cinq francs! dix
francs! quinze francs! Quant aux sacs et couvertures,
cela ne coûtait que la peine de les ramasser. J'ai
acheté pour quarante sous quatre ou cinq cents lettres
trouvées dans des sacs... Beaucoup de lettres anciennes,
vieilles de cinq, dix et quinze ans. Chez les officiers
les lettres d'amour dominaient, et chez les soldats *les
lettres de famille.* Dans les lettres d'amour, il était
beaucoup question d'argent ; on demandait cinquante

francs aux officiers et cinquante sous aux soldats;
c'était toute la différence.

Dans ce grand désordre, dans cet effarement général, tous les sentiments éclataient avec un incroyable
abandon. Personne ne songeait à dissimuler. Les uns,
inertes, stupides, hébétés, ne comprenaient rien à ce
qui se passait; ces gens-là ne savaient pas pourquoi
et pour qui ils se battaient, indifférents à la défaite
comme ils auraient été indifférents à la victoire. Rien
de bon ni de mauvais dans l'âme. Des brutes. D'autres,
au contraire, se montraient joyeux, riaient, plaisantaient et lançaient leurs armes dans la Meuse avec une
évidente satisfaction d'en être débarrassés; ces gens-
là étaient contents d'être prisonniers et le laissaient
voir; la guerre était finie, ils échappaient à la mort,
ils ne voyaient rien au delà.

D'autres enfin, et ceux-là par bonheur étaient les
plus nombreux, d'autres pleuraient de honte, de rage
et d'humiliation... Ils pleuraient de vraies larmes, des
larmes d'enfant, des larmes de femme, et jetaient avec
une véritable fureur leurs armes dans la rivière. Il y
avait dans ces cœurs-là le sentiment de l'honneur et
l'amour de la patrie.

Cet affreux défilé se prolongea jusqu'au soir... Dans
l'intérieur de la ville, pendant ce temps, l'indiscipline
était à son comble. Des soldats ivres insultaient les
officiers et pillaient les fourgons de vivres, malgré les
efforts des fonctionnaires de l'intendance, qui criaient:
« Laissez cela, c'est pour nourrir les blessés qui meu-

rent de faim. — Nous aussi nous mourons de faim, répondaient les soldats ; nous n'avons pas mangé depuis hier... » Et ils éventraient les fourgons, défonçaient les barriques, crevaient les sacs de riz et de pommes de terre. J'ai entendu un colonel dire à un général : « Ah ! l'on vous voit aujourd'hui, monsieur. Où donc » étiez-vous hier ? » Peut-être était-ce ce général qui avait donné ses chevaux à garder à ce pauvre dragon.

Le 3 septembre, de grand matin, je réussis à m'échapper de Sedan... Je n'avais qu'une penséé : retrouver mon ambulance et mes camarades. J'erre dans la campagne... Je me glisse au milieu des sentinelles prussiennes. J'arrive à Bazeilles qui était encore en flammes. Je suis conduit devant un colonel bavarois ; il était dans une cour de ferme, donnant des ordres pour l'ensevelissement de vingt-deux cadavres de paysans et paysannes, qui étaient là, en bloc, entassés les uns sur les autres. On les avait fusillés la veille. Leur crime était d'avoir tiré sur les Prussiens pendant que l'infanterie de marine se battait héroïquement dans leur village.

Le colonel bavarois me reçut fort bien : « Vous » cherchez, me dit-il, une ambulance française de la » Société internationale. Il y en a une à Balan, près » d'ici. Vous venez de Sedan ?... etc., etc. » Je dus répondre à deux ou trois questions. Près de nous on commençait à emporter les cadavres. Je ne pus m'empêcher de dire à ce Bavarois : « Ah ! des femmes ! cela est bien cruel. — Oui, sans doute, me répondit-il,

mais que voulez-vous, la guerre n'est pas *humain*
(*sic*). »

Je continuai ma route avec un laisser-passer prussien... Un grand enterrement militaire traversait les
ruines de Bazeilles. Il y avait trois cercueils. C'étaient
trois officiers supérieurs allemands qui, la veille,
avaient été tués... Une excellente musique prussienne
jouait la marche funèbre de Beethoven. On entendait
les cris de joie d'une division saxonne qui, à un kilomètre de là, chantait le *Faterland* et poussait des
hourras.

J'arrivai le soir à Balan... Je retrouvai mon ambulance, et, dans mon ambulance, le pauvre sous-lieutenant de cuirassiers qui m'avait donné, de si bon cœur,
du pain, des oignons et de la paille. Je lui coupai le
bras le lendemain. « Ah! me disait-il après l'opération,
» j'avais bien raison de vous dire que cette guerre était
» stupide... Me voilà avec un bras de moins, et je n'ai
» pas vu un Prussien. Nous avons été battus sans même
» avoir combattu. »

VII

TOURS

Le 21 novembre 1870, à sept heures et demie du soir, nous arrivons à Tours. Dans la gare, mouvement extraordinaire de trains et de voyageurs. Nous voici dans les rues de la ville. Pluie battante. Nous sommes assaillis par dix marchands de journaux : le *Moniteur*, la *France*, le *Constitutionnel*, le *Pilori*, le *Girondin*, le *Français*, etc., etc. Tentatives infructueuses sur deux ou trois hôtels. Enfin, à l'hôtel du Faisan, grande vieille maison d'autrefois, on nous accorde, à mon ami B... un lit dans le 38, et à moi un lit dans le 54, en quatrième. Nous mourons de faim. Nous essayons de dîner. La table est immense, et pas une place. Il y a là au moins cent cinquante personnes qui, empilées comme des harengs, dînent au milieu d'un grand bruit

et d'une grande gaieté. Nous allons un peu marcher.
dans la rue Royale. Sur la devanture du café Philippe,
cette affiche manuscrite en lettres énormes :

« Il est formellement interdit aux vendeurs de journaux odieux intitulés : l'*Union*, journal clérical, la
Gazette de France, journal légitimiste, et autres or-
ganes réactionnaires, bonapartistes, orléanistes, de pénétrer dans cet établissement. »

Retour à l'hôtel... Nous trouvons enfin deux places
au beau milieu de cette table gigantesque. Curieux as-
semblage de gens. Des officiers, dans les accoutrements
les plus singuliers, des aéronautes qui racontent leur
voyage, des inventeurs de canons, mitrailleuses, etc.,
des marchands de blé, d'avoine, de poudre, etc., d'anciens députés qui demandent des élections, des straté-
gistes qui viennent offrir des plans de campagne à la
délégation de Tours, des photographes attachés au service de la poste, des francs-tireurs des Pyrénées-
Orientales et de Buenos-Ayres, des officiers garibaldiens et des zouaves pontificaux, des journalistes qui
mangent d'une main et de l'autre prennent des notes ;
celui-ci vante son exploseur, celui-là sa machine à
déraillements, cet autre enfin son ballon dirigeable ;
beaucoup de méridionaux qui tous répètent à satiété :
« J'ai vu Gammbbetta ! j'ai dit à Gammbbetta ! j'ai con-
seillé à Gammbbetta ! » A ma droite, un vieux monsieur,
chaque fois qu'il entend ce nom de Gambetta, fait un
petit soubresaut sur sa chaise. C'est un préfet révoqué
de l'empire... En face de nous un aumônier militaire,

grande barbe grise, le brassard de Genève et la croix de la Légion d'honneur sur sa soutane. Ce prêtre est assis à côté d'une très-jolie, très-jolie blonde qui, bien certainement, jouait la comédie l'hiver dernier sur un des théâtres de genre de Paris, et la jolie petite blonde a pour voisin un joli petit brun, tiré à quatre épingles. Tous les deux, de temps en temps, rient bruyamment et de la façon la plus bête. Au milieu de ce tohubohu, quatre ou cinq Anglais assistant à ce spectacle avec une curiosité froide, tranquille et sérieuse. Il est évident qu'ils éprouvent une jouissance égoïste à voir la France dans ce désordre et dans cette confusion, pendant que leur chère Angleterre, protégée par *son mince ruban de mer argentée* brave les invasions et les réquisitions prussiennes.

Nous retrouvons là deux capitaines de hussards avec qui nous avons fait route depuis Rouen, et nous nous en allons avec eux au *Café de la Ville;* c'est le grand rendez-vous politique et militaire de la ville. Foule compacte. Les nouvelles les plus inattendues et les plus folles : « Garibaldi est en Bavière. Il marche sur Berlin. Il a obligé à déguerpir de leurs couvents toutes les religieuses des villes de Bourgogne. D'ailleurs, de bonne volonté, la plupart de ces religieuses sont parties comme cantinières dans l'armée garibaldienne. La flotte française a forcé l'entrée du port de Jade, détruit la flotte prussienne, délivré 15,000 prisonniers français internés à Jade. Ces 15,000 prisonniers ont constitué inmédiatement une petite armée qui s'est

mise en marche sur Berlin, à travers l'Allemagne dé-
garnie de troupes. Trochu a fait enfin la *grande sortie*
et a mis 40,000 Prussiens hors de combat. Kératry a 80,000 Bretons bien armés et bien disciplinés
à Conlie. Il n'en a que 40,000. Il n'en a que 20,000.
Il n'en a pas 10,000 et ces 10,000 Bretons n'ont pas
de fusils. » J'entends soutenir ces quatre opinions avec
une égale conviction et une égale chaleur.

Un groupe bruyant entoure un vieux lieutenant-
colonel d'artillerie. Il ôte son képi. Tout le monde se
précipite et examine le dessus de sa tête avec beaucoup de curiosité. Grands éclats de rire. Je m'approche.
Ce lieutenant-colonel est tonsuré. « Racontez-nous votre
histoire, lui dit-on; racontez-nous votre évasion de
Metz. — Très-volontiers,» répond-il, et il commence :

« Huit jours avant la capitulation, j'ai bien compris
» ce qui allait se passer. On énervait l'armée par tous
» les moyens, on donnait aux soldats de fausses espé-
» rances, on leur ôtait ainsi le peu de courage qui leur
» restait, on leur disait qu'ils ne seraient pas faits pri-
» sonniers de guerre, qu'ils seraient libres de retourner
» dans leurs villages, à la condition de ne plus se battre
» pendant la campagne, etc., etc. L'armée était anéantie,
» éteinte. Je sentis bien que la fin approchait, et je me
» dis : Il s'agit de ne pas tomber aux mains des Prus-
» siens. Je ne veux pas m'en aller me faire exhiber
» comme une bête curieuse dans une petite ville d'Alle-
» magne. Je pris mes mesures en conséquence. J'avais
» un ami dans le clergé de Metz, le curé de l'église

» Sainte-X ... Il me donna une vieille soutane, un cha-
» peau bas à larges bords, des souliers à boucles d'ar-
» gent. Sa gouvernante me tonsura. Le curé me remit
» une lettre par laquelle il me recommandait *à tous les*
» *curés du diocèse et à toutes les âmes chrétiennes*. Et
» le lendemain de la capitulation, dès que les portes
» furent ouvertes, dans le premier quart-d'heure, je
» sortis de Metz au milieu du flot des paysans qui étaient
» venus se réfugier dans la ville et qui allaient retrouver
» leurs villages ou ce qui restait de leurs villages. Je ne
» fus aucunement inquiété, et je m'en allai ainsi, à petites
» journées, à pied, en carriole, en charrette, de cure en
» cure, depuis Metz jusqu'à Nancy. Les curés de cam-
» pagne ont l'habitude de se recevoir et de se donner
» l'hospitalité. Partout, avec ma soutane et la lettre de
» mon ami le curé, partout je fus bien accueilli. Je m'é-
» tais arrangé une petite histoire : Aumônier libre du
» diocèse de Viviers, j'étais parti au moment de la
» guerre ; j'avais été attaché au corps du maréchal Ba-
» zaine, puis bloqué dans Metz. Je n'ai eu qu'un moment
» d'embarras ; j'avais couché chez le curé d'un village
» à cinq ou six lieues de Nancy ; à six heures du matin,
» il entre dans ma chambre. « J'ai oublié de vous deman-
» der, me dit-il, à quelle heure vous vouliez dire votre
» messe. C'est aujourd'hui dimanche. — Ma messe ? —
» Oui, votre messe... » Par bonheur, je ne m'embrouillai
» pas trop. Je répondis que j'avais une dispense de
» Mgr de Viviers pour toute la durée de la guerre...
» Enfin, j'arrive à Nancy. Je descends chez un de mes

» amis, M. T..., qui est avoué. Pendant que je dînais
» avec toute la famille, arrive un gendarme prussien.
» La peur me prend. Est-ce que j'aurais été reconnu,
» dénoncé? Heureusement non. Le gendarme ne venait
» pas pour moi. Il apportait une lettre du commandant
» d'étape prussien qui ordonnait à mon pauvre ami
» l'avoué, — un homme de cinquante-cinq ans, avec
» femme et trois enfants, — de monter sur la locomo-
» tive du train partant à minuit de Nancy. Il y avait eu
» des tentatives de déraillement; alors, sur la locomotive
» de chaque train, les Prussiens faisaient monter un
» notable de la ville.

» A Nancy, je me suis informé. J'ai demandé où était
» le gouvernement de la France. On m'a répondu :
» A Paris, avec succursale à Tours. A Paris, pas moyen
» d'entrer. Je suis allé à Tours... Je me suis présenté
» au ministère de la guerre. J'ai dit : Je suis le lieute-
» nant-colonel un tel, évadé de Metz. Je suis à votre
» disposition. Voilà toute mon histoire. »

Et comme on demandait au colonel son opinion sur
la capitulation de Metz, sur le maréchal Bazaine :

« Oh! de cela, répliqua-t-il, j'aime autant ne pas par-
» ler. C'est de la politique et je ne m'occupe pas de po-
» litique. Je suis soldat. J'ai fait de mon mieux mon de-
» voir à Forbach, à Gravelotte et devant Metz ; je vais
» essayer de le faire à l'armée du Mans. Quant aux dé-
» mêlés de l'empire, de la république et du maréchal
» Bazaine, je ne me mêle pas de ces choses-là. Chacun
» son métier. J'ai toujours marché tout droit mon petit

» bonhomme de chemin. Ça ne m'a pas mené à grand'-
» chose, mais au moins je peux fumer ma pipe en repos
» de conscience. Seulement je serais bien aise de trouver
» une pommade pour me faire repousser les cheveux. »

Cela dit, il tira de sa poche une grosse pipe che-
vronnée, la bourra, l'alluma et se mit à fumer silencieusement.

Beaucoup d'officiers sont ainsi arrivés en soutane
et en souliers à boucles, avec un bréviaire sous le
bras; c'était le déguisement à la mode, et aussi la
livrée de domestique. On parle encore à Tours de deux
officiers de dragons qui se sont présentés, au commencement de novembre, dans les bureaux de la guerre,
habillés en domestiques : casquettes de cuir plates, avec
large galon d'argent, pantalons usés, jaunis, passés, et
qui avaient tout à fait l'air de pantalons démodés donnés par le maître au valet de chambre ; petites jaquettes
avec des boutons armoriés, cheveux ras, favoris tail-
lés à l'anglaise, courts et carrés. Ils marchaient les
pieds en dedans, avec le balancement de hanches et le
dandinement des bellâtres d'antichambre, prenaient
l'air doucereux, respectueux et hypocrite des domestiques de bonne maison. Enfin ces deux messieurs,
qui, redevenus capitaines de dragons, sont en ce moment à Orléans, devant l'ennemi, ont laissé à Tours
les plus durables souvenirs. Un faux maquignon a été
également très-remarqué : une sorte de Frédérick Le-
maître ou de Paulin Ménier ; blouse bleue par-dessus
une redingote noire, gilet de velours bleu à fleurs

blanches, grosse canne avec un cuir crasseux, vaste portefeuille bondé de vieux papiers, une épingle de strass à la cravate, des breloques et une tabatière admirables, etc., etc. Dans ces fantaisies persistaient, même au milieu de nos désastres, le caractère et l'esprit français ; et le courage français également : car c'était jouer gros jeu que d'essayer de s'échapper ainsi de Metz en trompant la surveillance prussienne.

Nous rencontrons, dans ce café de Tours, un de nos amis, M. F..., médecin aide-major, qui était attaché aux ambulances de l'armée de Metz. Il nous parle de toutes les souffrances au milieu desquelles il a vécu, et vante le courage avec lequel ces souffrances étaient supportées par les soldats.

« Dans la dernière quinzaine du blocus, nous dit-il, le » chloroforme commençait à s'épuiser. Nous en deve- » nions avares et nous cherchions à réserver le peu qui » nous restait pour les opérations graves. On m'amène un » homme, un grenadier de la garde. Il avait eu la main » droite fracassée par un éclat d'obus. Il fallait lui désar- » ticuler et lui enlever le petit doigt. L'opération ne pré- » sentait ni difficultés ni danger, mais elle devait être » très-douloureuse et assez longue. Je dis au grena- » dier :

» — Il faut que je vous enlève le petit doigt.

» — C'est bien, me répond-il tranquillement, faites.

» — Est-ce que vous voulez que je vous endorme ?

» — Ça sera dur l'opération ?

» — Oui, vous souffrirez ; mais il n'y a aucun danger.

» — Ça ne fait rien, si ça doit être très-douloureux,
» j'aimerais autant...

» — C'est que nous n'avons plus beaucoup de chlo-
» roforme.

» — Le chloroforme, c'est ce qui sert à endormir?

» — Oui.

» — Ah! bien! je comprends... Vous voulez garder
» votre chloroforme pour quelque chose de plus sérieux
» que mon petit doigt, pour la jambe ou pour la cuisse
» d'un camarade?

» — Oui, c'est cela...

» — Eh bien, vous avez raison... Ne m'endormez
» pas; mais faites vite, faites vite.

» Et il se tamponna son mouchoir dans la bouche, en-
» tre les dents. Je fis l'opération. Il était horriblement
» pâle. L'eau lui coulait du front à grosses gouttes; mais
» pas un mouvement, pas une plainte, pas un cri.
» Quand ce fut fini, je le félicitai de son courage.

» — Oh! me répondit-il, il faut bien que les pauvres
» gens s'entr'aident.

» Et ces admirables sœurs de charité, continua F...,
» quelle force et quelle douceur! Un voltigeur avait reçu
» une balle dans la cuisse. La balle avait été extraite;
» mais la plaie était mauvaise, profonde, enflammée. Une
» des sœurs de l'ambulance avait voulu le matin faire
» des pressions autour de la blessure, pour chasser le
» pus de la plaie. Rien de plus nécessaire, mais rien de
» plus douloureux. Le blessé avait crié, s'était débattu,
» avait repoussé la sœur. Elle me raconta cela.

» — Parlez-lui, monsieur, me dit-elle. Conseillez-lui
» d'être plus raisonnable.

» Je m'approchai du malade.

» — Il faut avoir plus de courage que cela, lui dis-je,
» la sœur va recommencer le pansement. Promettez-moi
» de la laisser faire. C'est pour votre bien, entendez-
» vous? c'est pour votre bien.

» — Que la sœur recommence, me répondit-il, je se-
» rai sage.

» Je m'éloignai lentement. La sœur s'était rapprochée
» du lit, et je l'entendis qui, tout bas, bien doucement
» et avec un sourire, disait au blessé :

» — Alors vous ne me mordrez plus, mon ami. »

Et puis, à côté de ces choses touchantes, on entendait
aussi des choses qui étaient franchement comiques. Un
soldat se plaignait à Metz devant le maréchal X...
de n'avoir pas mangé depuis la veille. — « Eh bien
moi, répondit le maréchal, je n'ai mangé que du
chocolat depuis vingt-quatre heures... » Que du chocolat! Le maréchal disait cela avec une importance
extraordinaire. Il lui paraissait monstrueux qu'un
simple soldat osât se plaindre de n'avoir pas mangé
du tout quand, lui, maréchal de France, n'avait
mangé que du chocolat! J'entends encore le maréchal dire : que du chocolat! Il en avait plein la
bouche. »

Cependant, à la table voisine, s'engage une grande
discussion sur la question de la paix et de la guerre.
Deux partis, à Tours, sont en présence : le parti des

gens qui voient tout en rose, et le parti des gens qui voient tout en noir.

Les *roses* vous disent que Gambetta est un grand tacticien, que M. de Freycinet est un grand administrateur, que M. Laurier est un grand financier, que le général d'Aurelle de Paladines est un grand général [1], que notre situation militaire est admirable, que nous avons 200,000 hommes devant Orléans, 60,000 hommes avec Bourbaki dans le Nord, 50,000 hommes à Nevers, 50,000 à Besançon, 60,000 à Conlie avec Kératry, 60,000 devant le Mans, 60,000 à Lyon, une armée de 150,000 hommes en formation à Toulouse et 500,000 hommes dans Paris. Total : 1,200,000 hommes. Les Allemands sont épuisés, démoralisés, las de la guerre, de la guerre qui pour nous commence à peine. La Prusse ne pourra pas supporter une longue campagne. Paris a des vivres pour six mois, et, d'ailleurs, n'a jamais été plus gai. On y a rouvert les théâtres. Les Allemands perdent tous les jours, devant Paris, de mille à quinze cents hommes par la dyssenterie, la petite vérole et le feu des forts. Ils ne pourront pas soutenir éternellement ce train-là. La guerre maintenant est dirigée de notre côté par des ingénieurs, mathématiquement, d'après le système de M. de Moltke. La victoire finale ne peut nous échapper. Partout où il y a un Prussien,

---

[1] Le général d'Aurelle de Paladines avait encore le commandement de l'armée de la Loire.

on met deux Français. Voilà le système de M. de Freycinet ; il est excellent. L'élément civil l'emporte et domine dans les bureaux de la guerre. C'est par là que nous serons sauvés. Il n'y a qu'une ombre au tableau : les menées réactionnaires... M. Thiers nous a fait le plus grand mal. C'est lui qui, il y a trois semaines, a arrêté l'irrésistible élan de l'armée de la Loire. Il a passé par Orléans en allant à Paris, et il a dit au général d'Aurelle : « Ne livrez pas de bataille » pendant les négociations ; à quoi bon faire tuer du » monde ? La paix est certaine... » Et M. Thiers est allé à Versailles, et, au lieu de la paix, nous avons eu la continuation de la guerre. Nous y avons perdu une victoire, mais nous la retrouverons, nous aurons raison des Prussiens et aussi des menées réactionnaires, et nous sauverons la France et la république.

Les *noirs* vous disent : Nous sommes perdus, absolument perdus... Sauf une partie de l'armée de la Loire, qui est solide, vigoureuse, et composée de vrais soldats, il n'y a rien de sérieux et de consistant dans ces immenses armées. Il faut d'abord commencer par diminuer de moitié ces effectifs fantastiques des armées de Lille, de Conlie, de Nevers, du Mans, de Besançon. Et ces armées, ainsi réduites, que sont-elles ? Des rassemblements d'hommes mal armés, mal commandés, mal disciplinés, mal nourris, couchant toutes les nuits dans la boue, épuisés par les marches et les contre-marches. Ces cinq, six ou sept armées sont incapables de prendre l'offensive et de marcher sur Paris. Aussi,

que voyons-nous? L'armée de la Loire a remporté, le
9 de ce mois, à Coulmiers, une victoire réelle, sérieuse, incontestable. Elle n'a pas pu en profiter. Elle
est restée immobile devant Orléans. Le général d'Aurelle de Paladines s'enferme en ce moment dans un
vaste camp retranché. Il ne se prépare pas à attaquer;
il se prépare à se défendre, et il aura affaire, avant
quinze jours, à des forces énormes. Une grosse armée
prussienne marche sur le Mans, une autre sur Troyes.
L'armée de la Loire va être prise entre deux feux. La
continuation de la guerre n'est et ne peut être autre
chose que la continuation du ravage et de la destruction de la France. Des élections, des élections! Que le
pays prononce et qu'il décide sur son propre sort.

Après une grande heure passée à nous disputer,
roses et noirs, sur les chances bonnes ou mauvaises
de nos armées de province, nous levons la séance.
Nous traversons le café encore rempli de mouvement
et de bruit. Nous nous arrêtons près d'un groupe. Il
est question de la première bataille d'Orléans, de la
bataille du commencement d'octobre, qui avait livré la
ville aux Bavarois de Von der Thann.

— C'est ce jour-là, dit un officier de mobiles, que
notre pauvre commandant Z... m'a fait la réponse la
plus extraordinaire que j'aie jamais entendue. Nous
étions l'arme au pied dans un faubourg de la ville; les
obus commencent à pleuvoir et les Bavarois à se montrer. Je vais au commandant, — je le vois encore, au
coin d'une petite rue, sur son arabe gris, — et je lui

dis : « Des ordres, mon commandant, des ordres! — Des ordres, me répond-il, des ordres un jour de bataille, êtes-vous fou? » Il met les éperons dans le ventre de son cheval, et il va follement, héroïquement, se faire tuer par les Bavarois, sans plus s'occuper de nous que si nous n'existions pas.

A minuit, très-fatigué, je rentre à l'hôtel. Me voici, moi quatrième, dans la chambre 54, avec un petit lit de fer, un lit d'enfant. Un de mes camarades de chambrée est déjà profondément endormi. Mes deux autres collègues causent. L'un est un capitaine de cavalerie qui dit en ôtant sa capote :

— Il y a trente-deux jours que j'ai la même chemise de flanelle sur le corps. Je vais donc enfin pouvoir changer de chemise... Tenez, j'ai acheté celle-là aujourd'hui. Elle est jolie, n'est-ce pas? Mon parti est pris maintenant. Plus de bagages! J'achèterai mes chemises une à une, et mes chaussettes paire par paire, où et quand ça se trouvera. J'ai déjà perdu deux fois mes cantines à Wissembourg et à Sedan. Plus de cantines. Les Prussiens auront ma peau, s'ils peuvent la prendre, mais rien avec.

Et là-dessus il se couche. L'interlocuteur du capitaine de cavalerie était probablement quelque inventeur de canon électrique ou à vapeur, car, au milieu de la nuit, il se mit à rêvasser tout haut et à répéter huit ou dix fois :

— Par la culasse, oui, par la culasse... comme les mitrailleuses..... et quinze coups à la minute.

Le lendemain matin, à neuf heures, j'étais dans les rues de Tours, sous une pluie battante, au milieu d'une foule étrange de garibaldiens en chemises rouges, de francs-tireurs pyrénéens avec des bérets basques, de volontaires hellènes dans le costume des soldats du *Roi des montagnes*, et de vengeurs de la Mort avec de petits ossements en ferblanterie sur la poitrine. Je m'approche d'un bonnetier qui était sur le seuil de sa boutique : « La cathédrale, s'il vous plaît?» Cet honnête homme paraît fort étonné. Il a tout à fait l'air de se dire : — Qu'est-ce que c'est que cet original qui veut voir la cathédrale ? Est-ce qu'on s'occupe de la cathédrale maintenant? On demande à voir Gambetta, on ne demande pas à voir la cathédrale !

Ce brave Touranjeau cependant m'indique mon chemin... J'arrive... Voici l'archevêché ! et la cathédrale ! et la place Grégoire-de-Tours ! et la rue du général Meunier ! et la rue de la Psalette ! Jamais je n'étais venu à Tours, et cependant cette place Grégoire-de-Tours et toutes ces petites rues pieuses, discrètes, tranquilles, par Balzac je les connaissais. Des prêtres et des dévotes allaient et venaient autour de l'église. Les cloches de la cathédrale sonnaient, et on entendait à l'autre bout de la ville, du côté de la gare du chemin de fer, la *Marseillaise*, chantée par quelque bataillon de francs-tireurs allant au-devant des Prussiens.

Ici Balzac et là-bas Gambetta!... M. Glais-Bizoin, sur le balcon de la préfecture, donnant l'accolade à Garibaldi, et l'abbé Birotteau, après sa messe dite, rentrant

dans la maison de mademoiselle Gamard! Je l'ai trou-
vée, j'en suis certain, la maison de l'abbé Birotteau :
au bout de la rue Manceau, en face d'une terrasse qui
domine la plaine. Oui, dans cette maison habitait une
mademoiselle Gamard, une de ces vieilles filles *qui ont
pour vocation le service ecclésiastique, qui veillent à
ce que linge blanc, aubes, surplis, rabats, rien ne
manque, qui du matin au soir époussètent et frottent
les meubles, faisant la guerre au moindre grain de
poussière*, etc., etc. Un vieux prêtre arriva, marchant
tout de travers, sous son grand parapluie rougeâtre,
un gros livre sous le bras, relevant sa soutane pour
traverser les ruisseaux. Il s'arrêta devant la maison.
Une vieille fille, proprette, grassouillette, guettait son
arrivée, au-rez-de chaussée, debout, près de la fenêtre,
le nez sur la vitre. Elle se précipita dans la cour au-
devant de son chanoine. Elle lui donna le bras pour
monter les quatre marches du perron, elle lui prit son
parapluie des mains, puis très-délicatement tira les
manches de sa douillette; je voyais tout cela par la
porte entr'ouverte. Par malheur elle se ferma, cette
porte, et je ne vis plus rien.

Que j'aurais voulu déjeuner avec eux! D'abord il est
probable que j'aurais très-bien déjeuné; mais il était
dix heures et demie, la grande table phalanstérienne
de l'hôtel de France m'attendait, au lieu de la petite
table du chanoine du la rue Manceau. Il me fallait
quitter la ville ecclésiastique, me rejeter dans tout le
brouhaha et dans tout le tohu-bohu de la ville militaire.

Pour retourner à l'hôtel, je fais un détour et passe par le boulevard Heurteloup. Un régiment de marche était là, près de la gare, les fusils en faisceaux, les sacs à terre. Presque tous des soldats de vingt ans, des recrues de 1870. La pluie tombait par torrents. Ces pauvres enfants s'abritaient de leur mieux, collés contre les maisons, le long des murailles. Il y en avait qui dormaient assis sur des marches de pierre. On me dit qu'ils étaient là depuis deux heures du matin, attendant le train qui devait les conduire au Mans, et la pluie n'avait pas cessé de tomber très-violente pendant toute la nuit. Les nouvelles étaient mauvaises. Les Prussiens avançaient en force venant de Dreux et de Chartres. On envoyait au Mans toutes les troupes disponibles.

Sur le boulevard, au coin de la rue Royale, je vois défiler un régiment de dragons qui se dirigeait vers la gare. Trois escadrons : un composé de vieux soldats, bien à cheval, bien équipés, bien paquetés, ayant bon air et belle tournure... puis deux escadrons de conscrits ; pas de casques, en képis, raccrochés aux rênes, le nez sur l'encolure de leurs chevaux, de pauvres diables n'ayant pas huit jours de manége.

Je rentre à l'hôtel, je déjeune. Nous sommes quatre à une petite table : B..., un échappé de Metz, un échappé de Sedan et moi. L'échappé de Metz nous raconte la sortie sur le village de Peltre. On ramena une douzaine de vaches, un troupeau de moutons. Le général Frossard garda pour lui deux ou trois vaches. Il les installa

dans un petit enclos, près de la maison qu'il habitait.
Un soldat, des branchages à la main, veillait sur les
vaches du général, qui se faisait faire des fromages à
la crème et des œufs à la neige. Un habitant de Metz
eut cependant le talent de voler une de ces vaches;
c'était pour donner du lait à un pauvre bébé de six
mois, qui n'avait pas de nourrice et qui mourait de
faim.

Dans cette sortie de Feltre, un bataillon de chasseurs à pied rapporta pour tout butin *une oie vivante.*
Ces sortes de ravitaillement rapportaient peu de chose
et coûtaient du monde. L'armée cependant les demandait et les aimait. Quand un soldat ramenait un cochon,
c'étaient des cris de joie et d'enthousiasme. Vingt soldats, le lendemain, dans le même régiment, étaient
prêts à se faire tuer pour ramener un autre cochon.
Ce qui a détruit l'armée de Metz, ce n'est pas la guerre,
ce n'est pas la famine, c'est l'inaction, c'est l'ennui,
c'est un long et horrible campement dans la boue, sans
tirer un coup de fusil.

« Que de choses j'ai vues, nous dit l'échappé de Metz,
» qui n'avaient l'air de rien et qui étaient admirables!...
» A Gravelotte, par exemple, fort avant dans la journée,
» les munitions étant épuisées, on fit de toutes parts
» charger la cavalerie pour empêcher les Prussiens de
» nous poursuivre. J'étais là quand on a donné l'ordre
» de charger à un régiment de dragons, le 11e, je crois...
» Le colonel, très-calme, tira sa montre, regarda l'heure,
» la remit dans son gousset, et commanda d'une voix

haute et ferme : « En avant ! Au pas ! » Quelques instants après j'entends le commandement : « Au trot ! »
Puis le commandement : « Au galop ! » Et le régiment
tout entier avec un grand bruit s'engouffre dans l'obscurité... Le colonel était parti le premier, seul, à vingt
pas, en avant... Rien de plus simple et de plus touchant cependant que cette action de regarder l'heure à
sa montre. Ce colonel se disait : « Si j'en reviens, je
» raconterai cela à mes enfants et j'ajouterai : Il était
» sept heures trente-cinq ; j'ai regardé l'heure à ma
» montre. »

A midi, je vais à la préfecture pour voir mon
ami L... Je le rencontre dans la cour. Il avait sur la
tête une casquette étincelante à cinq galons d'or. Me
voilà fort surpris. Je lui demande s'il est colonel ou
capitaine de vaisseau. Il m'aurait répondu : Je suis
général de brigade ou vice-amiral, que je n'en aurais
pas été autrement surpris. Mais il me répond : « Je suis
» tout simplement chef de bureau comme à Paris, mais
» avec assimilation au grade de colonel. » Enfin, il n'est
colonel que par assimilation ! Nous causons. Il est du
parti rose. Pas d'élections. La victoire est certaine. Il
faut conjurer les menées réactionnaires. Il faut sauver
la France et la république, etc., etc.

Pendant que nous sommes là à bavarder dans la
cour, des gardes mobiles apportent une vingtaine de
pigeons dans de jolis paniers d'osier. Ce sont les pigeons du dernier ballon. On va les lâcher ce soir, et
leur dire : « Retournez à Paris..... » Pauvres petites

bêtes ! elles seront bien mouillées, si ce mauvais temps continue.

Je retourne à la cathédrale. J'entre par la porte basse du côté du cloître. J'entends les orgues, les voix des enfants de chœur. On chante le salut. L'église est déserte. A peine vingt personnes dans la grande nef. Parmi ces vingt personnes, deux soldats qui, la tête dans les mains, paraissent prier avec beaucoup de force. Je fais le tour de la cathédrale. De temps en temps la voix nasillarde d'un prêtre dit des versets ou des litanies, puis les chants recommencent et les voix des enfants de chœur s'élèvent, hautes, claires et sonores. Çà et là, dans les bas côtés, agenouillées sur les dalles, la tête tournée vers la muraille, des femmes. Une de ces femmes, près de l'autel de la Vierge, pleure abondamment. Une autre ne pleure pas, elle est par terre, affaissée, les bras pendants le long du corps; d'un œil fixe, elle regarde et paraît étudier profondément une crevasse dans le dallage de l'église. Peut-être deux veuves de cette horrible guerre !

Les chanoines étaient assis dans le chœur avec leurs pèlerines de velours rouge et d'hermine. Autant de têtes, autant de physionomies curieuses, autant d'attitudes différentes, autant de façons de prier. Le salut terminé, je reste. Je me place sur le chemin de la sacristie. Je veux assister au défilé des chanoines. Il y en eut trois ou quatre qui eurent tout de suite fait leur petit paquet, et qui, d'un pas leste, trottant menu, passèrent devant moi. Ceux-là évidemment se moquaient du *qu'en dira-t-on,* ne visaient pas à l'effet, et avaient tous la même pensée : être le plus tôt possible chez soi, au coin de son feu, dans de bonnes pantoufles bien chaudes. Après cette première série, il y eut une pause, puis une seconde série : les vrais sages, je crois ; ceux qui faisaient les choses avec calme et sans exagération. Ceux-là, le salut terminé, restèrent quelques instants agenouillés.... pas trop longtemps.... et, après une méditation suffisante, ils se levèrent et lentement s'en allèrent du côté de la sacristie. Il en restait encore quatre qui véritablement avaient l'air de jouer *à qui resterait le dernier;* le front sur le bois de leurs pupitres de chêne, paraissant abîmés et noyés dans leurs prières, mais je pense, s'observant et se guettant les uns les autres à travers les fentes de leurs doigts entr'ouverts. Je restai là une grande demi-heure à contempler ce concours de méditation religieuse. Un des chanoines se leva au bout de vingt minutes, un autre cinq minutes après. Quant aux deux autres, ils ne bronchaient pas et ne faisaient pas mine de songer au départ; mais je crois bien qu'il y en avait un qui était endormi. Las d'attendre, je sortis de la cathédrale.

J'entre chez un libraire, j'achète les *Célibataires* et, tout en marchant, je relis les vingt premières pages de l'abbé Birotteau :

« Quand, à travers les arcades et les nefs de Saint-Gratien, le haut chanoine marchait d'un pas solennel, le front incliné, l'œil sévère, il excitait le respect; sa figure cambrée était en harmonie avec les voussures jaunes de la cathédrale; les plis de sa soutane avaient quelque chose de monumental, digne de la statuaire. Mais le bon vicaire y circulait sans gravité, trottait, piétinait, en paraissant rouler sur lui-même. Troubert, grand et sec, avait un teint jaune et bilieux, tandis que l'autre vicaire était ce qu'on appelle familièrement grassouillet. Ronde et rougeaude, la figure de Birotteau peignait un bonhomme sans idées, tandis que celle de Troubert, longue et creusée par des rides profondes, contractait en certains moments une expression pleine de dédain ou d'ironie. »

Ces deux hommes, Troubert et Birotteau, il y a une heure, dans la cathédrale, je les ai vus à la place même où Balzac les a étudiés. Pendant que je marchais, le nez dans mon livre, je m'entends appeler. C'était ce pauvre Ponson du Terrail qui, deux mois plus tard, devait mourir à Bordeaux d'une mort si brusque et si cruelle.

— Vous savez les nouvelles? me dit-il; les Prussiens occupent Alençon, marchent sur le Mans. Le service du chemin de fer va être interrompu dans la direction du Mans.

Le Mans, c'était là précisément que, le lendemain, j'avais affaire. Je cours à la gare.

— Il y aura encore un train à cinq heures et demie pour le Mans, me dit-on, mais ce sera très-probablement le dernier.

Jamais, je crois, je n'ai vu pareille confusion et

pareil encombrement. On se battait pour prendre les billets, on se battait pour entrer dans les salles d'attente, on se battait pour arriver jusqu'au buffet. Notre train, qui devait réglementairement partir à cinq heures et demie, n'est parti qu'à neuf heures. Des convois militaires, toutes les vingt minutes, étaient expédiés sur le Mans; ils emportaient des chevaux, des artilleurs, des dragons, des mobiles, et enfin ce malheureux régiment de marche qui, pendant dix-huit heures, avait reçu la pluie sur le boulevard Heurteloup. Les clairons sonnaient, les tambours battaient, les locomotives sifflaient, les employés criaient, les voyageurs se lamentaient.

Par un train venant d'Alençon arrivèrent une vingtaine de prisonniers prussiens faits le matin, à ce qu'il paraît, dans un engagement près de Laigle. On se bat de ce côté. Ces prisonniers ont vilaine mine et piètre tournure avec leurs grandes casquettes plates et leurs longues redingotes. On dit que ce sont des Hessois et des Saxons. Petits et chétifs pour la plupart. Il y en a un très-grand, blond, avec d'épais favoris, qui dépasse ses camarades de toute la tête. L'air pesant et endormi. Il fume flegmatiquement une grosse pipe de porcelaine et paraît tout à fait indifférent à ce qui se passe autour de lui.

Un pauvre soldat de ligne, qui s'appuie péniblement sur deux béquilles, regarde passer ces prisonniers. C'est un tout jeune homme blond, une tête d'enfant. Il a la jambe droite coupée, et je l'entends dire à un camarade, d'un ton doux et résigné :

— J'espère qu'ils me trouveront une jambe de bois à Tours. Il n'y en avait plus de toutes faites à Amiens ni à Rouen.

Toute l'ambition de ce pauvre enfant est d'avoir une jambe de bois.

La cohue du buffet est indescriptible. Au milieu de cette foule, je retrouve un ami, le capitaine D... Il me raconte son histoire. Il a été blessé grièvement à Sedan. Une balle lui est entrée dans l'épaule et lui a ouvert une artère. Son sang s'échappait à flots ; son bras pendait inerte, pesant comme du plomb et paraissant prêt à tout moment à se détacher de l'épaule. Pas de chirurgien, et les Prussiens à cinq cents mètres, et une pluie de balles. D... met en tampon son mouchoir sur sa blessure, prend les deux courroies de son revolver. Par un de ses chasseurs, avec ces deux courroies, il se fait sangler solidement le bras contre l'épaule. Puis il part au galop. Il n'avait pas quitté les étriers. Il fait vingt kilomètres à grande allure, arrive sur le territoire belge, passe devant des sentinelles qui ne l'arrêtent pas, et dans un village trouve de braves gens pour le recueillir, un médecin pour le panser et un lit pour se coucher.

— Ce que c'est, me dit-il, que d'avoir entre les jambes une bête qui a du cœur ! J'étais perdu sans mon cheval ; j'ai eu la joie de le sauver, de le ramener en France, et nous avons recommencé, tous les deux, la campagne contre les Prussiens.

Pendant que nous causions ensemble, arrive un capitaine de chasseurs à cheval, la tête enveloppée d'un bandage, le menton de travers. Ce capitaine a eu la mâchoire fracassée à Gravelotte.

Il était de l'escorte du maréchal Bazaine. Il a été blessé dans la bagarre qui a suivi cette audacieuse charge de cavalerie, dirigée par le prince de Salm-Salm, et qui avait le maréchal pour objectif. On a raconté que M. de Salm-Salm, ami particulier de l'empereur du Mexique, rendait Bazaine responsable de la mort de Maximilien et avait juré de le tuer ou de mourir. Il n'a pu que mourir.

Enfin, à neuf heures, nous partons. Notre compartiment est au complet, et la conversation tout aussitôt s'engage entre nous, familièrement et avec le plus grand abandon. Chacun se raconte ses projets, ses affaires, d'où il vient, où il va, ce qu'il a vu, ce qu'il pense, ce qu'il espère. Chacun a son plan de campagne contre les Prussiens. Chacun a dans son sac une collection de petites histoires sur les réquisitions, brutalités et cruautés prussiennes.

Un des voyageurs est maire de D..., gros village à trois ou quatre lieues de Versailles. Il nous explique qu'il vient d'aller voir sa femme, malade dans le Midi, et qu'il se dépêche de retourner à D...

— Il faut être là, nous dit-il, pour défendre sa maison. J'ai vécu pendant deux mois au milieu des Prussiens. Je commence à les connaître. C'est le 18 septembre que nous avons été subitement inondés à D... d'un flot de cavalerie prussienne. La cavalerie n'a fait

que passer. Un corps d'infanterie de 1,500 hommes est arrivé deux jours après et s'est installé à D... C'est ce que les Prussiens appellent *une colonne d'approvisionnement*. Ces soldats-là ne se battent pas ; ils sont attachés à un corps d'armée et doivent le nourrir. Je suis maire. J'ai une très-grande maison. Tous les officiers se sont installés chez moi. Ils se conduisent assez convenablement. Les soldats logent un peu partout. Quand un de mes administrés se trouve par trop dévalisé, il vient se plaindre à moi, et, moi, je transmets la réclamation au commandant prussien. Je reçois toujours la même réponse : *Cela est impossible, un ordre parfait règne dans notre armée*, etc., etc. Une pauvre femme, il y a quinze jours, vient me trouver : « Je suis
» bien malheureuse ! j'ai une petite fille de huit mois ;
» hier soir les Prussiens avaient allumé un grand feu
» dans ma cheminée ; j'ai voulu m'approcher du feu
» pour réchauffer l'enfant qui avait froid et qui criait.
» Les Prussiens m'ont repoussée à grands coups de
» fourreau de sabre. Je crois bien que c'était une plai-
» santerie qu'ils voulaient faire, car ils riaient comme
» des fous, tout en tapant, mais je n'en ai pas moins
» l'épaule bien roide ce matin, et ma pauvre petite a été
» glacée toute la nuit. » Je vais trouver le commandant prussien dans *mon salon* et je lui raconte cela. Il entre dans la plus violente colère : « Cette femme ment ! s'é-
» crie-t-il. Nous aimons les enfants, nous sommes un
» peuple civilisé, il n'y a pas de turcos dans notre
» armée. Non ! non, nous n'avons pas de turcos ! »

» Les turcos ! les prussiens ont toujours ce mot à la bouche... et aussi le sabre à la main. En somme, sauf les réquisitions et les menaces, ils ne font ni grand mal ni grands dégâts, mais sous le moindre prétexte, avec des cris et des jurements, ils dégaînent et parlent de massacrer tout le village. Les soldats s'ennuient, désirent la paix ; les officiers sont enchantés, aiment la guerre. Cependant les lenteurs du siége de Paris les exaspèrent. Quand ils sont arrivés à D..., il y a deux mois : Ce sera l'affaire de trois ou quatre jours, disaient-ils, la prise de Paris... Au bout de trois semaines, nouveau refrain : Leurs gros canons de siége n'étaient pas en position, mais dès que leurs gros canons de siége seraient en position... Maintenant c'est encore autre chose : Le roi Guillaume pourrait bombarder Paris, et en faire un tas de décombres et de poussière, mais le vieux roi est trop bon, trop humain... il ne veut pas détruire Paris. C'est absurde, car la guerre est la guerre... enfin, la famine aura bientôt réduit ces entêtés de Parisiens.

Cependant, mon voisin de gauche s'agitait violemment sur la banquette et laissait échapper de temps en temps de petites exclamations. C'était un jeune homme d'une trentaine d'années qui avait de grosses moustaches rousses énergiquement retroussées. Il éclata tout d'un coup, et interrompit avec violence le récit du maire de D...

— Je ne puis comprendre, s'écria-t-il, qu'on tienne en public un tel langage. Ainsi, monsieur, vous vivez et vous causez familièrement avec ces Prussiens...

— Je vous demande pardon, monsieur, vous n'avez pas compris du tout.

— J'ai parfaitement compris. Vous êtes obligé d'écouter patiemment le discours de votre commandant prussien. Ah! tout cela n'arriverait pas si on obéissait à la délégation de Tours, si on faisait le vide devant les Prussiens, si toute la population française, hommes, femmes et enfants, s'était retirée à l'approche de l'ennemi, et ne lui avait abandonné qu'un désert et des ruines.

— Mais je suis maire de mon village, monsieur, je devais rester à mon poste dans l'intérêt même de mes administrés.

— Vous deviez partir suivi de tous vos administrés, et, je le répète, faire le vide devant les Prussiens.

— Vous en parlez bien à votre aise, monsieur. De quel département êtes-vous donc?

— Cela ne fait rien à l'affaire.

— C'est que je croirais volontiers... d'après votre accent...

— Eh bien! oui, monsieur, je suis du Midi, je suis du département du Var. Mais on est patriote dans le Var; et si l'invasion vient jusqu'à nous, vous verrez, nous ferons le vide dans le Var.

— Ah! voilà! vous êtes du Midi, et, comme vous êtes parfaitement à l'abri...

— A l'abri! à l'abri! Qui peut se croire à l'abri au milieu de toutes ces trahisons et capitulations scélérates?

Une nouvelle et une très-vive discussion s'engagea sur la question Bazaine.

Tels étaient les propos qui s'échangeaient en France, le 22 novembre, à neuf heures du soir, dans un compartiment de première classe, entre Tours et le Mans.

Nous arrivons au Mans à une heure du matin. Les Prussiens approchent; les Prussiens arrivent... Ils sont à Nogent-le-Rotrou; ils marchent sur la Ferté-Bernard; ils peuvent être demain ou après-demain devant le Mans. Les employés de la gare font leurs paquets et déménagent. Les quais sont couverts de meubles, de caisses, de matelas. On emballe l'argenterie, la vaisselle et les vins du buffet. La gare était pleine de mobiles du camp de Conlie, armés de fusils à piston, vêtus de mauvaises vareuses ou de blouses de toile bleue. La plupart n'avaient ni sacs ni couvertures. Ils paraissaient épuisés, s'appuyaient contre les murs, se couchaient par terre et s'endormaient. Pas une plainte, d'ailleurs.

Des sœurs de charité allaient et venaient, d'un pas égal, sur les quais de la gare, ouvraient une porte, et entraient dans une des grandes salles d'attente convertie en ambulance. Sur cet immense lit de camp, couvert de matelas, étaient étendus vingt à vingt-cinq blessés, enveloppés dans de grands manteaux noirs. Au-dessus de ces grands manteaux, paraissaient des têtes pâles. Au milieu de la salle, sur un fauteuil, était assis un zouave ou plutôt un homme revêtu des lambeaux d'un uniforme de zouave; à moitié évanoui, la tête renversée en arrière, et regardant, d'un œil vague, une religieuse qui, avec une cuiller de bois, étendait régulièrement de la graine de lin sur un linge blanc. Une autre religieuse, au fond de la salle, faisait boire un blessé ; la sœur, de la main droite, tenait la tasse près des lèvres du pauvre garçon ; de l'autre main, par derrière, elle le soutenait. Quand il eut fini de boire, il se laissa retomber sur son matelas, et la sœur arrangea autour de lui les plis de son manteau.

Pendant que je m'étais arrêté à regarder ces tristes choses, j'entendis la voix retentissante de mon compagnon de route, le partisan du *vide devant les Prussiens*. Il paraissait fort agité, fort affairé.

— Les chevaux, disait-il à un employé de la gare, qu'on débarque tout de suite les chevaux. Il faudra les mener à l'hôtel de la Boule-d'Or.

Il m'aperçut et vint à moi.

— Eh bien ! s'écria-t-il très-gaiement, oui, très-gaiement ; vous savez ce qui se passe, les Prussiens arrivent en force. Nous ne nous coucherons pas cette nuit ; je dis nous, parce que je suis chargé d'une mission à l'armée du Mans. Je n'avais pas besoin de dire cela à tout le monde en chemin de fer... mais je suis chargé d'une mission. Gambetta est ici, surveillant tout, dirigeant tout, faisant venir des troupes de Conlie, de Poitiers, de Tours. Seulement, il arrive une chose assez drôle...

— Quelle chose ?

— Oh ! vous ne me croirez pas, si je vous le dis.

— Je vous croirai parfaitement, je vous assure.

— Eh bien ! le général X..., un des chefs de corps, on ne sait ce qu'il est devenu. Ses régiments sont en train de se concentrer dans le Mans; mais du général, aucune nouvelle. Gambetta est furieux.

— Oh mon Dieu! il commandera l'armée lui-même.

— Et il la commanderait mieux que personne. Enfin, voilà mes chevaux; je m'étais chargé d'amener les chevaux d'un général. Ne racontez pas ce que je vous ai dit de la disparition du général X... Cela pourrait faire mauvais effet sur les troupes.

Il s'éloigne, puis il revient à moi précipitamment :

— Voulez-vous voir Kératry?

— Très-volontiers.

— Tenez, le voici. Il a été appelé au Mans par Gambetta, pour un conseil de guerre, et il repart pour Conlie par un train spécial. Regardez! regardez!

Je vis venir M. de Kératry, botté, éperonné, avec le képi aux trois étoiles, suivi de son état-major.

— Mon train? dit-il au chef de gare, où est mon train?

— Par ici, mon général, par ici, répondit le chef de gare en se précipitant au-devant de M. de Kératry.

Les mobiles, déguenillés, couchés par terre, levaient la tête pour regarder passer leur brillant général. M de Kératry disparut dans la nuit, au milieu des machines et des wagons.

Je sortis de la gare. Les rues du Mans étaient pleines de soldats qui piétinaient ou dormaient dans la boue, sous la pluie.

VIII

ÉTRETAT

NOTES PRISES DU 5 AU 14 DÉCEMBRE 1870

5 décembre. — Ni lettres, ni journaux. A neuf heures du matin, un voyageur arrivant de Fécamp apporte un exemplaire du *Nouvelliste de Rouen.* La troisième page du journal est en blanc; une note de la rédaction nous apprend qu'on n'a pu achever la composition du journal, tous les ouvriers ayant été appelés pour le service de la garde nationale. Il y a eu hier un engagement à Buchy, devant Rouen; nos pauvres mobiles ont été mis en déroute, et les Prussiens en ce moment doivent entrer à Rouen.

A dix heures, tambourinage dans les rues du village; on se précipite hors de chez soi, on court, on fait cercle autour du crieur, et voici ce qu'il nous lit :

« Par ordre de M. le sous-préfet, tous les gardes

» nationaux sédentaires, armés ou non, de vingt à qua-
» rante ans, doivent être rendus demain au Havre, à
» la première heure. Réunion à quatre heures, sur la
» place de la Mairie, pour fixer l'heure du départ d'É-
» tretat. Quiconque manquera à l'appel demain, au dé-
» part, sera passible des peines édictées en vertu de
» l'état de siége. »

Grande émotion. Des femmes se mettent à pleurer,
à crier : « Nos hommes, nos hommes, on nous prend
» nos hommes !... » Mais déjà le tambour a tiré de sa
poche un autre papier, et, de la même voix traînante
dont il nous a lu l'ordre de *M. le sous-préfet*, il nous
lit ce qui suit :

« Il a été perdu depuis chez madame Outrebon, par
» le chemin le plus court, jusqu'à l'église, une petite
» boucle d'oreille imitation or, en forme de poire. Prière
» de rapporter à l'hôtel Hauville. Il y aura récom-
» pense. »

Le crieur s'éloigne et s'en va proclamer à un autre
coin de rue la levée en masse et la boucle d'oreille
perdue. Tous les gamins du village marchent joyeusement sur ses talons ; ils ne veulent pas perdre un roulement de tambour.

Une pauvre vieille femme tout en larmes me prend
la main et me dit :

« Mon fils ! on va me prendre mon fils qui est revenu
» de Terre-Neuve, il y a trois jours, qui a femme, en-
» fants, qui est seul à nous gagner de quoi manger. On
» le prend pour se battre sur terre. On n'a pas ce

» droit-là. Mon fils est marin. On peut le prendre pour
» la flotte, mais pas pour l'armée à pied et à cheval.
» Mon fils connaît la mer. Il ne craint rien sur mer.
» Mais sur terre, non, non, il ne partira pas pour se
» battre sur terre ! »

Et cependant, le lendemain matin, très-docilement,
le pauvre garçon est parti avec nous.

Une autre femme, tout à fait exaspérée celle-là, termine un assez long discours par cette phrase extraordinaire :

« Faut-il que les Français soient lâches pour se lais-
» ser ainsi mener à la guerre ! »

Cette nouvelle levée s'applique à tous les hommes mariés ou veufs avec enfants. Les célibataires et veufs sans enfants avaient quitté Étretat le 14 novembre, et nous autres, les hommes mariés, nous leur avions fait la conduite jusqu'au Tilleul, sur la route du Havre. Ils étaient quarante environ, et tous, tambour en tête, en blouses, en vareuses, leur petit paquet à la main, un fusil à pierre sur l'épaule, tous s'en étaient allés de bonne humeur et de bonne volonté. En montant la côte du Tilleul, je marchais à côté de mon ami le maçon Bénard ; c'est un personnage dans Étretat : il a la plus belle voix du village et sait par cœur toutes les rondes normandes. Le dimanche, à l'église, il chante la messe et les vêpres, puis, le soir, sur la place de la mairie, il entonne les chansons plus que gaillardes sur lesquelles, jusqu'à dix heures du soir, danse la jeunesse du pays.

— Quand je pense que me voilà soldat, me disait Bénard, ça me paraît un peu drôle tout de même; mais je ne me plains pas, ça change.

— Et avez-vous appris des chansons pour la guerre?

— Oh! j'ai trois ou quatre rondes qui peuvent aller, et puis je sais la *Marseillaise*. Vous allez voir.

Alors, à pleine voix, il entonna la *Marseillaise*; mais il se vantait quand il disait qu'il la savait. Il s'embrouilla dans la musique, et ce fut bientôt un cri général.

— Autre chose, Bénard, autre chose. Une ronde du dimanche!

— Ma foi, j'aime autant ça, répondit Bénard.

Et il se mit à chanter la ronde des *Trois capitaines :*

> J'ai eu dans son cœur la plac' la plus belle,
>   La plac' la plus belle.
> J'ai passé trois ans, trois ans avec elle,
>   Trois ans avec elle.
> J'ai eu trois enfants qui sont capitaines,
>   Qui sont capitaines.
> L'un est à Bordeaux, l'autre à la Rochelle,
>   L'autre à la Rochelle,
> Le troisième ici, caressant les belles,
>   Caressant les belles.

Et tous en chœur reprenaient : *La plac' la plus belle; trois ans avec elle ; qui sont capitaines; l'autre à la Rochelle; caressant les belles.* — Les enfants du village nous faisaient cortége, et leurs voix, dans l'ensemble, se détachaient claires et joyeuses. Cette gaieté n'avait rien de choquant ni de forcé; elle était bien dans la note française... Le général d'Aurelle de Paladines venait de remporter la victoire de Coulmiers et de chasser les Bavarois d'Orléans. Il était encore permis de garder quelque espérance.

Le tambour battait, battait toujours, accompagnant la chanson. Le temps était superbe ; un grand soleil inondait la falaise. Le menuisier Fossey avait attelé son petit cheval blanc à sa petite carriole jaune, et Fichel, le peintre, assis sur le siége de la voiture, tenait un drapeau tricolore qui flottait gaiement, battu par le vent de la mer. Nous arrivâmes au Tilleul, et, là, devant l'église, il fallut se séparer. Nos quarante mobiles continuèrent leur route vers le Havre. Un gamin salua leur départ d'un cri de : *Vive l'empereur !* Que de choses à apprendre dans ce pays, et que de choses aussi à désapprendre! Nous avons tous été élevés dans le culte de cette fausse et funeste gloire; tous nous avons *joué aux soldats de plomb* avec les grenadiers de l'empire et avec les voltigeurs de la garde. Le résultat, le voici : un second empire et la France envahie!

En ce moment, je pense à ces braves gens qui sont partis d'ici, il y a vingt jours. Étaient-ils à Buchy? et, à peine tirés de leurs champs ou de leurs bateaux, ont-ils été mis en présence des Prussiens? Sont-ils prisonniers ? Sont-ils morts ?

Dans la journée, à quatre heures, réunion, sur la place de la mairie, des hommes qui doivent partir le len-

demain. Nous sommes cent dix. Délibération publique :
Il nous reste soixante-dix fusils à pierre. Faut-il les
emporter avec nous ? Faut-il les laisser à Étretat ? Tout
le monde prend part à la discussion ; les avis sont très-
partagés.

— Emportons les fusils, nous aurons l'air plus militaire.

— De vieux fusils à pierre hors de service !

— Et pas une cartouche !

— Ah ! s'il y avait des cartouches, ça aurait un sens
d'emporter les fusils, mais puisqu'il n'y a pas de cartouches !

Cette dernière raison paraît concluante. Nous parti-
rons sans les fusils à pierre. Nouvelle discussion sur
l'heure du départ. Nous avons à parcourir une étape
de sept lieues, avant d'arriver au Havre. Enfin, après
un long débat auquel les femmes prennent part avec
beaucoup d'animation, rendez-vous est pris pour le
lendemain, six heures du matin.

Un corps prussien, cela paraît certain, est déjà en
marche sur le Havre. Les journaux de Rouen sont
pleins d'entrain et de résolution : « La France a les
» yeux sur le Havre ; le Havre va donner l'exemple
» des grandes vertus républicaines ; le Havre est im—
» prenable, etc., etc. » Soit, il y a de braves gens au
Havre, et très-capables de se défendre contre les Prussiens ; mais, au milieu de ces désastres, la vieille rivalité
du Havre et de Rouen persiste et se montre : « Les
» Rouennais sont des traîtres... Ils ont livré leur ville

» aux Prussiens.... C'était un général de l'empire qui
» commandait Rouen, et qu'attendre d'un général de
» l'empire? sans parler du général Estancelin, qui
» était orléaniste, ce qui ne vaut guère mieux que bo-
» napartiste, etc., etc. » Tel est le langage des journaux
républicains du Havre, qui demandent des généraux républicains et qui laissent un peu naïvement échapper
des phrases telles que celle-ci : « *Le Havre est devenu*
» *chef-lieu depuis la prise de Rouen.* » Le Havre chef-
lieu! voilà le grand mot lâché!

A Étretat, la panique est générale. La plupart des
Parisiens réfugiés ici ont fait leurs malles dans la
journée et sont partis.

Parmi ces fuyards, de très-chauds admirateurs
de M. Gambetta, qui, tout d'un coup, ont senti
se glacer leur enthousiasme. La Normandie était
tranquille. Les propriétés d'Étretat étaient respec-
tées. Tout allait bien. Mais voici que M. Gambetta
a négligé de protéger Étretat contre les Prussiens. Son astre aussitôt pâlit. Un des plus énergiques
partisans de M. Gambetta s'est mis tout à l'heure devant moi, avec une certaine impudeur, à attaquer et à
dénigrer son dieu de la veille. Alors, moi, résolûment,
j'ai pris la défense de M. Gambetta... On s'est récrié...
J'étais un esprit paradoxal... Je passais en cinq minutes du blanc au noir, etc., etc. J'ai répondu que jamais je n'avais accusé M. Gambetta de ne pas faire ce
qu'il pouvait faire, que je m'étais toujours contenté de
dire qu'il ne pouvait pas faire ce qu'il avait si pompeu-

sement promis de faire. Il a déclaré que, lui étant dicta-
teur, la France serait sauvée... La France l'a suivi, lui
a donné tous les hommes qu'il demandait, et la France
n'est pas sauvée.

Quand je dis que la France a suivi M. Gambetta, je
me trompe. La France réactionnaire, la France non
républicaine seule s'est prêtée docilement aux décrets
de M. Gambetta. Et ce phénomène s'est produit que
les républicains du Midi, au lieu de donner des hommes
à la république, se sont amusés à emprisonner des
préfets, à maltraiter des généraux, à arborer des
drapeaux rouges, à promener des drapeaux noirs, à se
disputer les mairies, les commandements de gardes
nationales sédentaires, à se traiter de grands patriotes
dans leurs journaux et dans leurs clubs, etc., etc., etc.

En revanche, les Bretons royalistes et catholiques
donnent sans discuter leurs enfants à la république.
La république les fait coucher dans la bouc, les
laisse mourir de faim, les envoie sans cartouches devant les canons prussiens. Ils marchent, meurent de
froid, de faim, de fatigue et du feu ennemi. Cela ne
désarme pas les démocrates du Midi, qui continuent à
reprocher avec aigreur aux mobiles bretons d'être
royalistes et catholiques. Et ces mêmes démocrates dé-
noncent avec indignation *les menées* du prince de
Joinville, dont tout le crime est d'avoir réussi à se glisser
dans les rangs d'une armée française pour y combattre
obscurément!

6 *décembre*. — Ce matin, à six heures, par une

nuit noire et par un grand froid, nous sommes tous
réunis sur la place de la Mairie, prêts à prendre la
route du Havre. Un contre-ordre arrive. Nous sommes
dirigés sur Criquetot, le chef-lieu de canton. On dit
que c'est pour aller de là couper le chemin de fer à
Beuzeville. Toutes les femmes d'Étretat nous entourent, pleurant et se lamentant. Cent dix maris enlevés d'un seul coup! Nous partons. Il y a neuf kilomètres seulement d'Étretat à Criquetot ; c'est une
promenade. Dans tous les hameaux, sur le seuil des
portes, derrière les haies et les barrières de fermes,
des femmes en larmes nous regardent passer. Leurs
hommes sont partis le matin. Pêcheurs et paysans,
bourgeois et boutiquiers, fermiers et propriétaires,
maîtres et domestiques, nous marchons tous en bon
ordre et en bon accord. Rien de plus démocratique
que notre petite troupe, mais rien de moins militaire :
deux heures d'exercice par jour, avec nos fusils à pierre,
voilà toute l'éducation que nous avons reçue. Et c'est
au moment où les Prussiens victorieux sont à dix
lieues de nous qu'on nous pousse en avant, au hasard,
comme un troupeau. Est-ce là ce qu'on appelle frapper
du pied le sol et en faire sortir des soldats? Sommes-
nous des soldats parce que ce tambour bat la caisse à
dix pas devant nous, et parce que nous nous appli-
quons consciencieusement à marquer le pas derrière ce
tambour?

Nous arrivons à neuf heures à Criquetot. Entrée
triomphale. Nous avions été devancés à Criquetot par

les *contingents* de Beaurepaire, de Bordeaux, du Til-
lcul, des Loges, etc. Les tambours et les clairons de
ces communes nous attendaient à l'entrée du bourg.
Nous marchions précédés de six tambours et de quatre
clairons. Jamais Criquetot n'avait assisté à une telle
solennité militaire. Nous aurions dû, au bout de cinquante pas, nous arrêter sur la place de la Mairie,
mais notre capitaine jouissait trop délicieusement de
ce luxe de tambours et de clairons pour ne pas pro-
longer un peu son plaisir. Nous paradons pendant un
grand quart d'heure dans les rues et ruelles de Criquetot, passant et repassant au même endroit devant
une foule émerveillée. Aux fenêtres, cependant, de
pauvres femmes nous regardent avec des yeux rougis
par les larmes.

Enfin, sur la place de l'Église, halte! à droite alignement! quelques petites manœuvres, et rompez les
rangs! Nous recevons beaucoup de compliments.

— C'est votre entrée qui a été la plus belle.

— Oui, mais aussi, étant arrivés les derniers, vous
avez profité des tambours et des clairons des autres.

— Oh! ça été un grand avantage!

En entendant ces choses, je ne puis m'empêcher de
penser aux Prussiens qui approchent, et qui demain,
peut-être, feront eux aussi, mais sans battre le tambour et sans sonner le clairon, leur entrée dans les
rues de Criquetot.

Le maire de Criquetot ne savait où donner de la
tête. Le matin, il avait reçu du sous-préfet du Havre la

dépêche télégraphique suivante : « Le ban des hommes
» mariés de 20 à 40 ans du canton de Criquetot sera
» réuni demain au chef-lieu. Vous aurez à caserner ces
» hommes. » Et, deux heures après, de toutes les
communes du canton, nous arrivions au nombre de
douze cents hommes. Caserner douze cents hommes
à Criquetot! Le maire éperdu avait télégraphié : « Je
» ne puis caserner douze cents hommes à Criquetot...
» On annonce d'ailleurs l'arrivée des Prussiens, et que
» peuvent faire ces hommes non armés? » Le sous-
préfet avait répondu : « Attendez nouveaux ordres,
» et si pas nouveaux ordres dans deux heures, que
» tout le monde retourne chez soi. »

Telle était la situation. Nous prenons d'assaut toutes
les auberges et tous les cabarets de Criquetot. Au bout
d'une heure, il n'y a plus une bouchée de pain dans le
pays. Mais ni le vin, ni la bière, ni le cidre ne manquent: c'est l'essentiel. On déjeune au milieu de la
plus grande gaieté. Dans la confusion des conversations particulières, je saisis ce petit bout de dialogue :

— En voilà-t-il du mouvement! c'est pis qu'un jour
de foire ou qu'un jour de vote. Eh! mam'zelle Marie,
donnez-nous du vin à trente, du cachet rouge... Te
rappelles-tu, Michel? c'est de celui-là que nous avons
bu ici, le jour du plébiscite.

— Ah oui... mais ça a-t-il mal tourné, ce plébiscite!..
Si on nous avait dit que, neuf mois après, nous serions
à attendre la visite des Prussiens !

— Ne parlons pas de ça. Nous n'y pouvons rien.

Nous aurons bien le temps de nous attrister après déjeuner.

A une heure, pas de nouveaux ordres du Havre. Le maire nous annonce que nous allons tous rentrer chez nous. Délibération entre nos officiers :

— Faut-il défiler en colonne ou en sections ?

— En colonne.

— Non, en sections, c'est d'un meilleur effet.

— Nous sommes arrivés en colonne, partons en sections.

Cet argument était décisif; on s'y rend. Nous nous mettons sur deux lignes, nous nous couvrons, nous nous numérotons. C'était la cinquième ou sixième fois que nous nous couvrions et que nous nous numérotions depuis le matin. Une, deux, trois, quatre, etc.; enfin nous voilà couverts, numérotés. Nous nous plaçons en sections. En avant marche ! Au bout de dix pas : Halte ! On dit qu'il y a de nouveaux ordres du Havre, que nous allons prendre des pelles, des pioches et aller couper la voie ferrée, à quatre lieues, au-dessus de Beuzeville.

Une heure d'attente. Les auberges et cabarets se remplissent. Roulement de tambour. Décidément on retourne chez soi. Attention, à droite alignement ! Couvrez-vous, numérotez-vous ! Et on part définitivement cette fois. Tout le long de la route, épanouies et joyeuses, les femmes qui le matin pleuraient. On leur rendait leurs hommes. Un de nos camarades, qui était complétement gris, nous régale d'une jolie *suite*

de chansons, et ce refrain nous a poursuivis de Criquetot à Étretat :

> Les nations solidaires sont sœurs;
> Gloire à jamais au drapeau tricolore !

A quatre heures, rentrée solennelle dans Étretat.
Notre campagne était terminée. Les femmes se jettent
sur les maris, et, avec de grands cris de joie, les
embrassent. J'entends un petit garçon dire à son père :

— C'est déjà fini la guerre, papa? Ça n'a pas été
long. Est-ce que tu as battu les Prussiens ?

7 *décembre.* — Il neige. Les falaises sont toutes
blanches. Le vent souffle en tempête, venant de la mer.
A midi, trois mille mobilisés arrivent de Dieppe. Les
malheureux, dans quel état! L'ordre de départ a été
donné un soir, et le lendemain, avant le jour, en route!
On a pris tout le monde, les boiteux et les borgnes. Ils
demandaient le conseil de révision... On leur a répondu qu'ils le trouveraient au Havre. Seuls les officiers ont des uniformes. Les hommes sont partis en
blouses, en vareuses; sur la tête, des casquettes et
des chapeaux de paille; aux pieds, des sabots, des
sandales et des pantoufles. Pour arriver à Étretat,
ils ont fait à pied vingt-quatre lieues en deux jours.
Tout le long de la route, ils ont été nourris par la
charité publique. Ils ont des fusils à piston se chargeant
avec la baguette. Pas une cartouche. Le colonel n'avait
pas seulement songé à envoyer quelques hommes en

avant, afin de nous prévenir que nous aurions à nourrir trois mille hommes. Par bonheur on s'est disputé ces pauvres gens. J'en ai amené cinq chez moi. C'étaient des gens de campagne, des garçons de ferme du canton d'Envermont. Ils mouraient de faim et cependant un d'entre eux me disait :

— Voyez-vous, monsieur, c'est encore meilleur de se chauffer que de manger.

Tous les cinq, après avoir déjeuné, s'étaient assis, serrés les uns contre les autres, en cercle autour de la cheminée. Leurs blouses fumaient devant le feu. Ils ne parlaient pas, répondaient par monosyllabes et se tenaient immobiles, regardant avec une admiration d'enfant la flamme du foyer. Ils étaient doux, tristes et résignés. De tout jeunes gens. Il y en avait un qui était très-pâle et qui toussait affreusement.

A trois heures, ils sont partis, continuant leur route vers le Havre. La neige tombait épaisse, et tourbillonnait sous le vent. La plupart de ces hommes étaient épuisés et hors d'état de marcher. On avait mis en réquisition toutes les charrettes, tous les omnibus, toutes les pataches d'Étretat, et aussi tous les grands *chars* à quatre chevaux des fermes des environs. Le défilé de ces voitures a duré une heure. Les chevaux patinaient dans la neige glacée, et avaient bien de la peine à monter la côte du Havre. Deux immenses chariots étaient remplis de malades ; les hommes étaient rangés régulièrement côte à côte sur la paille. De grandes couvertures de laine déjà blanchies par la neige étaient jetées sur eux

Les têtes roulaient légèrement de droite et de gauche,
suivant l'oscillation de la voiture ; les corps ne faisaient pas un mouvement. On se demandait si c'étaient
des vivants ou des morts.

Tous les mobiles qui pouvaient marcher partaient
de bonne humeur. Ils avaient mangé, ils s'étaient ré-
chauffés, ils avaient repris courage. On les avait bien
reçus à Étretat, et en remercîment ils criaient : « Vive
» le bon pays ! Vivent les braves gens ! »

Le soir, à deux heures, nouveau passage de soldats... puisqu'il faut appeler cela des soldats, puisque
c'étaient là nos armées. Deux ou trois cents de ces pauvres enfants, avant d'arriver à Étretat, avaient été pris
de lassitude et de désespoir. Ils s'étaient éparpillés le
long de la route, se couchant dans les fossés, sur la
neige. On avait attelé des chariots de ferme, et on les
avait ramassés un à un. Nous leur donnons à souper.
Ils partent à minuit, criant eux aussi : « Vive Étretat ! Vive le pays ! » La neige a cessé de tomber. Le
ciel est *dramatique*, je ne trouve pas d'autre expression. C'est un ciel de théâtre, brusque, heurté, hou-
leux ; de grands nuages noirs, très-noirs, qui courent
poussés par le vent ; puis de subites éclaircies ; et la
lune, éclatante dans ce cadre sombre, met en pleine
lumière ces lourds chariots qui montent péniblement la
côte du Havre avec leurs attelages de six chevaux.

8 *décembre*. — Ce matin, un peu de soleil et de
ciel bleu. C'est déjà quelque chose. On se sent soulagé
rien qu'à penser que cette neige glacée ne tombe plus

sur ces pauvres gens On raconte que les mobilisés de Dieppe sont poursuivis par les Prussiens, que des francs-tireurs du Havre vont occuper Étretat, qu'on se battra ici demain ou après-demain. Aussi est-ce une panique générale, bien que la dépêche officielle de Tours soit ainsi conçue :

« *Situation calme et toujours énergique.* »

Toutes les voitures qui, la veille, ont porté des mobilisés au Havre, reviennent ce matin, et repartent aussitôt chargées de fuyards.

Nous recevons des nouvelles du combat de Buchy. C'est un mobile d'Étretat qui nous les apporte. Tous nos mobilisés, ceux que nous avons conduits jusqu'au Tilleul, le 14 novembre, ont été faits prisonniers dans une cour de ferme. Un de nos mobiles a été tué, et voici comment le jeune X... nous raconte la mort de son camarade Hauville, un grand et beau garçon de vingt-quatre ans, qui était aimé de tous à Étretat :

« Le bataillon était venu en chemin de fer dans la
» direction de Buchy. Près du village de Bosc-le-Hard,
» on nous fait descendre et nous voilà marchant sur la
» route... Tout d'un coup, nous entendons des déto-
» nations... Des obus viennent ricocher au milieu de
» nous... Nous étions dans la bataille, sans nous en
» douter. Nous nous jetons dans une grande cour de
» ferme... Nous nous couchons par terre dans la boue
» derrière les talus... Les obus nous suivaient et fau-
» chaient les arbres de la cour, les branches sèches des
» pommiers tombaient sur nous comme une grosse pluie.

» Heureusement, il y avait là, comme ordonnance
» de notre commandant, un chasseur à cheval, un sim-
» ple soldat, un vieux troupier, un échappé de Metz.

» — Attendez, nous dit-il, je vais aller voir un peu
» ce qui se passe.

» Il part, et nous nous dressions à moitié par-dessus
» les talus, pour le voir galoper dans la plaine sur son
» petit cheval blanc. Ah ! le brave homme ! Il allait
» droit du côté par où nous arrivaient les obus, couché
» sur le cou de son cheval, et d'un train, d'un train !
» Enfin, à environ mille mètres de nous, il s'arrête et
» reste là, je suis sûr, une grande minute, haussé sur
» ses étriers, regardant bien soigneusement autour de
» lui. Il était tout tranquille au milieu du feu. Quand
» il a eu bien regardé, il a fait volte-face, et il est re-
» venu à nous, ventre à terre, avec les obus qui avaient
» l'air de courir après lui.

» — En retraite, vite en retraite ! crie le chasseur
» en arrivant.

» Le commandant place une compagnie en arrière-
» garde pour couvrir la retraite. Pauvre 7e compagnie !
» Sur cent hommes, il n'en est pas revenu trente.
» Pendant que nous battions en retraite, toutes les
» fois que je me retournais, je voyais que la compagnie
» d'arrière-garde diminuait, diminuait... Elle perdait
» du monde à chaque pas. Hauville était comme moi
» caporal à la 2e compagnie. Nous marchions à côté
» l'un de l'autre. Il était bon tireur, et de temps
» en temps, tout en marchant, se retournait pour en-

» voyer un coup de fusil aux Prussiens. — Ah ! encore
» un, me dit-il, ce sera le dernier!... Il se retourna,
» tira, reçut une balle dans le cœur, étendit les bras,
» tomba en avant tout d'une pièce. Il était mort. Il n'a-
» vait pas souffert. »

9 *décembre*. — Ce matin, les nouvelles sont triom-
phantes : Paris, débloqué de trois côtés à la fois, a reçu
un convoi de dix mille bœufs. Le corps d'armée du
général Manteuffel a évacué Rouen précipitamment.
Vingt-cinq mille hommes sortis du Havre poursuivent
les Prussiens. Trois mille volontaires havrais sont
partis avec la résolution de brûler Rouen, pour punir
la ville de sa capitulation scélérate, etc., etc.

10 *décembre*. — Ce matin, les nouvelles sont désas-
treuses : La délégation de Tours a été obligée de se
replier sur Bordeaux. Le général Chanzy est en pleine
retraite. Le général Ducrot a repassé la Marne. Les
Prussiens s'avancent à marches forcées sur le Havre.
De toutes parts, on signale déjà des reconnaissances
de dragons de la garde royale ; on les a vus à Épre-
ville, à Bolbec, à Alvimare, etc.

A midi, roulement de tambour. Toutes les portes
s'ouvrent. On s'élance, on court : une foule émue,
anxieuse, entoure le crieur, qui nous annonce *qu'il a
été perdu un porte-monnaie en maroquin rouge,
contenant dix-sept francs cinquante, depuis le cordonnier Thurin jusqu'à l'hôtel Blanquet.*

Désappointement et discussion très-vive. L'opinion
générale est qu'*on ne devrait pas tambouriner pour*

des objets perdus dans des moments pareils. Trois ou quatre notables se rendent chez le maire, et, à la suite d'un long débat, on prend la résolution suivante : « le » crieur se servira d'une cloche pour les objets perdus » et réservera le tambour pour les communications du » gouvernement. » Cette décision est favorablement accueillie.

A deux heures, un homme arrive sur un cheval tout fumant et tout blanc d'écume. C'est un sergent de ville de Fécamp. Il s'arrête un instant sur la place de la mairie, nous crie : « Les Prussiens! les Prussiens! » ils arrivent! Je m'en vais prévenir au Havre. » Et sans laisser à son cheval le temps de souffler, il repart du même galop dont il est venu. Deux ou trois cents personnes étaient là pour recevoir cette nouvelle. Les impressions sont multiples; c'est un mélange bizarre de douleur, de colère, d'inquiétude et de curiosité. J'ose à peine le dire, mais enfin cela est : la curiosité domine. Les Français aiment l'émotion et le spectacle.

Il y avait deux ou trois minutes que le sergent de ville de Fécamp était parti, quand un cri s'élève dans la foule : « Des troupes! Voilà des troupes qui » arrivent du Havre par mer! » Tout le monde court vers la plage. Un des gros remorqueurs du Havre, l'*Hercule*, a stoppé, entre les deux falaises, à quelques centaines de mètres du rivage. Notre maire, un vieux pêcheur de soixante-quinze ans, le père Vatinel, se jette dans une barque, et, au bout de quelques minutes, accoste le bateau à vapeur. Ce n'étaient pas des troupes que l'*Hercule* amenait à Étretat, c'était le ban des hommes mariés de Fécamp, c'est-à-dire un troupeau de mille à douze cents hommes non équipés et non armés. Le sous-préfet du Havre, n'ayant ni uniformes, ni fusils, ni cartouches à donner à ces hommes, s'était décidé à les renvoyer chez eux. Ce n'est que justice de le dire : il n'y avait pas de réfractaires en Normandie. A dix lieues de l'invasion prussienne, on répondait docilement à l'appel. Les hommes ne manquaient pas ; mais ce qui manquait, c'étaient les ressources et le temps nécessaire pour faire des soldats de ces hommes.

Le capitaine de l'*Hercule* avait ordre de débarquer à Étretat les hommes mariés de Fécamp, et ceux-ci devaient ensuite continuer leur route à pied ; mais le père Vatinel se hâte de leur expliquer qu'ils tomberaient à coup sûr dans les mains des Prussiens, que le plus sage était de reprendre le large et de ne débarquer qu'après avoir prudemment tâté la côte pour savoir si elle était restée française ou devenue prussienne. Le capitaine de l'*Hercule* se rend à ce prudent conseil ; le remorqueur s'éloigne dans la direction de la haute mer et emporte les hommes mariés de Fécamp.

Les roues du bateau n'avaient pas fait cinquante tours qu'un nouveau cri s'élève dans la foule : « Les Prus- » siens ! les Prussiens ! Ils sont arrivés ! Ils démolis- » sent le télégraphe ! » C'est alors qu'un sentiment d'invincible curiosité l'emporte sur tout le reste. Hommes, femmes, enfants, tous se précipitent en cou-

rant vers la mairie. Les Prussiens n'avaient pas
perdu leur temps. A l'entrée du village, du côté du
Havre, étaient placés, en vedette, deux dragons prussiens, pistolet au poing, casque en tête, enveloppés
dans de grandes houppelandes noires. Sur la place de
la mairie, une quinzaine de chevaux étaient tenus en
main par trois ou quatre dragons. Plus loin, sur la
route de Fécamp, une cinquantaine de cavaliers. Les
officiers à cheval allaient et venaient. Une dizaine
d'hommes sciaient les poteaux du télégraphe et cou-
paient les fils à grands coups de sabre. Les fils, avec
un bruit métallique, se cognaient les uns contre les
autres, se cassaient, tombaient, pendaient de tous les
côtés.

Cependant le père Vatinel accourait avec ses sabots,
sa vareuse et son grand bonnet de laine rouge.

Il se trouvait en présence du chef du détachement,
et les répliques suivantes s'échangeaient entre notre
vieux brave homme de maire et ce capitaine de dragons
de la garde royale prussienne :

— Vous avez des fusils?

— Pas un seul.

— Mais vous en avez eu?

— Oui, j'en ai eu soixante-dix, soixante-dix fusils à
pierre, et pas une cartouche. Il n'y avait pas de quoi
vous faire beaucoup de mal.

— Et où sont-ils, ces soixante-dix fusils ?

— Partis sur les épaules de nos mobilisés.

La vérité est que les soixante-dix fusils avaient été

le matin portés au Havre dans une petite charrette,
sous une vingtaine de bottes de paille.

— Et vos mobilisés, où sont-ils ?

— Ils étaient en face de vous à Buchy, il y a huit
jours, et ceux qui ne sont pas morts sont vos prisonniers.

— Ainsi vous n'avez plus de fusils ?

— Si vous en trouvez un seul, fusillez-moi avec.

— Mais vous êtes une commune riche. Voilà de très-
jolies maisons.

— C'est les maisons des Parisiens.

— Et il y a des Parisiens ici ?

— Quelques-uns, pas beaucoup. Il y en avait pas
mal, l'autre semaine, mais ils sont presque tous partis
en apprenant que vous alliez venir. Et ceux qui restent,
ils sont bien gênés, allez, ceux qui restent. Ils n'ont plus
le sou, nous les nourrissons à crédit. Pour ce qui
est de nous autres, nous sommes de pauvres pêcheurs,
des pêcheurs de harengs, et même, en ce moment,
il ne donne pas le hareng, il ne donne pas du
tout.

— C'est bien, c'est bien; mais elles ont des propriétaires, ces maisons. Eh bien ! ayez la complaisance
de faire savoir aux propriétaires de ces maisons que, si
on rétablit ce que nous sommes en train de détruire,
nous incendierons le village, et nous imposerons une
amende de dix mille francs. Vous comprenez, n'est-
ce pas ?

— Oui, je comprends.

— Et vous aurez la complaisance de répéter : Le village brûlé et 10,000 francs d'amende.

Ces dernières phrases, du tour le plus correctement grammatical, furent récitées comme une leçon et dites à haute voix, à très-haute voix. Il était nécessaire qu'elles fussent entendues de tous. De telles menaces, d'ailleurs souvent suivies d'exécution, sont un des éléments de la tactique prussienne, et j'en pus constater aussitôt les effets. A partir de ce moment, tout le village resta sous le coup de la terreur prussienne.

Je regarde ces dragons. Hommes et chevaux sont dans la plus parfaite condition. C'est un spectacle douloureux de voir ces solides cavaliers, bien montés, bien équipés, bien commandés et bien disciplinés, dans ce même village qui, quarante-huit heures auparavant, était inondé de ce flot de mobiles, déguenillés et affamés, jetés comme à l'aventure au travers de la guerre. Tous ces Prussiens ont un air de vigueur et de santé. Ils bavardent, rient, plaisantent. Presque tous ont tressé avec de petites faveurs roses, bleues, jaunes, les crinières de leurs chevaux, et, sur l'épaule de trois ou quatre de ces chevaux, je vois un N majuscule surmonté de la couronne impériale. D'anciens chevaux de nos régiments de la garde, pris à Sedan ou à Metz, achèvent sous un cavalier prussien cette campagne commencée sous un cavalier français. Un de ces dragons tient à la main un petit fouet d'enfant ; il le regarde avec amour et le fait claquer, à la grande joie de ses camarades, qui rient bruyamment.

Les fils du télégraphe passaient près d'une des fenêtres de l'école des filles. Un des dragons, qui s'escrimait à tour de bras contre les fils, tape à faux, brise un carreau. Toutes les petites filles, épouvantées, se mettent à crier : « Les Prussiens ! les Prussiens ! » Le dragon était monté sur une petite charrette, et les enfants ne voyaient, en face de la fenêtre, qu'un casque à pointe et qu'un grand sabre en mouvement. Un des officiers accourt, en entendant les pleurs et les cris de ces cent cinquante petites filles : « L'homme a été vite, » trop vite, dit-il, je suis fâché. » Cependant, deux ou trois dragons étaient entrés dans la salle d'école et cherchaient à rassurer les pauvres petites, qui, dans leur effroi, s'étaient réfugiées dans un coin, toutes en tas. Les religieuses, avec leurs robes de laine grise et leurs grands bonnets blancs, étaient là, très-pâles, mais calmes ; les bras étendus, elles se tenaient devant les enfants. « Pas peur, pas peur, di-» saient les dragons, pas faire mal, pas méchants. » Et l'un de ces Prussiens ayant réussi à attraper une des petites filles, l'embrassa et dit à une sœur : « Moi » aussi deux enfants, un haut comme ça, un haut » comme ça. » Et de la main il indiquait la taille de ses enfants. Cet homme n'était pas triste en parlant ainsi ; il paraissait, au contraire, heureux de voir des enfants.

Au moment où les Prussiens sont arrivés, les pêcheurs étaient sur la plage, bottés, *parés*, les filets embarqués et prêts *à s'en aller aux harengs*. Ils ont laissé là bateaux et filets. Réunis par petits groupes, autour de la place, ils regardent, immobiles, silencieux, avec cette impassibilité de l'homme de mer. Un pêcheur rentrait chez lui, un paquet de filets sur l'épaule. Il est arrêté au passage par un des dragons, qui lui dit :

— *La fontaine aux mousses* est-elle toujours à sa place ?

— Comment ! vous connaissez ?...

— Oh ! je suis déjà venu à Étretat. Mange-t-on toujours bien chez la mère Hauville ?

— La mère Hauville, répond le pêcheur, vous lui avez tué son fils, il y a huit jours.

Et, le soir, une des vieilles femmes du village disait :

— C'est bien extraordinaire tout de même... Il y a soixante ans que je vis à Étretat, je ne connais pas la *fontaine aux mousses*, et ces Prussiens la connaissent !

Quand la destruction du télégraphe lui parut suffisante, le chef du détachement fit faire volte-face à ses hommes, et les dragons reprirent la route de Fécamp. Ils partirent au pas de leurs chevaux. Le capitaine les regardait défiler ; quand ils eurent tous passé devant lui, il demanda à un des habitants du pays :

— Des photographies d'Étretat, où pourrais-je en trouver ? Voulez-vous m'indiquer ?

On lui indiqua la boutique de Fossey ; il n'y avait que quelques pas à faire. L'officier, sans descendre de cheval, examina un paquet de photographies et en choisit huit ou dix. Tout en regardant les photographies, il disait :

— Beau pays, la France, très-beau pays! J'achète des photographies de tous les jolis endroits. J'en ai déjà beaucoup. Tenez, payez-vous, c'est de votre ar-- gent, c'est de l'argent de Metz.

Et il remit à Fossey deux pièces de cent sous à l'effigie de Napoléon III. Tout ce petit négoce avait pris trois ou quatre minutes. Les dragons avaient déjà atteint le haut de la côte de Fécamp. L'officier était resté seul, en arrière, avec un trompette qui se tenait à dix pas, roide sur son cheval. Le capitaine fit glisser les photographies dans les fontes de sa selle et, reprenant son cheval en main, partit au petit galop de chasse. Un gamin s'écria : « Bon voyage, les Prussiens! » L'officier disparut au tournant de la route. Étretat était évacué et redevenait français.

La journée s'achève dans la plus grande tristesse, mais dans le plus grand calme. Le soir, la diligence du Havre ne revient pas. A dix heures, arrive à pied du Havre, *un homme marié* de Fécamp qui, le matin, avait manqué le départ de l'*Hercule*. Le conducteur de la diligence n'a pas osé se mettre en route, parce qu'on avait appris au Havre l'occupation d'Étretat *par un corps d'armée prussien*. Cet homme nous apporte du Havre un journal qui contient la dépêche officielle suivante, datée de Tours, 9 décembre, une heure du matin, et signée de M. Gambetta :

« La translation du gouvernement à Bordeaux a pour
» but d'assurer la parfaite liberté des mouvements
» stratégiques; la situation militaire est bonne. Nos

» ennemis eux-mêmes jugent leur situation critique.
» J'en ai la preuve. Patience et courage. Nous nous
» tirerons d'affaire; ayez de l'énergie et réagissez
» contre.les paniques. Défiez-vous des faux bruits, et
» croyez en la bonne étoile de la France. »

Croire en la bonne étoile de la France, se défier des faux bruits, réagir contre les paniques, voilà, sans doute, d'excellents conseils, mais difficiles à suivre pour des gens abandonnés, sans défense et sans protection, à l'invasion prussienne.

Ce journal du Havre contient également une étincelante proclamation de M. le sous-préfet Ramel :

« Debout, debout ! Tous aux armes !

» J'ai juré au gouvernement de la défense nationale
» que je lui donnerais la Victoire (avec un V majuscule)!

» Il a pris acte de mon serment !

» Et ce serment, je le tiendrai ! »

Tout cela à la ligne, à la ligne, à la ligne, et bondé de points d'exclamation.

11 *décembre.* Calme complet. Pas de Prussiens.

— Maman, dit tristement un petit garçon de cinq ans à sa mère, est-ce qu'il ne viendra pas de Prussiens aujourd'hui? C'est si amusant, les soldats !

La mère gronde l'enfant et lui donne doucement une petite leçon de patriotisme, qui fait peu d'effet.

Les mêmes dragons de la garde royale qui nous ont rendu visite hier sont allés aujourd'hui à Criquetot et à Gonneville. Là, ils ont trouvé et brisé une trentaine de vieux fusils à pierre qui avaient été distribués aux gardes nationaux.

Comme elle serait triste et curieuse, l'histoire d'un de ces fusils à pierre ! Sous la Restauration, il rend de bons services dans l'armée active, fait la guerre d'Espagne, escorte des processions dans le Midi ; puis, en 1830, déjà un peu fatigué, il devient fusil de garde national. Son propriétaire est un bon bourgeois libéral, mais libéral conservateur ; il monte régulièrement sa garde ; le jour de l'enterrement du général Lamarque, ce bourgeois est en faction devant une des grilles de l'Hôtel de Ville. Un homme en blouse se jette sur lui, le renverse, lui arrache son fusil et se sauve. Le fusil devient révolutionnaire et républicain. On l'enfouit dans une cave ; mais, à chaque émeute, on le tire de son trou et il va faire son office derrière les barricades. Il prend part à la révolution de Février, à l'insurrection de Juin et à la résistance de Décembre 1851. Là, son maître est pris, envoyé à Cayenne. Le fusil rentre dans les magasins de l'État. On le met dans une grande caisse, on l'envoie à Brest. On ouvre la caisse ; on examine les armes. « Vieux fusils à pierre, hors d'usage, » dit le contrôleur. On referme la caisse et on la monte au grenier. Suivent dix-neuf années de tranquillité pour le fusil. En septembre 1870, on prend la caisse, on l'expédie au Havre : là, distribution des armes entre les communes de l'arrondissement. Le fusil est envoyé à Criquetot ; pendant trois mois, il fait l'exercice tour à tour dans les mains d'un épicier, d'un

garçon de ferme et d'un charretier. Il n'y a, en effet,
qu'un seul fusil pour trois gardes nationaux. Le 11 décembre, les Prussiens arrivent à Criquetot et le fusil
est brisé en morceaux sous le talon de la botte d'un
dragon de la garde royale. Oui, cette histoire d'un
fusil à pierre serait bonne à raconter. Elle serait pleine
d'enseignements philosophiques ; on y verrait toutes
nos misères, nos révolutions inutiles, nos agitations
stériles, nos guerres folles, toutes nos fautes enfin et
tous nos désastres.

A midi, la factrice de la poste distribue des lettres
de Paris... Ces lettres sont navrantes : *Avec le secours
de la province, nous nous tirerons d'affaire, etc., etc.
Bonnes nouvelles de province, etc., etc. Bourbaki est
à Senlis, etc., etc. L'armée prussienne est cernée à
Versailles par l'armée de la Loire, etc., etc.* Pourquoi
ne pas dire la vérité aux Parisiens ? Pourquoi ne pas
leur faire savoir qu'ils n'ont à compter que sur eux-
mêmes ?

Un excellent homme, tout à l'heure, au coin d'une
rue, m'arrête et me dit :

— Mais, monsieur, au milieu de tout cela, qu'est-ce
que vont devenir les jeunes gens qui ont acheté des
études de notaires, avant le 4 septembre, et qui n'ont
pas encore payé ? C'est le cas de mon fils. Est-ce qu'ils
seront obligés de payer ? Les études cependant auront
perdu beaucoup de leur valeur. Quel est votre sentiment là-dessus ?

Je n'ai rien trouvé à répondre.

12 *décembre.* — Ce matin, pluie battante. Le froid a cessé subitement. Les éclaireurs prussiens sont au café Terreux, à trois lieues d'Étretat, sur la route du Havre. Par conséquent, plus de communications possibles. La route du Havre pour nous, maintenant, c'est la mer. Nous sommes comme des naufragés dans une île déserte. La moindre barque paraissant à l'horizon nous fait battre le cœur. Vient-elle ici? Apporte-t-elle des lettres, des journaux, des nouvelles? Non, elle passe, et nous, tristement, nous reprenons notre promenade sur le galet.

Aurons-nous des Prussiens aujourd'hui et quels Prussiens? En voici quatre qui arrivent à onze heures. Trois officiers suivis d'une ordonnance. Nous reconnaissons les officiers qui ont présidé hier à l'interrogatoire du père Vatinel et à la destruction du télégraphe. Ils sont allés droit à l'hôtel Blanquet *sans demander leur chemin*, ce qui a jeté les habitants du village dans le plus profond étonnement. Les officiers prussiens, avant de se mettre à table, ont un peu causé avec un voyageur qui se trouvait dans l'hôtel. Ils lui ont dit que l'armée de la Loire avait été deux fois battue, qu'elle était en complète déroute, qu'il n'y avait plus d'armée française dans le Nord, que Paris résistait toujours et se défendait bien, que les Parisiens continuaient à manger des rats. Alors les trois officiers se sont mis à rire bruyamment, en répétant ces mots : « Des rats! des rats! manger des rats! » Ces officiers étaient en petite tenue, tunique bleu-clair, boutons de cuivre uni sans aucun chiffre, collet galonné d'or, des cravaches dans leurs bottes. A midi, les officiers remontent à cheval et s'en vont lentement, au pas, par la route de Fécamp. Ils fument, causent, rient, attaquent leurs chevaux, les font caracoler dans la rue, cherchent à briller.

— Ils sont en France comme chez eux, dit un vieux pêcheur en les regardant passer.

La scène d'avant-hier était moins douloureuse. Elle avait, au moins, un côté de violence et de brutalité ; ces poteaux renversés, ces fils brisés, ces menaces de pillage et d'incendie, c'était la guerre ; mais, aujourd'hui, ces officiers qui ont eu le temps de venir déjeuner à Étretat en partie de plaisir, et qui se promènent gaiement en terre française, on ne peut rien imaginer de plus horrible. Et le temps est admirable ; ces Prussiens voient, dans tout leur éclat, la mer, notre vallée et nos falaises.

A deux heures, seconde visite prussienne. Huit ou dix cavaliers du détachement d'avant-hier. Ceux-là sont impertinents et désagréables, regards hautains, allures cassantes. Des sous-officiers pour la plupart. Ils se promènent sur la plage, laissent traîner bruyamment leurs sabres dans le galet, ramassent des pierres, font des ricochets dans la mer.

— Ah ! dit naïvement madame X..., je ne les aime pas, ceux-là, *ils sont d'un commun !*

Ces messieurs se mettent à gravir la falaise d'amont. Ils veulent monter à la chapelle et voir le *panorama*.

De la plage, on les voit monter suivis à distance par tous les gamins du village. Au moment où ils atteignaient le haut de la falaise, un dragon passe devant nous, lancé au grand galop dans le galet, au milieu des cordes, des filets et des cabestans. Le dragon s'arrête au pied de la falaise et, criant à tue-tête, hèle les officiers. Ceux-ci aussitôt redescendent. Le dragon leur dit quelques mots; ils courent précipitamment à l'hôtel, demandent leurs chevaux et s'en vont du train le plus rapide. Alors les suppositions d'avoir beau jeu : « L'armée du Havre a fait une sortie, les Prus-
» siens ont été battus. »

Les rues d'Étretat sont pleines de gens qui se couchent par terre, appliquent l'oreille contre le sol et déclarent qu'ils entendent le canon. La vérité est que le départ de ces Prussiens a eu quelque chose de brusque et d'extraordinaire.

13 *décembre*. — Vers trois heures, un grand mouvement et de grands cris sur la plage. Les pêcheurs gravissent en courant la falaise d'aval. Le temps est affreux : pluie battante, grand vent, ciel noir et sinistre, la mer violente et dure. Je sors, j'interroge. C'est un navire en détresse devant la pointe d'Antifer. Je cours du côté de la falaise. Je rencontre des douaniers. « Le bateau a sombré, me disent-ils. — Et l'équipage ?
» — Voilà trois des hommes du navire qui viennent
» là-bas sur cette barque; mais il a dû en rester au
» fond de la mer. »

On aperçoit, en effet, une petite, toute petite barque.

Un homme debout à l'arrière, avec un aviron, godille.
La barque tient difficilement la mer. A chaque instant
elle disparaît entre deux lames.

A-t-elle été engloutie ? Non, la voici qui remonte au
haut des vagues, puis qui retombe et semble s'abîmer
dans la mer. Nous regardons, anxieux. Il y a trois personnes dans la barque : on les voit, les bras en l'air,
faire des gestes, appeler au secours... Des marins d'É-
tretat essayent de mettre un canot à la mer. Trois fois
ils sont repoussés par les lames, rejetés, renversés et
roulés sur le galet... Sans se décourager, meurtris,
saignants, tout couverts d'eau et d'écume, au risque
de la vie, ils ramènent une quatrième fois le canot à
la mer et réussissent à le mettre à flot. Ils vont au-
devant du bachot des naufragés. Ils l'atteignent, l'ac-
costent... Les deux barques s'accrochent l'une à l'autre. Un des hommes du bachot monte sur la barque
d'Étretat, un des pêcheurs d'Étretat monte sur le bachot... Puis les deux bateaux se séparent et se rapprochent de la terre. C'est l'homme d'Étretat qui maintenant godille à l'arrière du bachot. Il l'amène sans
accident jusqu'à une dizaine de mètres du galet, mais
là, le bachot est pris, soulevé et retourné par une vague
énorme. Les trois hommes disparaissent. Sur la plage,
mille poitrines poussent un seul cri. Dix pêcheurs se
jettent en même temps au travers de ces vagues furieu-
ses, saisissent les hommes par la tête, par les bras, par
les jambes ; ils les rapportent comme des paquets et
les déposent sur le galet.

C'étaient, avec le pêcheur d'Étretat, un matelot et le mousse du navire perdu. Ils ne sont pas blessés. On les entoure, on les interroge.

— Êtes-vous tous sauvés ?

— Non, répond le matelot. Il y en a un qui n'aura plus besoin de manger.

Cette réponse est faite simplement, froidement. Le navire perdu était un sloop de Saint-Brieuc, le *Bon-Père*, qui allait à Fécamp, chargé d'avoine. Le capitaine arrive quelques instants après, ramené par la barque d'Étretat. C'est un homme d'une trentaine d'années, très-calme, très-intelligent. Et le soir, dans le petit café de l'hôtel Blanquet, il nous racontait comment *le malheur était arrivé :*

« Nous avions quitté Saint-Brieuc hier. Ce matin, au petit jour, à la hauteur de Barfleur, nous avons commencé à prendre de l'eau.

» J'ai essayé d'entrer au Havre, mais je n'ai pas pu *crocher* le port. Le vent était contraire, et le navire ne gouvernait plus. L'avoine s'était remplie d'eau, gonflée ; j'avais au fond de la cale une grosse éponge qui faisait peser le bateau comme du plomb. J'espérais atteindre Étretat. Je me serais échoué sur la plage. Le navire aurait été brisé par la mer, mais j'aurais peut-être pu sauver les voiles, une partie de mes marchandises, et surtout mes deux hommes et mon mousse. Tout à coup, à deux mille mètres d'ici, le navire a enfoncé. Nous n'avons pas eu le temps de mettre le bachot à la mer. Les vagues sont venues le *cueillir*

sur le pont. Nous avons eu beaucoup de peine à dégager la barque qui était prise entre la mâture, dans
les cordages et dans les voiles. Je criais à mon matelot
qui tenait la barre :

» — Viens, viens dans la barque. Tu vois bien que
nous coulons. Viens tout de suite.

» Il me répondit :

» — Oui, oui, je viens.

» Mais, au lieu de venir, il se précipita sous le pont,
dans la chambre. Il voulait sans doute sauver son argent : douze francs qu'il avait dans une petite boîte. C'est
pour ces douze francs-là qu'il est mort. Pauvre diable!
Je n'ai pas pu le tirer de là. J'aurais bien voulu retourner au navire, mais un coup de mer nous avait enlevés
dans la barque et nous avait portés, d'un seul bond, à
plus de cinquante mètres loin du bateau. Nous n'avions
qu'un aviron. Impossible de gouverner et d'accoster
le navire avec un seul aviron. Il n'y avait qu'une chose
à faire : se maintenir droit en gardant la lame arrière. Nous avons été forcés de rester là, à regarder
couler le navire sans pouvoir rien faire. La mer se sera
engouffrée dans la chambre, et l'homme aura été
étouffé. »

Quelqu'un dit au capitaine :

— Mais comment n'aviez-vous qu'un aviron ?

— C'est encore un miracle que j'aie eu celui-là, répondit-il. Il n'était pas à moi. C'était un aviron à mon
cousin Julien. Le mousse l'avait monté par erreur sur
le bateau, et une heure après que nous étions partis de

Saint-Brieuc, je l'avais grondé et je lui avais dit :
« Pourquoi as-tu emporté cet aviron? Tu sais bien
qu'il n'est pas à moi, qu'il est à mon cousin Julien! »
Eh bien, il nous a sauvé la vie, cet aviron. Ah! j'aurais dû être mieux *paré*, c'est vrai, j'aurais dû avoir
deux avirons, mais, vous savez, on croit qu'il n'arrivera jamais rien ou que, s'il arrive quelque chose, ce
n'est pas un aviron de plus ou de moins qui vous ti-
rera d'affaire.

Pendant que le capitaine parlait, le matelot et le
mousse étaient là. Le matelot, silencieux, indifférent,
inerte, regardait un verre d'eau-de-vie qu'il buvait
goutte à goutte. Le mousse dormait, appuyé contre le
mur, la tête renversée, la bouche ouverte. Un vrai
petit Breton de Luminais, blanc et rose, avec deux
longs bandeaux de cheveux d'un blond clair qui étaient
encore humides et qui lui collaient sur les tempes.
Le capitaine, de la main, nous montra l'enfant et nous
dit :

— Pauvre petit bonhomme! Le voilà orphelin depuis deux heures. C'est son père qui est resté au fond
de l'eau.

Il y eut un moment de silence. Tout le monde regardait cet enfant endormi. Un pêcheur dit au capitaine :

— Quel âge avait-il, votre bateau?

— Vingt ans.

— Vingt ans!... Oh! c'est un âge, c'est un bel âge
pour un bateau. On peut s'en aller à cet âge-là...

Et ce fut toute l'oraison funèbre du sloop le *Bon-Père*.

En sortant, je m'arrête pendant quelques instants à écouter la conversation de deux *consommateurs* :

— Alors, tu étais à Fécamp, le jour des Prussiens ?

— Oui, j'y étais.

— Et comment ça se passait-il ?

— Dame ! comment ça se passait... Les Prussiens rôdaient dans la ville, à pied, à cheval. Ils trottaient dans les rues, ils étaient assis devant les cafés, ils visitaient le Casino, ils regardaient les pièces en batterie sur le galet. Sur la place du Marché, une dizaine de dragons, les brides de leurs chevaux passées dans le bras, buvaient et faisaient boire des gamins...

— Et les gens de Fécamp ?

— Qu'est-ce que tu veux ? Ils ne disaient trop rien, les gens de Fécamp, excepté une épicière sur la place du Marché, qui, elle, n'était pas intimidée.

— Qu'est-ce qu'elle a donc fait, l'épicière ?

— Voilà. J'ai tout vu et tout entendu. Trois dragons entrent chez l'épicière, prennent trois petits verres et les payent deux sous pièce. Il n'y avait rien à dire, c'était le prix. Mais, au moment de s'en aller, un des dragons demande une demi-livre de chocolat, la met dans sa poche et donne six sous. — C'est vingt sous, lui dit l'épicière. — Six sous c'est assez, répond le Prussien. Et il sort en emportant son chocolat. Mais l'épicière lui courait après dans la rue, en lui criant : « *Sois tranquille, toi, sois tranquille. Je te rattra-* » *perai !* »

Le soir, des nouvelles extraordinaires commencent à circuler dans Étretat : Paris serait débloqué ; M. de Bismarck prisonnier ; le général Ducrot marcherait sur Rouen avec cent mille hommes, etc.

14 décembre.— Une pauvre vieille femme des Loges, qui nous vend du beurre et des œufs, est venue tout à l'heure à la maison. Je lui ai demandé des nouvelles de ses deux fils qui sont au Havre, dans les mobilisés.

— Ils vont bien, monsieur, a-t-elle répondu, ils vont bien tous les deux. Je suis allée voir le plus jeune, dimanche dernier, au nez des Prussiens qui barraient la route. Je n'étais pas inquiète de l'aîné. Il a une grosse santé, il n'a jamais été malade de sa vie, et ça avait souvent été son idée de s'engager, d'être soldat, de faire la guerre. Mais le cadet, l'hiver dernier, avait eu une fièvre typhoïde. C'est un miracle s'il en a réchappé, et il est resté tout chétif. Aussi, quand il a été appelé, il y a un mois, je me disais : « Bien sûr, à » camper comme ça, en plein air, dans l'eau et dans le » froid, il y restera, je ne le reverrai pas. » Et quand il est parti (je ne suis pas lâche, voyez-vous, j'ai eu bien des peines dans la vie, je les ai supportées comme une loi qu'il faut subir, et je ne pleure jamais) eh bien ! ce jour-là, en embrassant mon petit, j'ai pleuré. Et je pleure encore quand je pense à lui. Et j'y pense toujours, parce qu'il n'y a pas de cœur meilleur. Aussi, samedi, voyant ce grand froid et les Prussiens qui arrivaient, et me disant qu'on allait probablement se battre, et que peut-être mon garçon...

enfin que je ne le reverrais peut-être pas... je suis
allée à Fécamp, j'ai acheté un gros caban de drap, et
puis je suis partie à pied pour le Havre. Il y avait des
Prussiens au café Terreux. J'ai eu peur. Ils ne se seraient pas gênés pour me prendre le caban de mon
garçon. Alors j'ai quitté la grande route et j'ai suivi
le chemin des douaniers, le long de la falaise. Je suis
arrivée au Havre, à deux heures. Mon garçon était
campé à Sainte-Adresse devant le fort. Eh bien ! il n'a
pas voulu du caban. Il m'a dit qu'il n'avait pas froid,
que ça le gênerait pour marcher en avant, qu'il couchait dehors depuis huit jours, qu'il ne s'était jamais
si bien porté, qu'il fallait reporter le caban au marchand et me faire rendre mon argent. Enfin, j'ai été
obligée de me fâcher. Et la vérité, c'est qu'il avait
bonne mine. Voyez-vous, monsieur, c'est la Providence
qui le garde, parce que, pour autre chose que pour le
devoir, pour le plaisir par exemple, il ne supporterait
pas de telles misères.

A midi, nous recevons des lettres de Paris, souillées
d'eau et de boue, déchirées, détrempées, à peine lisibles. Le ballon qui les emportait est allé tomber en
Norvége, et ces lettres sont venues de la rue Jean-
Jacques-Rousseau à Étretat en passant par Christiania.

De toutes parts, des renseignements arrivent, con-
firmant la retraite précipitée des Prussiens. Ils ont
quitté Gonneville, Bolbec, Goderville, Montivilliers.
On dit qu'ils s'en vont à marches forcées dans la direction de Paris. Un charbonnier venu de Fécamp

raconte que le général Vinoy est entré cette nuit à
Rouen avec soixante mille hommes.

Les journaux du Havre nous apportent une dépêche
datée de Versailles. Elle annonce que le roi de Prusse
va être obligé de prendre *à regret* le parti de bombarder Paris. *Sa Majesté sent qu'il y a bien plus de
cruauté à affamer des centaines de mille de non com-
battants qu'à tuer un certain nombre d'individus en
bombardant Paris. Le roi, d'ailleurs, est très-irrité
contre la folie des Parisiens, qui persistent à tenir
bon quand leur dernier espoir de secours des armées
de province est perdu.*

Puis, sans transition aucune, suivent de longs détails
sur la douleur du roi de Prusse, quand il a appris la
mort de la princesse royale, sa sœur. *Fritz lui-même
a fait connaître la nouvelle au roi. On avait pris de
grandes précautions pour que le télégramme ne par-
vînt pas directement au roi, etc., etc.*

En vérité, voilà qui est bien touchant. Que le roi
de Prusse regrette la princesse royale, sa sœur, soit,
mais qu'il ne nous demande pas de nous intéresser à
ses tristesses particulières. Les mères qui, en France
et en Allemagne, pleurent sur leurs enfants n'auront
pas le temps de prendre part à sa douleur... On ne
devrait pas faire étalage de sa sensibilité, quand on
a le courage de voir couler tant de sang et tant de
larmes. Des consolations efficaces seront, d'ailleurs,
bientôt offertes au roi Guillaume. Une députation du
Reichsrath est en route pour Versailles et vient offrir

au roi la couronne impériale. Il trouvera là une dis-
traction à sa douleur. Il n'est pas donné à tous d'avoir
de telles consolations. De ma fenêtre, en ce moment,
je vois sur la plage, immobile, regardant la mer,
appuyé contre un bateau, ce pauvre homme, dont le
fils, la semaine dernière, a été tué devant Rouen par
une balle prussienne. Et la douleur de ce père, à qui
on n'offre pas la couronne d'Allemagne, me paraît
plus sérieuse et plus touchante que la douleur de ce
roi qui va bombarder Paris *par humanité*.

La pluie a cessé. Nous frétons une petite carriole
et nous nous en allons à Goderville. Plus de Prussiens.
Les cent cinquante dragons qui s'étaient installés dans
l'hôtel de Jourdain sont partis précipitamment avant-
hier matin. La mère Jourdain nous raconte l'invasion
prussienne à Goderville. Rien ne vaut ces récits chauds
de vérité. Par malheur, il est difficile de les saisir, de
les fixer, de les reproduire avec leur accent et leur
franchise. Essayons cependant.

« C'était vendredi à une heure de l'après-midi.
Jourdain était allé au Havre pour un marché de chevaux. Une de mes voisines arrive et me dit : « On an-
» nonce les Prussiens. » Moi, je lui réponds : « Lais-
» sez-donc, on les annonce toujours et ils ne viennent
» jamais. Qui est-ce qui les a vus? — Le piéton de la
» poste de Beuzeville. Il a causé avec eux. — Il se
» trompe, il aura causé avec des éclaireurs du Havre.
» — Non, c'étaient des Prussiens. » Nous en étions là
de notre conversation quand nous entendons un grand

bruit de chevaux ; nous allons jusqu'à la porte, et, sur la route de Beuzeville, nous voyons arriver d'un bon trot les casques prussiens. La voisine se sauve en poussant des cris. Mes deux filles étaient là. Je leur dis : « Allons, » du calme, faut pas se troubler ; voilà les Prussiens ! » L'aînée ne se bouleverse pas trop, mais la petite se met à pleurer et à dire : « Maman, ils vont nous faire » du mal, ils vont tout prendre chez nous ; il faut jeter » l'argenterie dans la mare. » Je dis à l'aînée : « Emmène » la petite... Restez ensemble au premier. Je vais les » recevoir. »

» Ce qui me contrariait le plus, c'est que Jourdain n'était pas là et que nous avions quarante-cinq chevaux de vente dans nos écuries, et un millier de sacs d'avoine dans nos greniers. A vingt-quatre francs le sac, calculez.

» J'étais donc là dans la cuisine, pas bien gaie, quand je vois cinq ou six Prussiens entrer au galop dans la cour. Ils sautent en bas de leurs chevaux. Et puis en voilà deux qui s'en vont aux écuries, qui ouvrent les portes, regardent à l'intérieur et avec de la craie se mettent à écrire des chiffres sur les murs. Je vais à un de ces hommes. « Qu'est-ce que vous faites là ? » Il ne me répond pas et continue à aller de porte en porte en écrivant ses chiffres : 12, 15, 6.... Enfin il arrive au bout de nos bâtiments et je lui répète : « Qu'est- » ce que vous faites ? Qu'est-ce que vous voulez ? » Il me répond : « Nos chevaux. Ici nos chevaux. De la » place, beaucoup de place. Bonne maison. Dehors vos

» chevaux à vous. Et dedans nos chevaux à nous. —
» Comment dehors nos chevaux ! Et où voulez-vous
» que je les mette ? — Où vous voudrez. Dans la
» campagne. Chez cultivateurs. Nous ici: Où l'avoine ?
» Dites. Où l'avoine ? » Il me passe un froid dans le
dos, en pensant à nos mille sacs d'avoine.

» Arrive à cheval un officier. Je cours à lui et je lui
dis : « Monsieur l'officier, j'ai ici quarante-cinq che-
» vaux et pas mal d'avoine. » Il me répond : « On
» vous prendra l'avoine, mais pas les chevaux. Emme-
» nez-les. Nous allons demeurer ici, officiers, soldats,
» tous. Avez-vous neuf chambres pour les officiers ?
» — Oui, j'ai neuf chambres, mais je n'ai pas de quoi
» coucher les soldats. — Oh !. ils ne se couchent ja-
» mais, les soldats. Dans la cour, les soldats ; ils dor-
» ment sous les hangars. De l'avoine pour les chevaux,
» de la paille pour les hommes, neuf chambres pour
» nous, voilà tout. » Un autre officier arrive à cheval,
descend, et le premier officier me dit : « Conduisez
» le lieutenant, il va marquer les chambres. »

» Moi je pense à mes petites filles, et je dis :

» Messieurs, mon mari est au Havre. J'ai deux filles.
» Je les mets sous votre protection. »

» Le premier officier se met à rire et me répond :

»—Oh! n'ayez pas peur. Aucun danger pour vos filles,
» ni pour personne. Les journaux disent des bêtises,
» des mensonges. Nous ne sommes pas des barbares.
» Nous ne mangeons pas les petits enfants. Dans les
» maisons habitées, aucun mal, aucun. Par exemple,

» autour de Paris, toutes les maisons vides. Personne
» pour faire la cuisine, les lits, les feux... Alors on
» enfonce les portes, et le soldat fait un peu ce qu'il
» veut ; mais quand il y a du monde convenable pour
» recevoir, aucun pillage, aucun mal, vous verrez. »

» En attendant, par la fenêtre, je voyais les soldats
qui s'emparaient de tout, qui mettaient nos chevaux
dans la rue, nos voitures dans le pré là-bas... Et
l'avoine !... Il fallait voir dans les écuries les sacs éven-
trés... Les mangeoires débordaient. Les chevaux étaient
sur une litière d'avoine. Quand les Prussiens ont été
partis, on a refait plus de vingt sacs d'avoine, rien qu'en
nettoyant les mangeoires. Les voilà donc installés.
Le samedi, ils vont à Fécamp, à Étretat. Ils sont revenus enchantés d'Étretat, disant que la vue était superbe, qu'il y avait des maisons charmantes ; qu'ils
avaient vu des Parisiennes, mais que ces Parisiennes
devaient être sans le sou, qu'elles avaient encore des
robes d'été, etc., etc. Ils riaient comme des fous en
disant cela.

» Le dimanche, ils sont allés à Gonneville. D'ailleurs,
ils étaient toujours en mouvement ; ils envoyaient des
estafettes par-ci, des estafettes par-là. La nuit il y avait
toujours deux ou trois officiers qui ne dormaient pas,
qui surveillaient les soldats, qui commandaient des
patrouilles. Et les hommes, il faut voir comme ça marche au doigt et à l'œil ; et de bons habits, et de grands
manteaux, et de grosses bottes. Quand on a vu la misère de nos mobiles et quand on voit les Prussiens,

tout s'explique. Il y a des soldats d'un côté et puis de l'autre de pauvres *va comme je te pousse* qui ne savent rien de la guerre... La partie n'est pas loyale.

» Le dimanche soir, le capitaine a reçu une grande lettre vers minuit. C'était une lettre du général. Je ne sais pas ce qu'il y avait dedans, mais je sais que les officiers ne se sont pas couchés de la nuit, qu'ils allaient et venaient avec beaucoup de mouvement. Puis, au petit jour, un coup de trompette, et tous, en route, au grand galop, du côté de Beuzeville. Maintenant, leur opinion sur la guerre, la voilà. J'ai bien écouté leurs conversations. Les officiers demandent que ça continue, mais les soldats demandent que ça finisse. »

Nous quittons Goderville à trois heures. Quand nous arrivons à Étretat, le jour tombe, nous apercevons une grande foule devant la porte de la mairie. On se presse autour d'une affiche, avec des lanternes à la main. Nous nous approchons, et voici *textuellement* la dépêche que nous lisons dans le cadre réservé aux communications officielles :

Le maire de Valmont à M. le maire de Fécamp.

« Paris débloqué.

» Bismarck bloqué dans Versailles avec quatre-vingt » mille hommes.

» Cinquante mille prisonniers.

» Cinquante canons entre nos mains.

» Deux cents canons encloués.

» Le prince Frédéric-Charles a eu la tête enlevée par
» un boulet.

» Le général Trochu vient de Mantes avec cent mille
» hommes.

» Le général Vinoy vient à Rouen avec soixante mille
» hommes. »

Je ne puis, hélas ! ajouter aucune foi à cette dépêche
merveilleuse... et cependant, tout à l'heure, je me sentais ébranlé dans mon incrédulité, en écoutant la conversation de deux pêcheurs :

— C'est des farces tout ça, disait l'un des pêcheurs.

— Des farces, pourquoi ça ?

— Parce que c'est des farces.

— Des farces, c'est bientôt dit, mais te rappelles-tu,
ici même, il y a trois mois, quand on nous a raconté
que l'empereur était prisonnier, qu'il s'était rendu
avec 80,000 hommes à Sedan, qu'est-ce que tu as dit ?

— Ce que j'ai dit ?

— Oui, je me rappelle, moi, tu as dit : C'est des farces. Eh bien ! c'était pas des farces. Tu vois bien, il ne
faut pas dire comme ça, tout de suite : C'est des farces !

IX

VENDOME

Nous avions passé trois semaines au camp de Bourges. Nous arrivons à Vendôme dans les premiers jours de novembre. J'avais des douleurs partout, des pieds à la tête, pour avoir campé et couché par terre, dans l'eau et dans la boue, à ce camp de Bourges. Je tombe malade à Vendôme. Nous étions une vingtaine dans ce cas-là. Le colonel ne savait où nous mettre. Enfin on nous couche au lycée dans les lits des élèves. Quatre sœurs de charité nous soignaient avec beaucoup de bonté.

Vers le 20 novembre, j'allais un peu mieux. Je commençais à me lever. Voilà qu'un matin nous apprenons que le régiment a quitté Vendôme. Je n'étais pas encore en état de marcher pour courir après. Tout ce

que je pouvais faire, c'était de me traîner un peu dans
les couloirs. A partir de ce moment-là, plus de paye,
plus de distributions. Heureusement les sœurs de charité étaient là. Elles allaient chercher des vivres à
l'hospice et nous nourrissaient. Moi, comme je continuais à aller mieux, je m'occupais à soigner mes camarades.

Le 1er décembre, une dame arrive à Vendôme pour
organiser une grande ambulance dans le lycée. C'était
une dame de Paris qui avait soigné les blessés dans
Metz pendant le siége et qui voulait continuer à se
rendre utile. Deux chirurgiens et un aide étaient venus avec madame X... et s'installent au lycée. On me
prend comme infirmier. Nous recevons du matériel de
Tours, des grandes caisses de linge, de médicaments.

Pendant que j'étais occupé à déballer tout ça, madame X... vient à moi et me dit : « Vous partirez ce
» soir avec les deux docteurs pour aller chercher des
» blessés à Châteaudun. » Nous quittons Vendôme le
soir avec soixante charrettes qu'on avait réquisition-
nées dans la ville. C'était le 3 ou le 4 décembre. Il
y avait une dizaine de lieues à faire dans la neige. Je
m'installe dans une des charrettes, sur la paille, à côté
du paysan qui conduisait le cheval. « Quel métier !
» disait ce paysan, voilà six semaines que je n'arrête
» pas... Je viens de passer trois jours à courir autour
» de Vendôme pour porter des vivres à un corps d'ar-
» mée que nous n'avons pas pu trouver. »

Nous arrivons le matin à Châteaudun. La ville était

en ruines et pleine de Prussiens. Il y avait là une ambulance irlandaise qui était encombrée. Nous lui prenons cent soixante-quinze blessés et malades que nous mettons dans cinquante-cinq voitures. Nous repartons le soir, laissant cinq voitures à Châteaudun. Nous ne comprenions pas pourquoi. Voilà ce qui s'était passé. Des habitants de Châteaudun étaient venus trouver nos deux docteurs et leur avaient dit : « Nous avons ici beau-
» coup de fusils et vingt mille cartouches cachés dans
» les caves, dans les greniers. Personne ne veut se
» charger de les emporter. Si les Prussiens décou-
» vrent ces armes et ces munitions qu'on ne leur a
» pas livrées, ils fusilleront des habitants, ils emmè-
» neront des ôtages... » Les deux docteurs avaient répondu qu'ils se chargeaient d'emporter les fusils et les cartouches.

Nous sortons de Châteaudun avec nos cinquante-cinq voitures et nos cent soixante-quinze blessés. Nous passons les lignes prussiennes et, dès que nous sommes à un kilomètre ou deux en dehors, les docteurs font arrêter le convoi. Ils enlèvent leurs croix, leurs brassards. Ils se débarrassent de tous leurs papiers. Ils prennent des habits de paysans et ils retournent à Châteaudun, en m'emmenant avec eux. Le soir, nous mettons les fusils — il y en avait au moins cinq cents — et les cartouches dans les cinq voitures qui étaient restées. Nous prenons dans l'ambulance une dizaine de convalescents résolus et capables de faire le coup de feu, s'il le fallait. Ils se couchent dans les voitures sur la paille, par-dessus les fusils et les cartouches. Ils avaient chacun un chassepot en bon état entre les jambes.

Vers dix heures du soir, nous partons. Les gens de Châteaudun nous avaient recommandé de ne pas prendre la grande route, qui était trop bien surveillée. Ils nous avaient indiqué des chemins de traverse par où nous devions éviter les vedettes prussiennes. Nous pouvions rencontrer des éclaireurs, mais nous étions bien en état de nous défendre contre une patrouille de cavalerie. La neige tombait très-fort. Nous marchons toute la nuit sans faire de mauvaise rencontre, mais nous nous égarons dans ces chemins de traverse.

Le matin nous apercevons une espèce d'auberge isolée... Nous laissons les voitures sur la lisière d'un petit bois et nous nous approchons prudemment, à deux ou trois, afin de voir s'il n'y avait pas de Prussiens dans cette auberge. Il n'y en avait pas. Nous apprenons que nous ne sommes qu'à quatre kilomètres de Châteaudun et tout près des lignes prussiennes. C'était pour ça que nous avions marché toute la nuit ! On nous donne à boire et à manger. On nous explique bien quel chemin nous devons suivre pour gagner Vendôme.

Nous repartons, côtoyant le Loir. Nous apercevons tout d'un coup des uhlans de l'autre côté de la rivière. Ils découvrent ce petit convoi de cinq voitures. Ils s'approchent de la rivière, qui était gelée, et avec le pied de leurs chevaux ils tâtent la glace. Nous étions tous sur le qui-vive. Les hommes cachés dans les voitures avaient la main sur leurs fusils. La glace heureusement cassa sous le pied des chevaux. Nous continuons notre route. Les uhlans, immobiles sur le bord de la rivière, nous regardent nous éloigner.

Nous arrivons à la Ville-aux-Clercs, dans les lignes françaises. Nous y trouvons des mobiles. Nous sommes très-bien reçus dans deux châteaux, chez M. de la Panouze et chez M. de la Rochefoucauld. Les chevaux étaient épuisés et ne pouvaient plus avancer. Nous sommes obligés de rester là vingt-quatre heures et nous ne rentrons que le lendemain à Vendôme.

Pendant notre absence, l'ambulance s'était remplie et des blessés continuaient à arriver de tous les côtés. C'était au moment où le général Chanzy reculait devant les Prussiens, par la forêt de Marchenoir; mais il reculait pas à pas, en se battant tous les jours. Il nous venait des blessés de partout, de Lorges, de Marchenoir, de Fréteval, de Josnes, de Saint-Laurent-des-Bois, etc., etc., etc. Ils arrivaient un à un ou trois à quatre, par petits groupes, tués de fatigue, se traînant appuyés sur des bâtons; ils tombaient sur les trottoirs, devant les portes de Vendôme. On leur indiquait l'ambulance. Ils se relevaient alors et ils venaient jusqu'ici. Nous étions obligés de les porter dans les escaliers. Tous les uniformes étaient confondus. Le plus souvent, d'ailleurs, ces hommes ne savaient pas dire d'où ils venaient, où ils avaient été blessés, à quel corps d'armée ils appartenaient, quel était le général qui les commandait, etc...

Il s'en trouvait qui avaient fait plus de dix lieues à pied, frappant à la porte de tous les hospices et refusés partout, faute de place. Pour la plupart, ils n'avaient ni sacs ni couvertures. Beaucoup même n'avaient pas de souliers et arrivaient pieds nus, sur la glace et sur la neige.

On en amenait aussi sur des charrettes. C'étaient des paysans qui, par charité, par complaisance, les avaient ramassés et nous les apportaient. Il ne nous venait pas seulement des blessés, il nous venait aussi beaucoup de varioleux; ils arrivaient avec de gros boutons qui leur faisaient des espèces de masques rouges sur le visage. Ils n'avaient plus figure humaine.

Vers le 10 décembre, en une seule journée, nous avons reçu trois cent quarante blessés et malades. C'était une procession de charrettes, qui n'a arrêté ni jour ni nuit, pendant les vingt-quatre heures. A un moment, vers deux heures du matin, comme les voitures ne pouvaient entrer qu'une à une dans la cour du lycée, il y avait dans la rue et traversant le pont jusqu'au grand faubourg une longue file de charrettes qui attendaient leur tour. Et un des infirmiers, qui avait été domestique à Paris, disait : « Ça me rappelle la » queue des équipages, le soir d'un bal des Tuileries. »

Les charrettes passaient sous la voûte, entre la première et la deuxième cour. Madame X..., une petite lanterne à la main, allait de voiture en voiture. Avant

de sortir les hommes des voitures, on les interrogeait,
afin de savoir où ils étaient blessés, et s'il fallait les
prendre par les bras ou par le corps, pour leur faire
le moins de mal possible. Il y en avait quelquefois qui
ne répondaient pas. Alors un des autres blessés de la
charrette disait : « Ah ! le camarade... il y a un petit
» moment qu'il ne parle plus, je crois bien qu'il est
» mort. » Et c'était vrai. Le corps était tout roidi
dans la paille. On le prenait alors, on le portait dans
une salle en bas, devant un grand feu qui était toujours
allumé, et on essayait de le réchauffer. On le friction-
nait, on lui soufflait de l'air dans le nez, dans la
bouche. Le docteur arrivait et disait : « C'est inutile.
Il est bien mort. » Alors on portait le corps dans une
espèce de préau dont on avait fait une salle des morts.
Il y avait toujours là une dizaine de corps qui attendaient qu'on les mît en terre. Pour les enterrements
on se servait d'une petite carriole. On mettait dedans
cinq à six bières ensemble, on les recouvrait d'un grand
drap de lit, et en route pour le cimetière.

Souvent on trouvait dans les poches et dans les por-
tefeuilles des photographies de vieux parents, de
femmes, d'enfants, et des adresses de lettres qui apprenaient le nom du mort. Mais souvent aussi on ne trouvait rien, ni portefeuille, ni lettres, ni nom, ni pré-
noms, ni indication de régiment, ni numéro matricule,
et on ne pouvait rien reconnaître aux uniformes, parce
que, dans la hâte et dans le trouble où l'on était, on
avait habillé des hommes avec les pantalons d'un corps

et les tuniques d'un autre. On a enterré bien du monde, sans savoir seulement qui c'était. Ça n'arrivait jamais avec les blessés et les morts prussiens que nous avons eus, parce que tous les soldats allemands portaient, accrochée au cou par un cordon, sous leur chemise, une petite plaque en fer blanc, avec le numéro matricule et le numéro du régiment.

Quelquefois, sur la même charrette, il y avait côte à côte un Prussien et un Français. Quand on s'approchait avec la lanterne pour les questionner, le Français répondait, mais le Prussien, ne comprenant pas, ne pouvait pas répondre et le Français disait : « C'est un Prussien. » On prenait le Prussien et on le descendait. Il avait l'air inquiet et effrayé. Il croyait qu'on allait lui faire du mal, parce que beaucoup d'officiers prussiens racontaient à leurs soldats des histoires inventées sur les cruautés des Français. On mettait les blessés prussiens dans une salle à part et, naturellement, on les soignait aussi bien que les Français ; alors ils étaient très-reconnaissants, ils prenaient les mains des sœurs, ils leur disaient qu'elles étaient bien bonnes, etc., etc.

Très-souvent, pendant qu'on était en train de charger la petite carriole qui emportait les morts, il arrivait des charrettes de paysans qui apportaient des blessés ; on s'embrouillait presque dans les blessés qui arrivaient et dans les morts qui s'en allaient. On essayait de faire parler un peu les blessés, ils répondaient tous la même chose : « Le froid... la misère ! et puis

» trop de canons chez les Prussiens. On ne voyait ja-
» mais les Prussiens. On recevait leurs boulets et leurs
» obus... on ne pouvait pas résister, et les Prussiens
» avançaient toujours... Ils approchaient. Ils allaient
» bientôt arriver à Vendôme. »

Ceux qui mouraient, le plus souvent, ne voyaient pas venir la mort. Ils étaient si épuisés de toutes les manières qu'ils n'avaient plus aucun sentiment de rien lorsque la fin arrivait. Cependant il y en a qui sont morts avec toute leur connaissance, toute leur raison et tant de calme et tant de fermeté, qu'ils étaient presque beaux à voir mourir.

Je me rappelle surtout un jeune homme, presque un enfant... il avait dix-huit ans. On nous l'a apporté avec une balle dans la poitrine, le 16 décembre. Il avait été blessé tout près de Vendôme... Il est mort au bout de trois jours. Il devait souffrir beaucoup, car sa blessure était bien profonde. Il ne se plaignait pas cependant. Il nous a raconté qu'il était fils unique, qu'il s'était engagé volontairement au mois de juillet, dès le commencement de la guerre. Sa mère ne voulait pas, pleurait beaucoup, cherchait à le retenir, mais il avait fait ça comme un devoir. Il était parti dans l'armée de Sedan, il avait pu s'échapper par la Belgique, il avait continué la campagne dans l'armée de la Loire, il était devenu sergent. Avant de mourir, il s'est confessé, il a reçu les sacrements devant tout le monde et avec une tranquillité! Dans les trois jours qu'il a mis à mourir, — car on a vu tout de suite qu'il était perdu, — il ne s'attendrissait et il ne faiblissait que quand il parlait de sa mère ; alors il avait des larmes dans les yeux et il restait longtemps à regarder une photographie d'elle qu'il avait emportée. Il lui demandait pardon du chagrin qu'elle aurait de sa mort. Il nous avait bien recommandé de mettre de côté sa tunique avec ses galons de sergent, pour la renvoyer à sa mère après la guerre. Et il est mort en embrassant sa petite photographie. Nous avons été bien embarrassés. Nous ne savions pas s'il fallait garder cette photographie pour la mère, ou la mettre dans le cercueil. Il nous a semblé que c'était mieux de la mettre avec lui dans la bière et c'est ce que nous avons fait.

Les Prussiens cependant approchaient. Nous entendions presque tous les jours le canon. Mais, le 15 décembre, on l'entend plus fort qu'à l'ordinaire. On se battait tout près de Vendôme. Le soir, des corps français en déroute traversent la ville. Il nous arrive beaucoup de blessés. Des habitants de Vendôme nous apportent sur de petites charrettes ce qu'ils ont de plus précieux pour le mettre en sûreté dans l'ambulance. Ça faisait des querelles, parce que naturellement on ne voulait pas prendre tout ce bagage-là. Nous étions une ambulance et pas un garde-meubles. Pendant toute cette nuit du 15 au 16, il passa des isolés qui nous annonçaient l'arrivée des Prussiens. C'est le 16 qu'ils arrivèrent. Quelques détachements français, qui restaient encore dans la ville, eurent le temps de se retirer dans la matinée. Le sous-préfet aussi s'en alla à midi. Et quand il se trouva de l'autre côté de l'eau, il fit sauter deux des ponts de la ville.

Dans le courant de la journée, Vendôme se remplissait de Prussiens, et bien des ennuis commençaient pour nous. Nous avions, à ce moment-là, peut-être une cinquantaine de blessés prussiens. Ils étaient à part dans une salle spéciale. Cependant quelquefois, les jours d'encombrement, dans les moments de presse, des Français et des Prussiens se trouvaient côte à côte. C'est là que j'ai vu comme la misère et la souffrance rapprochent les gens qui se détestent le plus. Ils se regardaient sans colère, ils essayaient de se parler, de se comprendre les uns les autres. Les Prussiens, du reste, étaient très-doux, parce qu'ils voyaient qu'on était bon pour eux et parce qu'ils comprenaient qu'on leur avait conté sur notre méchanceté des contes à effrayer les enfants.

A peine les Prussiens dans la ville, il arrive une quinzaine d'officiers dans la cour de l'ambulance. Ils demandent si on a des blessés à eux. On leur répond que oui. Alors ils demandent à les voir, et puis ils commencent à dire qu'ils sont sûrs qu'on ne traite pas les blessés allemands aussi bien que les blessés français. Ils nous supposaient de la dureté, de la cruauté, enfin tous les mauvais sentiments; et cela au moment où il y avait deux sœurs françaises malades à en mourir, pour s'être exténuées à soigner les Prussiens.

Un jour, quand les Prussiens étaient là, un capitaine

français est mort dans l'ambulance. On a décidé qu'on ferait son enterrement aussi bien que possible, que tout le personnel de l'ambulance irait au cimetière, que des infirmiers porteraient le cercueil sur un brancard... Alors un officier prussien est arrivé pour dire que son général savait qu'on allait enterrer un capitaine français, qu'il voulait lui faire rendre les honneurs militaires, qu'il enverrait une musique prussienne, etc., etc. Madame X... a refusé. L'officier a insisté, il a dit que c'était comme ça que ça se faisait à Versailles... Madame X... n'a pas cédé... Elle a répondu que chacun devait enterrer ses morts et que c'était aux Français de conduire au cimetière un officier français. Et, en effet, nous avons fait l'enterrement nous-mêmes, sans que les Prussiens s'en mêlent.

Un peu de temps après, il est mort un officier allemand d'un très-haut grade. Les Prussiens ont voulu faire un grand enterrement. Ils sont venus à l'ambulance demander un coussin et une couronne pour mettre sur le cercueil. On leur a trouvé un coussin, mais on était fort embarrassé pour la couronne, quand un des employés du lycée a dit : « Je sais où il y en a, des » couronnes... Nous en avions fait une provision pour » la distribution des prix du mois d'août. Nous en » avons plein une armoire. » Alors on a donné aux Prussiens une couronne de grandes feuilles vertes, et l'employé du lycée disait : « C'est singulier de penser » que cette couronne, qui devait être mise sur la tête

» d'un de nos élèves, va s'en aller d'ici sur le cercueil
» d'un officier prussien ! »

Les Allemands ont fait l'enterrement avec une grande pompe. Une musique militaire, beaucoup de soldats en grande tenue et sous les armes... La cour était toute pleine de troupes, et, au moment où l'on mettait le cercueil de l'officier sur un brancard, je me rappelle qu'il y avait trois ou quatre bières françaises chargées sur une charrette, qui est sortie de la cour, derrière le cortége allemand, pour aller au même cimetière.

Nous avons continué à soigner nos blessés, sous la surveillance des Prussiens, jusqu'à la fin de décembre. On n'avait plus de nouvelles du dehors ; on ne savait pas du tout ce qui se passait. Cependant des paysans, de temps en temps, nous disaient que l'armée française se reformait au Mans, et qu'elle allait revenir. On l'espérait sans trop y compter, parce qu'on avait vu comme nos soldats étaient misérables, dépourvus de tout, et qu'on voyait, au contraire, comme les Prussiens étaient nombreux et bien organisés.

Le 31 décembre, tout d'un coup, le matin, la canonnade a éclaté très-violente et comme à nos oreilles. Vendôme est dans un fond, avec un grand cercle de collines tout autour. Les dortoirs du lycée qui servaient de salles d'hôpital étaient de grandes galeries qui avaient des fenêtres des deux côtés, de sorte qu'en regardant par les fenêtres de droite, on voyait les batteries prussiennes qui tiraient des hauteurs du vieux château, et, en regardant par les fenêtres de gauche, les canons français qui tiraient sur le vieux château. Les projectiles passaient par-dessus nos têtes, et, de la tête du lit des malades, on assistait au combat ; on pouvait presque voir un obus partir d'un côté et aller éclater de l'autre. Il y avait des bataillons prussiens massés près de la gare et des tirailleurs prussiens répandus partout, autour de la ville.

Ce qui nous donnait confiance, c'est que des chirurgiens prussiens étaient venus avec des voitures d'ambulance. Ils avaient fait habiller tous leurs blessés et les hommes étaient là, étendus sur les lits, dans leurs uniformes. Les voitures étaient attelées dans la cour... Si les Prussiens avaient été obligés d'évacuer la ville, en un quart d'heure, hommes et matériel, tout aurait été enlevé. Les Prussiens ne nous auraient laissé que cinq ou six hommes, trop malades pour être transportés. Les voitures arrivaient au galop apportant des blessés prussiens, et puis elles retournaient au galop vers le champ de bataille. Comme tout cela était organisé et marchait ! On ne déshabillait pas les blessés qui arrivaient, on les pansait, on les couchait sur des lits, on leur recommandait de ne pas parler, de ne rien dire de ce qui se passait dehors. Toutes ces choses nous faisaient espérer... Nous nous disions : « Ça va bien ! ça va bien ! et demain nous aurons les Français pour nos étrennes. »

Mais, vers le soir, la canonnade s'est arrêtée du côté des Français ; nos canons ont cessé de répondre à l'ar-

tillerie du vieux château. Et puis, à la nuit, les Prussiens sont rentrés dans la ville, criant, chantant, plus
durs et plus orgueilleux que jamais. Du 1ᵉʳ au 6 janvier,
rien, pas un coup de canon... Les Prussiens tranquilles dans Vendôme. Notre armée avait été repoussée,
cela était clair.

Le 7 au soir, la ville est inondée de soldats. Il était
arrivé tout un nouveau corps d'armée : infanterie,
cavalerie, artillerie. Le lendemain matin, je regarde
par une fenêtre sur la cour et je vois madame X... qui
était toute seule au milieu d'un groupe très-nombreux
d'officiers prussiens. Je descends... Les Prussiens
avaient cloué sur le mur du lycée un grand écriteau
portant ces mots : *Royaume de Prusse, tel corps d'armée, Lazareth...* Et d'autres Prussiens se préparaient
à accrocher au-dessus de la porte d'entrée le drapeau
noir et blanc. Madame X... avait été prévenue... Elle
arrivait. Elle va droit à un médecin-général prussien
qui était là, et lui dit : « Faites enlever tout de suite
» cette inscription. » Le médecin-général était tout surpris, il avait l'air de ne pas comprendre. Madame X...
alors continue : « Nous ne voulons pas devenir une
» ambulance Prussienne. Nous avons ici le drapeau avec
» la croix rouge. Nous le garderons. Nous avons tou
» jours soigné les blessés prussiens et les blessés fran
» çais. Vous n'avez pas le droit de nous imposer votre
» drapeau. Si vous faites cela, laissez-moi emporter mes
» blessés français. Je trouverai des charrettes et je les
» emmènerai. » Les officiers prussiens étaient très-

étonnés... Ils causaient entre eux à voix basse. Madame X... attendait, tête nue, par ce grand froid, au milieu de la cour. Enfin le médecin-général lui dit : « Nous » ne voulons pas vous faire de chagrin... » Mais madame X... lui coupe la parole et lui répond : « Je ne » vous demande pas de ne pas me faire de chagrin. Je » vous demande de faire ce qui est juste. Je veux bien » continuer à soigner vos blessés, mais je ne veux pas » rester ici sous le drapeau prussien. » Enfin elle a montré tant de fermeté que le médecin-général a fait enlever l'écriteau et n'a pas fait mettre le drapeau. Nous sommes restés comme nous étions avant.

A partir du 10, la ville est devenue plus triste que jamais. Les défilés de prisonniers français ont commencé. Du côté de Saint-Calais, sur la route couverte de neige, cinq ou six uhlans arrivaient au pas, le pistolet chargé au poing. Derrière les uhlans, une trentaine de fantassins avec leurs grandes capotes noires, leurs pantalons rentrés dans la demi-botte, leur casques pointus rejetés en arrière et s'appuyant presque sur le sac, la poche de toile sur le côté, la giberne sur le ventre, des gants bien chauds aux mains et une seconde paire de gants, attachée comme réserve à la ceinture par des ficelles.

A la suite de ces fantassins qui avaient tous le pas solide et la bonne mine de gens qui ne pâtissent pas, on voyait venir un vrai troupeau de mille ou douze cents Français, déguenillés et affamés, les pieds nus ou ensanglantés dans des semblants de souliers. Tous les uniformes étaient confondus, si on pouvait donner le nom d'uniformes aux habits délabrés que ces hommes avaient sur le corps. Des uhlans en serre-file un à un suivaient la route, de chaque côté de la colonne. Un détachement d'infanterie et un peloton de cuirassiers fermaient la marche.

Vendôme était une étape. Les prisonniers y passaient la nuit, mais, avant de les faire entrer à la prison ou dans une vieille grange ouverte à tous les vents, on les laissait toujours, au moins pendant une heure, dehors, les pieds gelés, l'estomac creux. Les habitants alors apportaient du pain, du vin, du fromage, des soupes, de l'eau-de-vie, et c'était une chose horrible de voir ces pauvres gens se disputer, s'arracher les morceaux, sous les yeux des Prussiens bien repus. On faisait ensuite entrer les prisonniers dans les bâtiments où ils devaient passer la nuit, et, le restant du jour, on les voyait aux croisées appelant, criant, demandant du pain. Ceux d'entre eux qui avaient de l'argent jetaient des pièces de monnaie ou des sous par les fenêtres. On allait leur chercher des vivres, et à l'aide de paniers attachés à des cordes, on leur envoyait ce qu'on avait acheté pour eux. Les sentinelles prussiennes généralement laissaient faire. Le maire et les habitants montraient beaucoup de dévouement et organisaient des distributions régulières de vivres. Les médecins de la ville, et aussi des habitants de Vendôme qui n'étaient pas médecins, mais qui se faisaient passer pour tels, réussissaient à pénétrer dans l'intérieur des

bâtiments et se faisaient remettre les hommes qui
étaient blessés, malades, ou incapables de continuer
la route. C'est ainsi qu'un libraire de la ville, en se
disant médecin, a délivré près de deux cents de ces
prisonniers, parmi lesquels le fils du général d'Aurelle
de Paladines, jeune capitaine au 39ᵉ de ligne, qui par-
vint à rejoindre l'armée française en traversant les
lignes prussiennes.

Tous les matins, à sept heures, l'escorte nouvelle qui
devait conduire les prisonniers à Blois se trouvait à la
porte de la prison, et, là, le commandant de place comptait les hommes. Un jour il lui en manqua cent, tant
on mettait d'industrie à les faire échapper. A sept
heures et demie, le convoi se mettait en marche, les
officiers en tête, et traversait la ville. Les femmes, sur
le passage des prisonniers, pleuraient... On leur criait :
« Courage ! au revoir ! » Et puis des portes s'ouvraient,
malgré les Prussiens qui avaient fait publier la défense d'ouvrir aucune porte de magasin ou d'allée. On
présentait aux prisonniers du pain, des morceaux de
viande, et quinze ou vingt hommes aussitôt se précipi-
taient. Il y en a quelquefois qui ont réussi à se jeter
dans le magasin ou dans l'allée et à se sauver. Les
uhlans arrivaient, chargeant sur les prisonniers, les
renversant avec le poitrail de leurs chevaux, les frappant avec le bois de leurs lances et les obligeant à
rejoindre le convoi, dont la marche était vive et accé-
lérée. Puis tout disparaissait et on se demandait quand
finiraient ces passages de prisonniers. Et ils ne finis-

saient pas. Après un convoi il en arrivait un autre, et un autre encore. Plus de vingt mille prisonniers ont dû passer ainsi par Vendôme.

Au milieu de toutes ces choses si tristes, nous avons eu cependant une histoire d'évasion qui nous a bien fait rire. Dans le commencement de décembre, il nous était arrivé un spahis, un grand nègre avec de grosses lèvres et des cheveux crépus. Il avait une blessure au bras. On l'avait soigné, guéri et, depuis les premiers jours de janvier, il allait et venait dans les cours du lycée, entortillé dans un vieux manteau rouge qui lui restait de son uniforme. Il parlait une espèce de charabia dans lequel il n'y avait pas un mot de français sur dix. Cependant il faisait tant de gestes et tant de grimaces, qu'on le comprenait par sa pantomime, plus que par son langage. Il tutoyait tout le monde. Il détestait les Allemands. Il montrait le poing aux officiers prussiens qui venaient au lycée. Il voulait toujours proposer des duels au couteau à tous les Allemands qu'il rencontrait. On avait bien de la peine à le faire rester tranquille.

Les Prussiens, de temps en temps, parlaient d'emmener en Allemagne comme prisonniers les blessés qui avaient l'air guéri. Alors on leur répondait que les blessés n'étaient pas encore assez guéris, qu'ils ne pourraient pas supporter le voyage... Dès qu'on voyait venir le médecin allemand, on faisait vite coucher tous les hommes qui étaient à se promener dans les cours et dans les salles, et ils se fourraient tout habillés dans

les lits avec des bonnets de coton sur les yeux. Enfin
on cherchait par tous les moyens à les sauver de
l'envoi en Allemagne. Le nègre nous causait bien du
tracas; il ne pouvait pas tenir en place. On était toujours occupé à le cacher, à l'empêcher de se montrer,
d'aller dans la rue... Il commença à être pris de tristesse et à dire qu'il voulait partir, qu'il s'ennuyait
trop, qu'il avait envie de recommencer à se battre
contre les Prussiens... Des blessés guéris, de temps
en temps, avaient bien réussi à passer les lignes prussiennes et à sortir de Vendôme; mais celui-là, avec sa
grande taille et sa figure noire comme de l'encre,
c'était une chose qui paraissait impossible.

Cependant, un matin, vers le 20 janvier, comme j'étais
à sortir des pains d'une petite charrette, je vois arriver
mon nègre avec un pantalon d'été gris clair qui lui
venait au milieu des jambes, une petite veste d'alpaga
marron et un grand chapeau de paille... Tout un costume du mois de juin qu'il avait déterré je ne sais où.
Il passe près de moi et me dit : « Pas parler... moi
» m'en aller, porte-toi bien. » Il traverse la cour et il
sort dans la rue. Nous étions là trois ou quatre. Ça
nous paraît si drôle, ce nègre de six pieds de haut, en
toilette d'été au mois de janvier et par un froid de tous
les diables, que nous nous mettons à le suivre de loin.
Il traverse la ville en se dandinant, faisant des grâces,
marchant tout doucement. Il passait devant les sentinelles prussiennes qui le regardaient, éclataient de rire
et ne pensaient pas à l'arrêter. Des gamins le suivaient

en poussant des cris. Il avait tout à fait l'air d'un masque du mardi gras. Il ne faisait attention ni aux cris ni aux gamins, et il allait tout droit son petit bonhomme de chemin sans se presser et sans se troubler. Il disait même bonjour de la tête aux factionnaires prussiens ; il les saluait avec son chapeau de paille et leur faisait des sourires et des grimaces. Alors les Prussiens riaient comme des fous. Je crois que ce qui l'a sauvé, c'était cette envie de rire qu'il donnait à tout le monde sur son passage. Le fait est qu'il a traversé toute la ville jusqu'au bout du grand faubourg ; il a passé bien posément sous le nez du poste prussien, et nous l'avons vu s'en aller dans la campagne. Nous n'avons plus jamais entendu parler de lui, mais bien sûr il n'a pas été pris, car on l'aurait ramené à Vendôme.

A dater du 20, les passages des prisonniers ont cessé. Les Prussiens nous disaient qu'il n'y avait plus d'armée de la Loire, que les Parisiens mouraient de faim et seraient bientôt obligés de capituler, que la guerre alors serait finie... Le 28 janvier au soir, nous avons entendu de grand cris dans la ville. Je suis sorti du lycée. Les Prussiens avaient allumé des torches et des feux de joie sur la grande place de la ville. Ils ont passé toute la nuit à boire et à chanter. Paris avait capitulé.

X

VILLERSEXEL

Et d'abord, je ne peux pas dire que j'ai fait la guerre. Je n'ai jamais été ce qu'on appelle un soldat. J'étais un paysan. On m'a pris un matin, au coin de mon champ, on m'a mis un fusil sur le dos et on m'a promené pendant des mois entiers, sur les grandes routes, avec l'estomac vide et des souliers percés. Je sais bien que les Prussiens ont été victorieux et que nous n'avons pas le droit de faire les fiers ; mais enfin, si les Prussiens n'avaient pas vaincu d'autre armée que celle où j'étais, ils ne seraient pas retournés chez eux avec beaucoup de gloire. Nous avons été battus par la misère, avant d'être battus par les Prussiens.

Nous sommes arrivés à Lyon dans les derniers jours de septembre. J'avais encore ma blouse bleue et mon

chapeau de paille. Dans les beaux quartiers, quand nous avons traversé la ville, on s'est mis à nous faire une fête, à nous acclamer, à applaudir, à agiter des mouchoirs aux fenêtres. On criait : « Vive la France ! Vivent les mobiles ! » C'était si fort que ça nous étonnait un peu de faire tant d'effet que ça. Alors, en passant, j'ai demandé à un bourgeois qui était à battre des mains sur le trottoir, pourquoi on était si content de nous voir. Il m'a répondu : « C'est pas vous qu'on applau-
» dit, c'est votre drapeau tricolore, parce que nous
» avons le drapeau rouge à la mairie, et que ça nous
» fait plaisir de voir l'autre. »

On nous envoie dans un camp, près de Lyon, on nous met avec deux autres bataillons de mobiles pour faire un régiment de marche et on commence à nous équi‐ per. De temps en temps on attrapait, celui-ci un pantalon, celui-là une paire de souliers. Enfin on prenait un peu l'air militaire. Nous sommes restés là pendant un mois.

Vers la fin d'octobre, un soir, à onze heures, on nous donne l'ordre de partir tout de suite et on nous conduit à une gare de chemin de fer. On nous met dans des wagons et nous y restons enfermés pendant trois heures. Après quoi, au milieu de la nuit, on nous dit de descendre et on nous ramène d'où nous venions. Ça nous avait fait marcher toute la nuit sous une pluie battante.

Pour nous expliquer ça, nos officiers nous racontent que tout est changé, que les Prussiens arrivent sur

Lyon, que ce n'est pas la peine d'aller au-devant d'eux, qu'on va les attendre derrière des retranchements. Alors, de cinq heures du matin à six heures du soir, on nous faisait travailler à remuer de la terre pour construire des fortifications autour de Lyon.

Après un mois de ce métier-là, à la fin de novembre, comme les Prussiens n'arrivaient pas, nous nous mettons en route pour aller les chercher. C'étaient les caravanes qui commençaient. Vous dire tous les endroits par où nous avons passé pendant deux mois, ça ne vous intéresserait peut-être pas beaucoup; et puis, au reste, je ne me rappelle pas tous les noms. Nous avons commencé par aller à Nevers. Là, nous avons touché des vivres et nous avons couché deux nuits dans une espèce de marais. On appelait ça le camp de Nevers.

Ensuite nous sommes allés à la Charité, à Cosne, à Gien. Et puis on nous a envoyés dans un endroit qui s'appelait Bois-Moran, pour remplacer deux compagnies de turcos qui protégeaient la ligne du chemin de fer. Là, nous avons été comme oubliés pendant dix jours, sans rien à faire et sans ordres. Le froid était déjà très-dur, mais on n'avait pas trop à se plaindre, parce qu'on faisait des râfles de volailles dans les fermes et qu'on se nourrissait bien. Après Bois-Moran, nous sommes partis, en repassant par Gien, pour aller rejoindre l'armée d'Orléans; mais nous sommes tombés dans l'armée d'Orléans, qui reculait devant les Prussiens, et alors nous avons reculé avec elle pour revenir à Gien. Pendant ce temps-là, une neige continuelle et puis de la misère, de la misère, toujours de la misère ! On ne manquait pas de cœur, mais on manquait de tout le reste.

Nous avons été sur le point d'être cernés et pris par les Allemands dans Gien ; c'est là que, pour la première fois, en reconnaissance sur la route de Châteauneuf, j'ai entendu le canon prussien. C'était le 7 ou le 8 décembre. On met le feu à la gare du chemin de fer, on jette dans la Loire les convois de vivres, on passe le pont et on s'en va du côté de Châtillon. A huit heures du soir, on fait sauter le pont sur la Loire. Nous avons marché toute la nuit. Il gelait à pierre fendre. Les chevaux d'artillerie ne pouvaient pas tirer les canons, à cause de la neige. Et il fallait voir dans quel désordre on était ! Les officiers cherchaient leurs soldats... Les soldats cherchaient leurs officiers. On n'a pas fait de distribution pendant plus de trente-six heures, et, sur le chemin, on ne trouvait pas un morceau de pain à acheter. Enfin je ne sais pas comment tout le monde n'est pas mort dans cette route jusqu'à Bourges. Ce qui empêchait d'être malade et de tomber de fatigue sur le bord des chemins, c'est qu'on se disait : « Si je tombe quelque part, j'y resterai, puisqu'il n'y a » ni ambulances, ni voitures pour ramasser les infir- » mes. »

A Bourges, on nous dit que nous devenons une nouvelle armée, sous le général Bourbaki. On nous cantonne, pendant huit ou dix jours, à Chalusse, dans une plaine de boue. Il paraît qu'il y avait eu une cir-

culaire du gouvernement qui ordonnait de nous faire
reposer. On nous donne des cartouches, ce qui n'était
pas du luxe, c'est à peine si on en avait et s'il
avait fallu se battre, les trois quarts des fusils du bataillon ne seraient pas partis, faute de cartouches.

Malgré la circulaire du gouvernement, nous n'étions
guère reposés, quand on s'est remis en route et quand
on a recommencé à aller et venir sans trop savoir, je
crois, ce qu'on faisait et où on allait. Je ne me souviens bien que d'un petit village, dont j'ai oublié le
nom, mais qui n'était pas loin du Creuzot. Là, j'ai eu
la chance de loger chez l'habitant, de coucher dans un
lit et de faire un bon dîner. D'abord j'avais frappé à
une porte; un monsieur du pays s'était montré à la
fenêtre et m'avait dit : « Ma femme vient d'avoir la
petite vérole, nous n'avons qu'un lit, mais si vous voulez, comme elle va mieux, elle vous le cédera. » Les
habitants nous faisaient souvent cette farce-là de nous
dire qu'il y avait chez eux la petite vérole. C'était une
façon de ne pas nous recevoir. Y avait-il ou n'y avait-il
pas la petite vérole? On ne savait pas, mais enfin ça
empêchait toujours d'entrer. Par bonheur j'ai trouvé
une brave femme — la plus brave femme que j'aie
rencontrée — qui m'a donné son lit et à manger tant
que j'ai voulu. Elle avait son fils dans l'armée de Metz,
caporal dans la garde, et, depuis le commencement de
la guerre, elle n'en avait pas eu de nouvelles; s'il était
mort, blessé, prisonnier, elle n'en savait rien. C'était

l'inquiétude qu'elle avait pour son garçon qui la rendait compatissante à la misère des autres.

Nous avons commencé l'année à Saint-Jean-de-Losne, tout près du Jura. — Prenez une carte et vous verrez que nous avions fait de la route. — Là, je me rappelle que j'ai encore couché chez l'habitant, chez un paysan, un ancien militaire qui me donna un bon lit, mais avec des draps tout sales qui, quelques jours avant, avaient servi à coucher deux Prussiens. On était si content d'être dans un lit qu'on ne faisait pas attention à ces choses-là. Nous sommes allés ensuite jusqu'à une ville qui s'appelait Auxonne, et là on nous a enfin donné des chassepots. Nous avions toujours nos fusils à piston. Du reste, pour l'usage que nous en avions fait jusque-là, fusil à pierre ou chassepot, c'était tout un. Nous n'avions pas vu un Prussien et pas brûlé une cartouche.

Depuis que les grands froids étaient arrivés, quand on couchait dehors, et ça arrivait huit nuits sur dix, il n'y avait pas moyen d'essayer de dormir sous les petites tentes. On serait mort de froid au bout d'une heure. Alors, on se mettait à dix ou douze, et, avec les toiles des tentes, on faisait une espèce d'abri circulaire, on allumait un grand feu au milieu, et l'on passait la nuit autour, assis sur les sacs, serrés les uns contre les autres, la tête dans les mains. On finissait par s'endormir, mais on avait le lendemain de rudes courbatures. Quand on pouvait attraper des échalas de vigne, on faisait des feux superbes, qui brûlaient sec et

qui réchauffaient bien, mais, le plus souvent, on n'avait
que du bois vert qui donnait plus de fumée que de chaleur. Aussi, à la longue, nous étions devenus noirs
comme des ramoneurs, et nous portions partout avec
nous une odeur de suie. C'est ce qui a le plus étonné
les Suisses, quand nous sommes arrivés chez eux, de
nous voir enfumés comme des jambons. Ils nous ont
fait prendre des bains, mais nous avons été très-long-
temps avant de reprendre notre couleur naturelle.

Nous avions un général de brigade qui était un très-
brave homme, qui s'occupait du soldat, qui faisait tout
ce qu'il pouvait. Un jour il m'a parlé. Il m'a dit d'avoir
du courage, que c'était notre devoir de supporter toutes ces fatigues, que c'était pour la France, etc., etc.
Le général avait toujours un air triste, quand il nous
regardait. On comprenait que ça le contrariait de nous
voir si malheureux. Le fait est qu'il n'y avait pas de
quoi être fier de commander à des guenilles pareilles.

Quant à la nourriture, quelquefois on n'avait rien
du tout à manger, et puis quelquefois on avait trop,
parce qu'on nous distribuait, d'un seul coup, trois ou
quatre jours de vivres. Alors, tout de suite, on man-
geait le plus qu'on pouvait, et puis, comme il y en
avait beaucoup qui n'avaient pas de sacs, ils ne savaient pas comment emporter le reste; ils en jetaient sur les routes, ils en donnaient aux paysans, et
dès le lendemain, ils n'avaient plus rien. Dans certains
villages, on ne trouvait ni pain ni viande. D'autres
régiments avaient passé avant nous et avaient tout pris,

mais on n'était pas pour rien en Bourgogne, et quand les habitants y mettaient de la complaisance, quand ils montraient un peu de patriotisme, on avait toujours à boire et trop même quelquefois. Je me rappelle un brave homme, à Mavilly, je crois, un petit pays du côté de Beaune; quand nous sommes arrivés, il s'est mis à sa fenêtre et il nous criait : « Venez par ici, » venez par ici, je n'ai pas de quoi vous donner à » manger, mais j'ai de quoi vous donner à boire. » Il nous apportait de pleins arrosoirs de gros vin de Bourgogne, et il nous disait : « Buvez, mes enfants, buvez, » quand il n'y en aura plus, il y en aura encore. On » dit que les Prussiens vont venir. Ils me boiraient » mon vin. J'aime mieux le faire boire par des Fran- » çais. »

Les chevaux étaient à faire pitié. Ils restaient quelquefois des quinze jours sans une poignée d'avoine. Ils rongeaient l'écorce des arbres, les roues des canons, les timons des voitures. Ils se mangeaient la queue et la crinière les uns aux autres. Très-souvent, quand on était à marcher sur une route, on voyait quelque chose qui faisait bosse sous la neige. C'était un cheval qui était tombé là et qui était mort de faim, de fatigue, de froid. Il avait neigé par-dessus le cheval, il avait gelé par-dessus la neige et il s'était formé alors une espèce de croûte durcie, d'où il sortait parfois une jambe ou la tête du cheval.

Nous avons été contents d'avoir des chassepots, et puis on nous promettait que nous allions enfin voir

les Prussiens. On a continué de marcher. Quand on passait la nuit dans un village, il y avait toujours des querelles pour se disputer les maisons. Un soir, par exemple, trois ou quatre jours après notre passage à Auxonne, on s'arrête le soir dans un endroit, et notre capitaine dit à un sergent : « Sergent, re-
» gardez combien on peut mettre d'hommes dans cette
» grange. » Alors le sergent entre dans la grange avec le fermier, et revient en disant : « Mon capitaine, on
» peut y mettre toute la compagnie, elle n'y aurait
» pas tenu le mois dernier ; mais elle y sera au large
» maintenant que nous n'avons plus que cinquante
» hommes, au lieu de cent cinquante. » Vous voyez comme on était réduit. Nous nous installons dans la grange. Le fermier était un brave homme qui ne nous chicane pas sur la paille. Nous nous faisons de bons lits par terre. On n'est pas long à se coucher et à s'endormir, mais voilà que, presque tout de suite, nous sommes réveillés par des cris. C'était notre capitaine qui se disputait avec un officier d'artillerie. On voulait nous faire déloger pour mettre des chevaux à notre place. « Ils ne tiennent plus sur leurs jambes, disait
» l'artilleur, et ils ne pourront pas emmener les canons
» demain matin, s'ils ne passent pas la nuit à couvert. »
Notre capitaine répondait : « Mes hommes sont plus
» fatigués que vos chevaux. » Ils se sont chamaillés comme ça, pendant un quart-d'heure, et je me rappelle que, couché dans ma paille et à moitié endormi, je me disais : « Ah bien ! par exemple, on peut amener ici

» tous les chevaux de l'armée, ils me marcheront des-
» sus, ils m'écraseront, ils feront sur moi tout ce qu'ils
» voudront, mais ça m'est égal, je ne bouge pas de là,
» je suis trop fatigué. » Enfin, l'artilleur a cédé, il s'en
est allé et on a pu dormir un peu.

C'est le 8 janvier, qu'après ces deux mois de marches et de contre-marches, nous avons à la fin pu nous
battre contre les Prussiens. Nous étions, depuis le matin, sur la lisière d'un petit bois. Le temps était un
peu radouci ; la neige était molle et on enfonçait dedans
jusqu'au-dessus de la cheville. Mes souliers ne me
tenaient plus aux pieds, et j'avais toujours peur de les
perdre. On nous avait placés en colonne dans une espèce de creux. Nous voyons arriver une batterie française sur une hauteur, devant nous, un peu à gauche,
et elle commence à tirer comme une enragée. Les
Prussiens se mettent à tirer aussi. Leurs obus éclataient dans la neige. Ça faisait de grands tourbillons
blancs, qui ressemblaient à de la crême fouettée. Les
biscaïens roulaient sur la neige et rebondissaient comme
des balles élastiques. D'où nous étions, bien abrités,
c'était vraiment curieux à regarder. Seulement, il
faisait chaud pour nos artilleurs ; mais ils étaient joli-
ment crânes, je vous en réponds. Ils restaient bien
tranquilles dans leurs grands manteaux noirs et ils
continuaient à manœuvrer leurs pièces. Quand des obus
éclataient trop près d'eux, ils levaient les bras en l'air
comme pour se garantir la figure. Ce sont des mouvements qu'on fait malgré soi. Les Prussiens commen-

cent à tirer plus juste sur la batterie. Cinq ou six de
nos artilleurs sont renversés, et ne se relèvent pas.
Alors, l'officier qui commandait la batterie fait réatteler
les chevaux aux pièces, appuie à droite et vient se mettre en position, juste en face de nous.

Nous avions un sergent qui connaissait son affaire,
qui avait été en Crimée, en Italie, au Mexique, et qui
s'était échappé de Sedan. Il nous dit : « Gare à nous !
» ça va chauffer, ils changent de place pour dérouter
» les Prussiens. C'est nous qui allons être *les mar-*
» *rons.* »

En effet, ça n'a pas tardé. Les obus commencent à
tomber comme grêle à droite, à gauche, devant, derrière. Un quart d'heure après, il y avait une vingtaine
d'hommes qui grouillaient par terre et qui criaient avec
des bras et des jambes démolis. Le général, qui passait
par là, et qui avait entendu tous ces cris, arrive au
galop et demande : « Qu'est-ce que c'est ? » On lui
montre le tas de morts et de blessés. « Pourquoi avez-
» vous laissé là le bataillon ? dit-il à notre commandant ;
» quand la batterie a appuyé à droite, il fallait appuyer
» à gauche. — Ah ! je ne savais pas, reprend le com-
» mandant. »

Depuis ce jour-là, nous n'avons plus eu de confiance
dans notre commandant. On l'aimait bien parce que
c'était un brave homme et qu'il avait de la bonne volonté, mais on n'avait plus confiance en lui.

Enfin on nous fait faire le mouvement et on nous
met à l'abri. Les Prussiens cessent de tirer. On nous

dit que nous allons attaquer un gros village qu'on voyait près de là. C'était Villersexel. Ma section est détachée en tirailleurs. Nous faisions une grande ligne d'au moins deux kilomètres. Le colonel arrive et crie : « En avant ! vive la France ! » Le commandant à son tour crie : « En avant! vive la République! » parce que le colonel disait toujours : Vive la France ! et le commandant toujours : Vive la République ! Ils n'étaient pas d'accord sur la politique. Mais ça ne les empêchait pas d'avoir bon cœur tous les deux; et on était bien libre, après tout, de crier ce qu'on voulait dans des moments pareils. Et cependant, en y pensant, ça aurait peut être mieux valu, si tout le monde avait crié la même chose.

Au moment où le commandant levait son sabre en l'air en criant : Vive la République! une balle lui arrive dans la poitrine et le fait tomber de cheval. Nous continuons à marcher du côté du village. Les balles nous sifflaient tout le temps aux oreilles. Je vois des Prussiens avec des casques qui nous tiraient par les fenêtres. C'était la première fois que j'en voyais, et il y avait deux mois que nous marchions dans tous les sens pour en rencontrer. Nous allons toujours en avant, malgré les balles. On était bien en train ce jour-là, on était vraiment content de pouvoir se dire : « Enfin nous faisons autre chose que de crever de faim » et de froid. Nous voyons des Prussiens et nous tirons » dessus. » Le fait est qu'on leur envoyait des coups de fusil, et si dru, si dru, qu'ils commencent à sortir

des maisons et à se glisser le long des murailles,
courbés en deux. Les officiers criaient toujours : « En
avant ! En avant ! » Et nous entrons dans le village,
et nous entrons dans les maisons, et j'ai la chance de
dénicher un Prussien qui était caché derrière un tas de
fagots. Il croyait apparemment que j'allais le tuer, car
il tombe à genoux, et il me dit à mains jointes : « Pas
» mal ! pas mal ! bon Français ! bon Français ! » Je
ne sais pas trop ce qui se serait passé, si j'avais été
déniché par un Prussien derrière un tas de fagots, .
mais il me semble bien cependant que je ne me serais
pas mis à genoux devant lui et que je ne l'aurais pas
appelé : « Bon Prussien ! »

Pendant que j'étais occupé à faire mon prisonnier,
voilà que la fusillade qui s'était calmée reprend presque
aussi fort qu'avant. Les Prussiens n'avaient pas quitté
le village et ils occupaient encore pas mal de maisons.
Le reste de la journée se passe à prendre ces maisons
une à une, et presque tout le village était à nous quand
la nuit arriva. Seulement il restait sur la place une
grande maison toute pleine de Prussiens qui avaient
fait des trous dans le mur et qui tiraient par là. Ils
avaient barricadé la porte. On leur avait fait somma-
tion de se rendre, et ils n'avaient pas voulu. On demande des hommes de bonne volonté pour aller brûler
la maison et les Prussiens avec, s'ils s'obstinent à ne
pas sortir. J'y vais et de bon cœur parce que j'ai de la
famille à Étrepagny, dans l'Eure, et que j'avais appris
que la maison de ma tante avait été brûlée par les

Prussiens, sans motif, par pure méchanceté, et que ma tante, qui est une très-vieille femme, avait manqué rôtir dedans. Nous allions, avec des camarades, prendre de grands fagots sous un hangar ; nous les mettions sur notre tête, nous traversions la place en courant et nous déposions nos fagots sous la porte cochère. Les Prussiens, par les fenêtres, nous tiraient dessus, mais au hasard, parce qu'il faisait noir comme dans un four. Personne n'est blessé ; un sapeur du génie va mettre le feu aux fagots et la maison commence à brûler. Les Prussiens alors veulent se sauver par les fenêtres du rez-de-chaussée, et tous ceux qu'on ne tue pas, on les fait prisonniers.

Voyant le résultat, on trouve que le moyen a du bon et une douzaine de maisons s'allument dans le village. La fusillade marchait toujours. On entendait crier les blessés, craquer les murs, les charpentes tomber, les tuiles dégringoler. Ça faisait un vacarme d'enfer. On était comme fou. On continuait à tirer des coups de fusil, dans la nuit, au risque d'attraper des camarades, ce qui est arrivé plus d'une fois. Enfin, le grand château, qui est au milieu du village, se met à flamber à son tour ; mais il paraît que ce n'est pas nous qui y avons mis le feu ; ce sont les Prussiens, avant de se sauver. Il nous arrive du renfort. Toutes les maisons sont occupées ou brûlées. Tous les Prussiens sont tués, pris ou partis. Nos officiers nous disent que nous avons gagné la bataille. Il était temps que ça finît, car voilà vingt-quatre heures que cela durait et on n'en pouvait plus. On soupe comme on peut. Nous nous couchons par terre dans l'église, pêle-mêle, Français et prisonniers prussiens. Il faisait un très-grand froid , et cependant j'ai dormi comme une marmotte, roulé dans une couverture.

Et les jours suivants, au lieu d'avancer, on s'est arrêté, et puis on s'est mis à reculer, à aller par ici, par là. C'étaient les caravanes qui recommençaient. Cependant, jusque vers le 17 ou le 18, on s'est assez bien tenu. La cavalerie et l'artillerie prussiennes nous poursuivaient, mais nos canons répondaient aux canons de l'ennemi, et nous aurions pu encore nous battre un peu, si on avait voulu. A partir du 18, on s'est mis à marcher en désordre et aussi vite que possible du côté de Besançon.

Et c'est pendant cette route qu'une nuit, dans le bois de Chagey, nous avons trouvé moyen de faire une bonne partie de rire. Nous étions huit ou dix, assis par terre dans la neige, autour d'un feu qui ne voulait pas flamber. Notre colonel allait et venait sur la route, très-vite, à pied, pour se réchauffer. Il était justement tout près de nous, quand arrive un jeune capitaine d'état-major... « Mon colonel, dit-il, pour protéger la » retraite, faites faire tout de suite au régiment par le » flanc droit... ou gauche... je ne me rappelle plus... » mais je sais qu'il faut se dépêcher. — Capitaine, ré- » pond le colonel, vous devriez vous rappeler ce que » le général vous a dit. Est-ce le flanc droit ou le » flanc gauche ? C'est très-important. — Ah ! dame,

» répond le capitaine, j'ai oublié, et puis qu'est-ce
» que vous voulez ? je n'entends rien à tout ça. J'étais
» avocat avant la guerre... Ce que j'en fais, c'est par
» complaisance. »

Alors, pendant que le colonel et le capitaine se mettent à se disputer, voilà que nous commençons à nous
interroger sur ce que c'est au juste qu'un avocat... Et
un de nos camarades, pour nous expliquer ce que c'est,
nous raconte une histoire qui était à mourir de rire :
on lui avait volé des poules une nuit, alors il avait soup-
çonné un de ses voisins ; il lui avait intenté un procès ;
il avait fait marché avec un avocat à vingt francs si le
procès était gagné, et à dix s'il était perdu ; à la fin,
il avait donné des coups à l'avocat et il avait eu un
autre procès pour l'avoir battu... etc., etc... Je ne
vais pas vous raconter ça en détail, parce que ça n'a
aucun rapport avec la guerre, mais c'était tout ce
qu'on peut imaginer de plus comique, et ce qu'il y a de
sûr c'est que nous en avons bien ri... Nous étions
étonnés nous-mêmes d'être si gais que ça dans des moments pareils.

C'est tout à fait à la fin de janvier que nous sommes
entrés en Suisse, toujours avec les Prussiens sur nos
talons. Nous avons traversé une grande forêt de sapins,
et nous sommes arrivés à un petit pont en pierre, qui
passait sur un torrent. C'était la frontière. De l'autre
côté du pont, il y avait un petit poste de vingt soldats
suisses avec de grandes capotes grises et de grosses
guêtres de drap... Comme ils étaient chaudement ha-

billés!... Il fallait voir nos vieilles loques à côté de
leurs uniformes. Nous avons traversé le pont. Il y
avait déjà de grands tas de fusils sur le bord de la
route. En passant, nous avons jeté aussi nos fusils,
et un officier suisse nous a indiqué notre chemin.
Nous nous sommes arrêtés à une petite ville, et nous
avons trouvé là de bien braves gens. On nous a mis
dans l'église protestante, et tous les habitants arrivaient avec de grosses bottes de paille, avec des couvertures. Les femmes nous ont apporté du pain, du
vin et de grands seaux de soupe bien chaude. Le lendemain, une vieille dame me donnait de bons souliers,
un paletot et une paire de gants.

Voilà, en gros, ce qui m'est arrivé pendant la guerre.
On a été bien malheureux, et cependant, si on recommence un jour à se battre contre les Prussiens,
j'en serai et de bon cœur. Seulement il faut espérer
que, cette fois-là, le gouvernement s'arrangera pour
nous donner des officiers, des armes, des vivres, des
souliers... enfin tout ce qui nous a manqué.

XI

ROUEN

Le 13 février 1871, à midi, nous quittons Goderville. A une lieue de là, sur la route de Fauville, nous rencontrons *notre premier Prussien*. Nous ne sommes plus en France, nous sommes en Allemagne ; nous entrons dans le territoire prussien, pour ne le quitter qu'au milieu du pont de Neuilly. *Ce premier Prussien* était un dragon de la garde royale, qui seul, à pied, casque en tête, avec son grand manteau bleu et ses grosses bottes, s'en allait, d'un pas lourd, du côté de Goderville.

Nous arrivons à une heure et demie à Fauville, qui regorge de soldats allemands. Ce sont des Prussiens, de vrais Prussiens, des *landwers* avec le schako à double visière. Il y a deux types caractérisés dans l'armée prussienne : l'Allemand *joufflu* et l'Allemand *barbu*. Le *barbu* a l'air maussade, revêche, triste, dur, brutal ; le *joufflu* vous montre une grosse figure rougeaude, épanouie, souriante, ingénue, naïve. Barbus et joufflus, d'ailleurs, crèvent de santé. Il faut les voir de près, ces Allemands qui, dans les proclamations de M. Gambetta, étaient démoralisés, abattus, harassés, las de la guerre. Tous ces solides coffres allemands sont bondés de notre viande et gorgés de notre vin.

Nous continuons notre route. Il est trois heures quand nous nous arrêtons à Yvetot, devant le perron de l'hôtel des Victoires. L'hôtel des Victoires !... Des bandes de Prussiens et des bandes de mendiants, voilà Yvetot ! Et plus de mendiants encore que de Prussiens. La misère est horrible. Yvetot compte une très-nombreuse population de tisserands, et pas un métier n'a marché depuis six mois. Ce matin, les Prussiens ont présenté à la mairie d'Yvetot une petite facture de quatre cent-cinquante mille francs. Toutes les mairies ont reçu leur *note*. On demande quarante, cinquante, soixante mille francs à des communes qui n'ont pas trois mille francs de budget annuel. Les Prussiens ne perdent jamais leur temps et savent *s'occuper* pendant un armistice. On réclame, on se plaint, on supplie M. de Bismarck d'accorder au moins des réductions, et M. de Bismarck répond que ces impositions ont été calculées régulièrement d'après le *taux légal* de vingt-cinq francs par habitant des campagnes et de cin-

quante francs par habitant des villes. Le taux légal !
Il y a un intérêt de la guerre comme il y a un intérêt
de l'argent. La guerre est devenue une affaire, une
entreprise, une spéculation commerciale. Ce qui est
véritablement odieux dans toute cette campagne, c'est
la préméditation, c'est l'organisation, c'est la réglemen-
tation du pillage, de la réquisition, de l'incendie.

J'habitais un village de Normandie pendant la guerre.
Quand les dragons de la garde royale sont arrivés
dans ce village, un officier, qui avait tout l'air d'un
homme parfaitement distingué, est entré dans la salle
de la mairie, et, après un salut fort courtois, nous
a dit :

— Mes hommes sont en train de détruire le télégraphe. Ayez la bonté de prévenir les propriétaires du
pays que si on rétablit le télégraphe, nous imposerons
une amende de dix mille francs et nous incendierons
le village.

Cet officier nous faisait cette menace, le sourire aux
lèvres, avec une impertinente affectation de politesse.
Et cette menace, dans sa bouche, n'était pas vaine. Il
n'aurait pas brûlé tout le village, mais huit ou dix
maisons, choisies avec soin, marquées à la craie, les
maisons qui auraient paru *combustibles*. La campagne
de France a été pleine d'exécutions de ce genre. Un
petit corps prussien est surpris dans Étrepagny par
des troupes venues de Rouen. Deux jours après, les
Prussiens brûlaient quarante maisons dans Étrepagny.

Pendant qu'on change les chevaux de notre voiture,

nous nous promenons dans les rues de la ville. Au milieu de tous ces Prussiens et de tous ces mendiants, se traîne sur deux béquilles un de nos malheureux soldats, enveloppé d'une grande capote grise en guenilles. Une charrette passe, conduite par un soldat prussien, qui, gras, rose, rebondi, reluisant, fume une grande pipe de porcelaine blanche. La charrette est pleine de paille, et sur cette paille sont étendus, roulés dans des couvertures grises, quatre prussiens, les joues creuses, les yeux ardents, tremblant la fièvre. Notre pauvre soldat, avec ses deux béquilles, s'arrête, se range contre le mur pour laisser passer la charrette.

Nous remontons en voiture.

— Tu n'arriveras pas à Rouen avant la nuit, dit à notre cocher le garçon d'écurie, prends des bougies pour tes lanternes.

— Ah! ce n'est pas la peine, répond le cocher. Il n'y a plus de gendarmerie, plus de police, plus de procès-verbaux... Faisons des économies de bougie. Profitons au moins *du bon des Prussiens*.

Et, en disant cela, il me regardait, riant d'un gros rire bête qui voulait être fin.

Nous partons. Sur la route, jusqu'à Barentin, nous sommes poursuivis par des troupes de mendiants : vieillards, femmes, enfants. Ils courent après la voiture, s'accrochent aux portières, criant d'une voix lamentable : La charité! un peu de pain!

Dix minutes de halte à Barentin. L'écurie de l'hôtel est pleine de chevaux et de dragons prussiens. Les chevaux mangent l'avoine. Les hommes fument et font cercle autour d'un de leurs camarades qui leur chante... la *Marseillaise!...* oui, la *Marseillaise!* en français, mais avec quel accent!

Le chur te cloire est arifé.

Le jour de gloire! la *Marseillaise!...* Je me rappelle ces bandes qui, dans les derniers jours de juillet, défilaient sur le boulevard, criant : A Berlin! et chantant la *Marseillaise...* Le résultat de toutes ces fautes, de toutes ces folies, c'est un dragon de la garde royale prussienne qui, dans une écurie de Barentin, pour égayer ses camarades, leur chante à tue-tête :

Le chur te cloire est arifé.

Je fais quelques pas dans la grande rue de Barentin. Deux femmes se tenaient sur le seuil d'une pauvre maison; assis par terre devant ces deux femmes, un petit garçon d'une dizaine d'années, pâle, maigre, effrayant à voir. Je m'approche; j'offre à l'enfant une pièce de dix sous. Il hésite, regarde sa mère :

— Oh! tu peux prendre, dit-elle, tu peux prendre; on est si malheureux maintenant!

L'enfant prend les dix sous.

La pauvre femme continue :

— Vous allez à Paris, monsieur?

— Oui.

— Ah! monsieur, que Paris nous fasse avoir la paix!

Il est temps que tout cela finisse. On n'a pas de quoi manger, et il faut nourrir les Prussiens. Voilà plus de deux mois que j'en ai un, logé à la maison. Il veut toujours de la viande et menace de tout casser si on ne lui en donne pas. Il dit qu'il a droit à tant de viande, qu'il n'a pas son poids. J'ai là mon frère qui est malade de la guerre ; je suis obligé de lui mesurer la nourriture, et il faut que je donne tous les jours deux gros morceaux de bœuf à mon Prussien.

Écrites, ces choses-là ne sont rien ; mais *dites*, elles étaient navrantes. On ne saurait faire comprendre tout ce qu'il y avait de tristesse, de misère et d'humiliation dans deux simples mots : *Mon Prussien*.

Je dis à cette pauvre femme :

— Votre frère était soldat ?

— Oui, monsieur, dans la ligne, à l'armée de la Loire.

— Et il a été blessé ?

— Malheureusement non. Il aurait plus facilement guéri d'une blessure que du mal qu'il a pris. La misère en a tué bien plus que les balles des Prussiens.

— Peut-on le voir, votre frère ?

— Oui, il est là ; entrez.

J'entre, et, dans le fond d'une grande pièce humide et sombre, sur un grabat, enfoui sous des loques et des guenilles, je vois un jeune homme d'une vingtaine d'années. Ce n'était plus une figure humaine ; c'était une tête de mort qui essayait de voir, d'entendre et de parler.

— Eh bien, mon garçon, vous êtes malade ?

— Oh! oui, monsieur, bien malade. Je ne sais pas ce que j'ai, mais ça ne va pas. Je n'ai pas eu la chance d'être tué là-bas. C'est bien dommage. Tout serait fini.

— Il ne faut pas dire de ces choses-là. Vous allez être bien vite guéri.

— Non, monsieur, non, je ne guérirai pas, et je serai peut-être long à mourir. C'est ce qui me fait peur.

— Vous étiez dans l'armée du général Chanzy?

— Je crois que oui, monsieur, mais je n'ai jamais vu de général, ni celui-là, ni un autre. Je n'ai jamais vu, non plus, de Prussiens... Je n'ai pas tiré un coup de fusil. J'ai marché pendant trois mois dans la boue, dans la neige, du côté d'Orléans, du côté du Mans. Nous aurions mieux aimé nous battre, mais nous n'avons pas eu de chance, nous tombions toujours dans les déroutes, et alors il n'y avait plus qu'à se sauver devant les Prussiens.

Nous partons, nous traversons Barentin. Dans toutes les maisons des dragons prussiens. Ce n'est plus la guerre; c'est quelque chose de plus triste et de plus affreux encore : c'est l'occupation paisible de la France par les Prussiens. Devant la porte d'une maison, un dragon cirait ses grosses bottes de cheval. Il avait le bras gauche entré dans la botte, et du bras droit frottait, frottait, frottait vigoureusement. De temps en temps, il s'arrêtait, regardait sa botte, prenait du cirage, crachait sur sa brosse et se remettait à frotter de plus belle. Cinq ou six enfants déguenillés le contemplaient avec admiration. Tout d'un coup, le dragon prussien eut une idée spirituelle... Il mit sa brosse sous le nez d'un des enfants et lui barbouilla la figure avec du cirage. Les autres enfants poussèrent des cris de joie et se mirent à houspiller leur petit camarade qui pleurait. Le dragon riait bruyamment. Ce n'était rien et c'était horrible. Je me rejetai au fond de la voiture. Des larmes me venaient aux yeux.

Nous arrivons à Rouen, à huit heures du soir. La ville est lugubre; toutes les boutiques fermées; les cafés seuls ouverts et remplis d'officiers prussiens. Dans les rues des soldats allemands. Point ou peu de Français.

Nous dînons à l'hôtel, puis nous allons faire un tour dans la ville. Le soir, à dix heures, nous rentrions à l'hôtel par la rue du Grand-Pont, quand nous sommes heurtés par un Rouennais qui sortait violemment de l'allée d'une maison, tenant un soldat prussien par le bras, le tirant derrière lui et criant :

— Venez chez l'opticien ! venez chez l'opticien !

Il était impossible de ne pas être intrigué par le spectacle de ce Prussien, ainsi conduit de vive force, à dix heures du soir, chez l'opticien. Nous rebroussons chemin, et, nous aussi, nous allons chez l'opticien. La route ne fut pas longue. L'opticien demeurait à quelques pas de là. Les volets de sa boutique étaient fermés, mais, lui, prenait l'air et fumait sa pipe, assis sur une chaise, devant sa porte ouverte. Quand le Rouennais fut arrivé devant l'opticien, il s'écria : « Soyez

» juge, » et mettant avec fureur son poing sous le nez
du Prussien, qui était étonnamment calme, il ajouta :

« Je l'ai fait manger ce matin à huit heures, je l'ai
» fait manger à midi, je l'ai fait manger à six heures,
» et il veut encore manger avant de se coucher. Soyez
» juge. »

L'opticien se recueillit un peu, puis adressa, en allemand, un petit discours au Prussien ; mais ce petit
discours ne fut pas du goût du Prussien, qui sortit de
son calme pour *crier* deux ou trois fois phrases rau-
ques, dans lesquelles le mot : *Fleisch ! fleisch !* revenait
constamment. Après quoi, l'opticien, quittant la langue
allemande pour la française, dit au Rouennais :

— Il reconnaît avoir pris trois repas et il déclare
que trois repas lui suffiraient, si on lui donnait assez
de viande à chaque repas, mais il dit qu'il n'y a jamais
assez de viande.

Le Prussien, alors, d'intervenir et de dire :

— Ia ! ia ! Fiante ! fiante !

Nous nous éloignâmes. Le cœur nous montait aux
lèvres. Cette discussion bestiale, ce Prussien qui voulait de la viande, ce Français qui disait : « Je l'ai fait
manger trois fois depuis ce matin , » et l'arbitrage de cet
opticien qui essayait de concilier la voracité du Prussien avec l'économie du Rouennais, voilà donc la guerre
et la victoire au dix-neuvième siècle !

Les correspondances du *Times* avaient eu pour moi
jusqu'ici une certaine autorité. Je les croyais exactes et
sincères. Je découvre qu'il faut un peu rabattre de cette

confiance. Le *Times* publiait, il y a quelques jours, — le 6 de ce mois, — une correspondance datée de Rouen, et le reporter anglais racontait que cette ville était devenue un Éden depuis l'occupation prussienne. Les Allemands déclaraient que Rouen était un séjour délicieux, et que les Rouennais étaient charmés de la présence des Allemands. Je n'invente pas, je traduis :

« La population paraît aussi heureuse et aussi indif-
» férente que si le siége de Paris et la moitié de la
» France aux mains des Allemands constituaient un
» état de choses normal. Quand les musiques alle-
» mandes jouent dans les squares publics, elles ont un
» auditoire distingué de dames et de gentlemen fran-
» çais. Une Rouennaise, scandalisée de la conduite
» des femmes de la ville, me disait avec indignation
» qu'elle croyait que les jeunes filles seraient très-heu-
» reuses d'avoir des bals et de danser avec les officiers
» prussiens, *si ce n'était pour l'effet de la chose.* Di-
» manche, dans l'après-midi, les quais étaient remplis
» d'une foule de badauds qui ressemblaient tout à fait
» aux promeneurs habituels du boulevard des Italiens.
» Soit à cause de la grande quantité d'argent répandu
» dans la ville par les Allemands, soit à cause de la
» fascination (*fascination*) de leurs grandes belles tour-
» nures et de leur bonne humeur générale, je pense
» que la population rouennaise, et surtout les proprié-
» taires de cafés, seraient très-contrariés de voir partir
» les Prussiens. Aussi, les rues de Rouen sont-elles

» aussi vivantes et aussi gaies que jamais. (*As lively*
» *and as gay as ever*.) »

Eh bien ! je ne sais pas ce qui se passe le dimanche
sur les quais, mais je sais que Rouen ce soir est aussi
vivant et aussi gai qu'un tombeau. Les rues désertes,
pas une boutique, pas un théâtre ouvert. J'ai parcouru
la ville dans tous les sens. Seul un ignoble café-concert
de troisième ordre donnait une représentation. Au fond
d'une salle fumeuse, perchée sur une estrade, une malheureuse créature blonde, avec une robe de soie bleue
fanée et une rose dans les cheveux, chantait d'une voix
fausse, devant une vingtaine de sous-officiers allemands, la romance des *Noces de Jeannette* :

Cours, mon aiguille, dans la laine.

Je rentre à l'hôtel. Cinq ou six personnes sont réunies dans le bureau. Le maître de l'hôtel, un journal
à la main, donne, à haute voix, lecture d'une dépêche
qui apporte le résultat des élections de Paris : Félix
Pyat, Malon, Millière, Tolain, Clémenceau, Razoua,
Greppo, etc., etc. J'ai vu bien souvent des physionomies exprimant la surprise, mais jamais je n'ai vu
d'étonnement comparable à la stupeur de ces provin-
ciaux.

Je passe devant la cuisine. Je vois deux soldats prussiens qui essuyaient et empilaient des assiettes : « Nous
» avons à loger une dizaine de soldats, me dit le gar-
» çon d'hôtel; ces deux-là s'ennuyaient de ne rien

» faire ; ils ont demandé au patron la permission de
» laver la vaisselle, le soir. »

14 février. — Ce matin, à neuf heures, sur la grande
place, devant l'église Saint-Ouen, manœuvre un régiment prussien. De chaque côté de l'église, des recrues wurtembergeoises font leur apprentissage. Les
hommes sont pris un à un et, sous la direction d'un
instructeur , cherchent à attraper le *pas prussien.*
Quand nous marchons, nous autres Français, nous levons le pied en l'air, puis nous le portons en avant et
nous le reposons tout simplement par terre, au bout
de l'enjambée. Ainsi font les Anglais, les Italiens, les
Chinois et les Turcs , mais ainsi ne font pas les
Prussiens. Pour attraper le *pas prussien* , il faut
d'abord se roidir de toutes ses forces, rejeter les
épaules en arrière, projeter vigoureusement le ventre
en dehors ; puis, quand on est, de la sorte, fortement
tendu et contracté du haut en bas, au premier signal,
on lance violemment, automatiquement et aussi haut
que possible, la jambe droite en avant, toute roide,
sans la moindre inflexion du genou. Quand la jambe
droite est arrivée à bon port, la jambe gauche doit partir comme un ressort, avec la même vigueur, la même
rigidité. Et la machine ne doit plus s'arrêter. Voilà le
pas prussien.

Il faut que l'Allemagne tout entière se mette au pas
de la Prusse, et ces malheureux conscrits se donnent
une peine infinie pour devenir de parfaits Prussiens. Il
y en avait un surtout, un petit, tout petit Wurtember-

geois, vrai bébé de vingt ans, avec une figure rouge
et des cheveux jaunes, qui s'épuisait dans une puis-
sante concentration de toutes ses forces, pour venir à
bout de ce terrible pas prussien. Il se campait sur ses
petites jambes, redressait sa petite taille ; puis, cambré
à la façon d'un clown, les veines gonflées, il attendait
avec anxiété le signal du départ. L'état de préparation
paraissait très-satisfaisant. L'instructeur criait : En
avant! et le petit Wurtembergeois se mettait en mouvement ; mais, hélas ! ce n'était pas cette projection
sèche et géométrique de la jambe qui caractérise la
pure démarche prussienne. C'était un pas quelconque,
sans couleur, sans relief, sans originalité. L'instructeur
aussitôt criait : Halte! et accablait de sottises le petit
Wurtembergeois qui s'arrêtait découragé, désespéré.
« Je n'y arriverai jamais, se disait-il, je ne deviendrai
» jamais un vrai Prussien. » L'instructeur s'emparait
du petit Wurtembergeois, le tournait, le retournait, le
manipulait, l'apprêtait et lui adressait un long discours, puis, tout d'un coup, pour joindre l'exemple à
la théorie, au milieu d'une phrase, s'interrompant
brusquement, s'écriait : « *Sieh mich an...* (Regardez-
» moi...) » Et alors... et alors... Ah ! que c'était bien le
pas prussien ! Il se mettait en marche, le sergent instructeur. Un vrai soldat de bois mécanique. Quatre pas
en avant... demi-tour à droite... encore quatre pas...
demi-tour à droite... Et le sergent instructeur manœu-
vrait autour du petit Wurtembergeois, lequel se tenait
immobile, ébahi, émerveillé, écrasé d'admiration, de-

vant cette mécanique si parfaitement exacte et correcte.

Sur la place, devant l'église, un régiment tout entier faisait l'exercice. Deux ouvriers, à côté de moi, regardaient et causaient.

— Voilà tout de même des soldats, disait l'un de ces ouvriers, de vrais soldats.

— Oui, ça marche droit.

— Ah ! si nos mobiles avaient manœuvré comme ça !

— Manœuvrer comme ça ? des Français ! Il ne faut pas compter là-dessus.

— Et pourquoi donc ?

— Parce que c'est la discipline prussienne qui fait des hommes comme ça, des hommes qui ne sont plus des hommes, qui sont des machines. Vois-tu, ce n'est pas des soldats français qui se laisseront mener à coups de pied et à coups de cravache.

— C'est vrai.

— Hier, à la maison, j'entends crier dans l'écurie. Je vais voir ce que c'est. C'était un petit moutard de sous-lieutenant prussien qui donnait une raclée à un grand dragon. Le dragon a fini par tomber à genoux dans le fumier et par demander grâce. Il avait de grosses larmes qui lui roulaient dans les yeux, et ça lui a valu, en manière de pardon, un dernier coup de cravache sur la figure. Est-ce qu'on a jamais vu ça dans l'armée française ? un vieux soldat pleurant dans le crottin, à genoux devant un blanc-bec d'officier ! Un Français ne supporterait pas ça !

— Et il aurait bien raison de ne pas le supporter !

J'entre chez un libraire. Je trouve de mauvais romans, et puis les *Nuits de César,* le *Mariage d'une Espagnole,* etc. Rien de tout cela ne faisait mon affaire. Le libraire était désolé.

— Je n'ai plus rien, me dit-il, la province ravitaille Paris de pain et de viande ; il est temps que Paris nous ravitaille de livres.

Je lui demande s'il n'a pas des volumes de la petite bibliothèque à cinq sous.

— Je crois, me répond-il, qu'il m'en reste quelques volumes, mais ils sont dans l'arrière-boutique, au fond d'une armoire.

— Montrez-les-moi.

— C'est que j'ai là mes quatre Prussiens qui déjeunent.

— Ah ! vous avez quatre Prussiens ?

— J'en ai eu plus que ça ; j'en ai eu jusqu'à sept.

— Eh bien ! nous les dérangerons, vos Prussiens.

Nous entrons dans l'arrière-boutique. Les quatre Prussiens étaient là, attablés devant une immense ratatouille de viande, de lard et de pommes de terre. Deux de ces hommes se lèvent de fort bonne grâce, nous laissent chercher dans l'armoire, et, dans le dos de ces Prussiens, nous trouvons deux petits volumes de Molière et deux de Racine.

Nous déjeunons ; la grande salle du restaurant est pleine d'officiers allemands. Le maître d'hôtel ne s'approchait jamais de notre table sans nous dire :

— Ah ! ça fait plaisir de servir des Français ! Nous

ne voyons plus que des Prussiens... La maison ne désemplit pas.

— Et votre patron gagne beaucoup d'argent?

— Jamais il n'en a tant gagné. Dame, vous comprenez, on les fait payer. Mais c'est le café surtout qui rapporte, parce que les Prussiens ont une façon à eux d'aller au café. Ce n'est pas du tout comme nos officiers à nous, qui arrivaient à une heure, et restaient là jusqu'à cinq et six heures du soir pour une demi-tasse et un verre de cognac. Les Prussiens arrivent courant, courant. Ils sont toujours pressés : « Vite, vite, servez! » Et des punchs, et des bouteilles de madère, et du champagne! Puis ils se sauvent, ils vont à leur affaire; parce que, c'est une justice à leur rendre, ils s'occupent de leur affaire. Il y en a qui viennent jusqu'à cinq et six fois par jour, et pas pour des consommations de quarante centimes. Vous comprenez que ça rapporte plus d'argent que les officiers français. Mais ça ne fait rien, c'est tout de même bien dur d'avoir à servir ces gens-là!

A midi, nous partons entassés dans la diligence de Louviers. Nous arrivons à deux heures à Pont-de-l'Arche. On s'y est battu. Les habitants s'étaient enfuis. Bien des maisons ont été saccagées.

— Tenez, monsieur, me dit un de mes voisins, voyez-vous ce mur crénelé?

— Parfaitement.

— Eh bien, j'ai travaillé à le créneler. Je faisais partie de la garde nationale de Rouen. Nous sommes

venus nous établir solidement à Pont-de-l'Arche;
puis, à l'approche des Prussiens...

— Vous vous êtes repliés en bon ordre, s'écrie un
gros monsieur qui n'avait pas encore ouvert la bouche.

— C'est cela même, monsieur...

La forêt de Pont-de-l'Arche est en pleine exploita-
tion. Les gens de bonne volonté qui se sont chargés
de cette besogne ne demandent aucun salaire; ils vendent sur place à de gros marchands de bois les arbres
par eux abattus. Tout cela se passe au grand jour, en
plein soleil.

— Qu'est-ce que vous voulez, monsieur! me dit une
vieille dame, on ne s'y reconnaît plus aujourd'hui. Il n'y a
plus de tien ni de mien, plus de lois, plus de police, plus
de gouvernement, plus de gendarmes, plus rien enfin.

La conversation devient générale. Chacun se met à
parler de *ses* Prussiens, c'est-à-dire des Prussiens qu'on
a été obligé d'héberger et de nourrir.

— Moi, je n'ai pas eu à me plaindre. J'avais deux
officiers... ils étaient très-bien.

— Moi, j'avais d'abord trois *landwehrs* qui n'étaient
pas mal; mais, après ça, j'ai eu quatre dragons qui
ont forcé la porte de ma cave et qui ont bu une
soixantaine de bouteilles en cinq jours.

— Mangeaient-ils, mon Dieu, mangeaient-ils! Aussi,
ils engraissaient. Il y en a eu un chez moi qui s'est pesé
dans une grande balance à charbon. Il a amené 138, et
il ne pesait que 130 à son départ d'Allemagne. Il avait
profité de huit livres.

15.

— Nous en avions à Elbeuf, chez nous, deux qui étaient très-doux, très-bien élevés. C'étaient des catholiques, des Bavarois. Ils disaient leur *Benedicite* au commencement de chaque repas ; et comme ils avaient l'air de se cacher pour le dire, mon père, qui est pour la tolérance, leur a dit un jour : « Oh! ne vous gênez pas, ne soyez pas honteux, dites votre prière tout haut, si ça vous amuse. »

— J'ai depuis deux mois un officier prussien qui est très-convenable, qui a de l'éducation, des formes, et qui m'a donné des bonbons au jour de l'an. Je n'ai pas osé les refuser, mais j'ai mis le sac au fond d'une armoire, et je vous prie de croire que, ni pour or ni pour argent, je ne mangerais des bonbons de ce Prussien. Il ne sera pas content si on fait la paix : « C'est » trop tôt, me disait-il hier soir, beaucoup trop tôt ; la » France n'a pas assez souffert, elle n'est pas assez » ruinée. Nous serons obligés de revenir dans quelque » temps. La guerre devrait durer encore au moins une » bonne année, dans votre intérêt même. Car il vau- » drait mieux pour vous que ça se fasse en une fois » qu'en deux. Nous serons ennuyés d'avoir à recom- » mencer ; nous serons plus méchants, plus en colère. » Les Français réparent trop vite. Quand vous aurez » reconstruit vos maisons, et ce ne sera pas long, vous « n'aurez qu'une idée, ce sera de venir en démolir » chez nous. » Moi, je n'ai pu m'empêcher de m'écrier : « Ah ! ça, c'est bien vrai ! » Et, alors, sans se fâcher, il m'a dit : « Vous voyez, cette guerre-là va finir trop tôt. »

Une très-vive discussion s'élève ensuite entre un bourgeois du Havre et un cultivateur du Vexin normand. Il est question des francs-tireurs.

— Vous autres gens de la campagne, dit le Havrais, vous aimiez mieux les Prussiens que les francs-tireurs.

— Il ne faut pas dire ça, nous détestons les Prussiens. Seulement, c'est vrai, nous n'aimions pas les francs-tireurs. Ils nous faisaient du mal et pas autre chose. Ils battaient la campagne à tort et à travers, sans ordre, sans discipline. Ils allaient et venaient sans savoir où ni pourquoi. Ils arrivaient dans un village. On les recevait bien. On leur donnait à boire et à manger, et avec plaisir. Pour nous remercier, ils commençaient par piller un peu à droite et à gauche; ils enfonçaient les portes des caves; ils cherchaient à attrâper des femmes, enfin, ils faisaient les cent dix-neuf coups. Au milieu de tout ça, on signalait une reconnaissance de uhlans. On voyait huit ou dix cavaliers qui arrivaient au pas, dans la campagne, bien lentement, très-prudemment, le pistolet au poing. Les francs-tireurs s'embusquaient, envoyaient des coups de fusil aux uhlans, en descendaient trois ou quatre, puis ils bouclaient leurs sacs et détalaient, et au pas de course. Ils allaient recommencer la même histoire dans un autre village; mais ils avaient bien soin d'écrire d'abord au *Journal du Havre* : « Hier,
» au village de Limetz, nous avons repoussé l'attaque
» d'une forte colonne prussienne. Les Allemands ont
» dû réquisitionner huit charrettes pour emporter leurs

» morts. » Et pendant que l'abonné lisait ça le matin, au Havre, bien tranquille dans son fauteuil, les Prussiens étaient revenus en force, avec du pétrole, et le village de Limetz brûlait comme un tas de fagots.

— Vous deviez vous défendre quand les Prussiens sont revenus ! s'écrie le Havrais.

— Nous défendre? Avec quoi? Nous n'avions pas de fusils ! Nous ne pouvions pas répondre à des coups de canon par des coups de poing.

— Nous nous serions défendus au Havre! Jamais les Prussiens ne seraient entrés dans le Havre! D'ailleurs, ils le savaient bien. Ils sont venus *tâter* le Havre et ils ont reculé devant notre attitude énergique.

— Ils n'ont pas reculé du tout devant votre attitude. C'est le mouvement du général Faidherbe qui les a obligés à envoyer dans le Nord les troupes qui marchaient contre le Havre.

— Je vous dis que c'est notre attitude énergique.... Enfin, jamais le Havre n'aurait capitulé honteusement comme Rouen.

Alors, un troisième interlocuteur intervient. C'est un Rouennais. Il repousse l'accusation du Havrais. Rouen voulait se défendre, mais la ville a été livrée aux Prussiens; il y a eu trahison.

Trahison! Ce mot-là, comme par enchantement, met tout le monde d'accord, et cinq ou six bouches s'écrient en même temps : « Oui, oui, il y a eu tra-
» hison! Voilà ce qu'il faut dire... Il y a eu tra-
» hison! » Seulement la querelle recommence, quand il

s'agit de nommer le traître. « C'est le général Briand!
Pourquoi n'avait-il pas fortifié la ville? C'est le général
Estancelin! Pourquoi n'avait-il pas organisé les gardes
nationales? C'est Mgr de Bonnechose! Il a donné six
millions aux Prussiens pour sauver sa cathédrale, etc. »

La querelle dure encore, lorsqu'à cinq heures nous
arrivons à Louviers, toujours au milieu d'un flot de
soldats prussiens. Nous y sommes accueillis par cette
nouvelle que l'on se bat à Paris, que l'entrée et la
sortie sont interdites, etc. Nous trouvons dans une auberge cinq ouvriers qui ont quitté Paris la veille. Ils
sont convaincus qu'il n'y a rien de vrai dans ces nouvelles. Paris est absolument calme. Nous causons avec
ces ouvriers.

« Trochu est un traître, nous disent-ils, Jules Favre
» est un traître. Ils croyaient en Gambetta; mais, de-
» puis qu'ils sont hors de Paris, ils ont appris
» que Gambetta, lui aussi, était un traître. La France
» a été vendue aux Prussiens, vendue par la ré-
» publique, comme elle avait été vendue par l'em-
» pire. Et d'abord ce n'était pas la république,
» c'était la continuation de l'empire. On avait gardé
» les mêmes généraux, et il n'aurait pas fallu
» employer un seul général de profession. On aurait
» trouvé des généraux dans le peuple, des généraux
» qui n'auraient pas capitulé. Il n'y avait que des bour-
» geois dans le gouvernement, des propriétaires qui
» avaient peur pour leurs maisons. Il était défendu aux
» gardes nationaux de Paris de tirer sur les Prus-

» siens. Tel garde de tel bataillon a été condamné à
» un mois de prison pour avoir tué un Prussien. Trochu
» avait reçu 30 millions de **M.** de Bismarck. Il en
» avait gardé vingt pour lui et distribué 10 à ses mo-
» biles bretons, qui massacraient le peuple. La Com-
» mune aurait tout sauvé, chassé les Prussiens, sauvé
» la république. »

Ces choses sont dites *très-sérieusement et avec une
entière bonne foi.*

Nous nous empilons dans une nouvelle diligence, et
mon voisin, le paysan qui n'aime pas les francs-tireurs,
me dit :

« Vous avez entendu ces ouvriers avec leurs his-
» toires de trahison. Dire des bêtises pareilles, si c'est
» permis ! Mais voyez-vous, les Parisiens, ils ont tous
» la tête à l'envers. Ce n'est plus que dans les cam-
» pagnes qu'on a le sens commun. Le général Trochu
» recevant 30 millions de la Prusse ! En voilà une in-
» vention ! Je vais vous dire, moi, le nom de l'homme
» qui s'est vendu à la Prusse. Ce n'est pas le général
» Trochu, c'est le maréchal Lebœuf. Il avait, depuis des
» années, une grosse pension de **M.** de Bismarck. Et
» alors, sans en avoir l'air, il a détruit notre armée.
» L'empereur n'en savait rien. On lui disait : Vous
» avez un million de soldats. Il le croyait ; il ne pou-
» vait pas vérifier lui-même. Mais, n'ayez pas
» peur, il reviendra, l'empereur, et alors tout s'éclair-
» cira. »

Il est minuit, quand nous descendons à Mantes dans

la cour de l'hôtel du *Grand-Cerf*. On nous conduit dans une grande chambre dont le plus bel ornement est un grand portrait à l'huile de Napoléon Iᵉʳ, un de ces tableaux qui se gagnent à la loterie dans les fêtes de village. Il y a, dans une alcôve, une autre toile retournée contre le mur. Je regarde ce tableau. C'était le pendant, un portrait de Napoléon III. On l'aura décroché et remisé dans l'alcôve, après le 4 septembre.

J'ai toutes les peines du monde à m'endormir, et je suis réveillé au milieu de la nuit par un cauchemar absurde. Depuis deux jours, je lis sur les portes de toutes les maisons des inscriptions allemandes à la craie : *Tel régiment, tel bataillon, tant d'hommes ; telle batterie, tant de chevaux.* Ces inscriptions remplacent le billet de logement. Je me mets à rêver que j'habite une ville envahie. Je suis sur le pas de ma porte. Un officier de uhlans arrive à cheval, avec un grand morceau de craie, et écrit sur ma porte : 530 *hommes*, 170 *chevaux.* J'essaye de lui faire comprendre que jamais 530 hommes et 170 chevaux ne parviendront à se loger dans ma petite maison. Il ne veut rien entendre. Je cours chez le général. Je trouve un homme très-courtois, qui m'écoute avec beaucoup de bienveillance, et me dit : « Vous avez parfaitement » raison, mais si cela est écrit sur votre porte, il n'y a » plus à y revenir. » Alors, au désespoir, je retournais chez moi. Les 530 hommes et les 170 chevaux arrivaient. Ils entraient, entraient, entraient. Et moi j'étais écrasé, étouffé sous cette avalanche prussienne.

Je me suis réveillé au moment où la maison éclatait
comme un obus. J'ai allumé une bougie. J'ai regardé
autour de moi. Pas de Prussiens. J'étais seul avec Napoléon Ier qui, dans son cadre, avait l'air de me sourire.

15 *février*. — Nous quittons Mantes dans une petite
patache découverte. Une heure après, nous arrivons à
Mézières. Quatre-vingts maisons ont été brûlées par
les Prussiens. La moitié du village est en ruines.

— Ce qu'il y a de plus triste, nous dit le cocher,
c'est qu'il y a eu des morts; toute une famille : le père,
la mère et les quatre enfants. Ils ont été étouffés dans
leur cave par l'incendie. Ça s'est passé le 18 septembre. La veille, il était venu des uhlans, une cinquantaine. Il y avait dans le village des francs-tireurs qui
descendent cinq ou six uhlans. Les Prussiens s'en vont
d'un côté et les francs-tireurs d'un autre. Le lendemain,
les Prussiens reviennent à cinq ou six cents, avec trois
pièces d'artillerie, et commencent à *fouiller* le village
à coups de canon. Tout le monde se sauve, tout le
monde, excepté ces pauvres gens. Tenez, ils demeu-
raient dans cette petite maison, à gauche, près de
l'église, la maison qui n'a plus qu'un mur sur quatre.
Ils n'ont pas voulu la quitter. C'était tout leur avoir.
Les Prussiens canonnent pendant une heure; quand
ils voient qu'on ne leur répond pas à coups de fusil, ils se disent : Il n'y a plus de francs-tireurs, et
ils entrent. Ils commencent par piller une vingtaine de
maisons. Puis ils mettent le feu de tous les côtés avec

du pétrole qu'ils avaient apporté pour ça. Voilà la petite maison qui commence à flamber. Les pauvres gens, dans leur cave, ne se doutaient de rien. Au bout de cinq minutes, on entend des cris. Il paraît que c'était affreux. Les petits enfants surtout! Les Prussiens ne savaient pas ce qui se passait là-dessous. Mais éteindre une maison qui a été frottée de pétrole, ce n'est pas la peine d'y penser. Cependant, ça avait intrigué les Prussiens, ces cris, et le lendemain, pour voir ce que c'était, ils ont déblayé un peu les décombres. Alors, dans la cave, on a retrouvé les six corps : le père, la mère et les quatre enfants. Il paraît qu'ils étaient en tas, comme entortillés les uns dans les autres. On aura beau dire, voyez-vous, monsieur, ce n'est pas la guerre, de brûler comme ça des villages et de rôtir des enfants dans des caves!

Et comme, en regardant cette maison, je disais :

— Pauvres gens!

— Oh, mon Dieu, continua le cocher, il ne faut pas tant les plaindre, il y en a de plus malheureux que ceux qui sont morts. Je ne dis pas ça pour nous. A la maison nous n'avons pas été trop *victimes*. Nous avons tout caché et tout sauvé, chevaux et voitures ; mais il y a bien des misères dans le pays. C'est-à-dire que, si je voulais vous raconter des histoires à faire pleurer, je pourrais vous en *jaser* jusqu'à Saint-Germain. Et, au milieu de tout ça, il y a aussi des histoires à faire rire... Tenez, si vous saviez ce qui est arrivé à M. Fribourg...

— Qu'est-ce que c'est que M. Fribourg?

— C'est un des gros bourgeois de Mantes. Figurez-vous que **M.** Fribourg a eu une idée, et il la croyait bonne son idée, et elle n'était pas bonne. Quand il a vu arriver les Prussiens, il s'est mis en loques pour leur faire pitié. Il avait l'air d'un vrai mendiant, et c'est un homme qui a, au moins, quinze mille livres de rente. Six Prussiens se sont installés chez lui. Il leur a dit que le maître était parti, qu'il n'était qu'un pauvre domestique, qu'on l'avait laissé sans argent, sans rien. « C'est bien, c'est bien, lui a dit un des Prussiens qui parlait français, ça vaut mieux comme ça ; nous aurons toute la maison pour nous, si le maître est parti ; et nous aurons le domestique pour nous servir. Quant à de l'argent, il faudra bien que tu en trouves. Sans quoi, nous mettrons le feu à la baraque de ton maître. » Et ces Prussiens sont restés à Mantes pendant six semaines, et pendant tout ce temps-là le père Fribourg a été leur domestique. Il était obligé de faire leurs commissions, leur ménage, leur cuisine. Tout le monde lui disait : « Avouez-leur donc que vous êtes le » maître... » Lui n'osait pas, il avait peur d'être fusillé. Ils ne l'auraient pas fusillé ; mais un vieillard, vous savez, c'est craintif.

La route est couverte de Prussiens, à pied, à cheval, en voiture. D'interminables files de chariots, escortés par trois ou quatre uhlans, et conduits par de petits paysans en blouses et en chapeaux ronds, transportent des tonneaux de notre vin et des sacs de notre blé. Beaucoup de Parisiens, à pied, le bâton à la main, le

sac sur le dos, s'en vont dans la direction de Mantes.
Les voitures sont rares, coûtent des prix fous; bien
des gens s'en passent.

A Saint-Germain, cependant, nous avons la bonne
fortune de trouver deux places *debout* dans une charrette. Les quatre places *assises* sont retenues et déjà
occupées par deux jeunes dames et deux jeunes gens
qui, non sans effort, se tiennent en équilibre sur de
petites planchettes accrochées par des cordes. Notre
cocher est un gamin d'une douzaine d'années, très-
bavard, et qui nous raconte des choses charmantes. Il
veut absolument nous ramener à Paris par Montretout.

— Ca ne vous coûtera que dix francs de plus, nous
dit-il, et, voyez-vous, ça vaut la course, on déterre les
morts pour les enterrer plus profond. C'est une chose
à voir. Je suis allé hier par là. Il y avait beaucoup de
monde.

Notre charrette nous débarque, à trois heures, au
pont de Neuilly, au milieu d'un énorme encombrement de piétons et de voitures. Des uhlans font
l'office de gendarmes et cherchent à établir un peu
d'ordre dans cette confusion. Nous nous glissons
dans la foule. Nous arrivons à la ligne de sentinelles
prussiennes qui gardent la tête du pont. Nous montrons nos laissez-passer... « Allez, allez, nous dit un
» officier prussien. » A l'autre extrémité du pont,
nous apercevons des uniformes français, des gendarmes français. Nous sommes à Paris, nous rentrons
en France.

XII

DE CHISLEHURST AUX TUILERIES

Les trains pour Chislehurst partent de la station de
Waterloo et vous conduisent en une petite demi-heure
au délicieux village où Napoléon III respire et conspire.
C'est le samedi 20 mai 1871 que nous avons, mon
ami X...et moi, accompli le pèlerinage de Chislehurst.
Nous arrivons, nous sortons de la gare, et nous adressant au premier Chislehurstien qui nous tombe sous la
main : « Camden-house, s'il vous plait ? — La maison
de l'empereur ? » nous répond-t-il ; — car pour tous
les Anglais, Napoléon III, c'est l'empereur. A nous, il
a donné l'invasion ; mais à l'Angleterre, il a donné le
libre-échange ; aussi les Anglais sont–ils fort étonnés
et même légèrement irrités que la France ne se hâte

pas de rappeler un souverain qui a tant fait pour la prospérité et la grandeur de l'Angleterre.

Donc le Chislehurstien nous indique le chemin de la maison de l'empereur, et, après une promenade de dix minutes, nous nous trouvons en présence d'une somptueuse grille dorée et argentée, surmontée de deux grandes lanternes d'un mauvais goût éclatant : quelque chose comme l'entrée du jardin Mabille. A droite de cette grille, se tient un policeman anglais, blond, rose et souriant sous son casque de cuir bouilli; à gauche, un de ces hommes qui, avant le quatre septembre, se promenaient, du matin au soir, sur le trottoir de la rue de Rivoli, près du guichet de la rue de l'Échelle, un agent de police *en bourgeois* et du type le plus vulgaire : longue redingote boutonnée, chapeau sur l'oreille, épaisse moustache et grosse canne à la main. Les journaux de la Commune prétendent que *tous les mouchards de Bonaparte* sont à Versailles, *dans l'armée rurale.* Je puis attester qu'il y en a un, au moins, qui ne s'est pas rallié à la politique de M. Thiers et qui est resté fidèle à la famille impériale. D'ailleurs, aucune relation, aucune amitié entre les deux agents ; ils se tiennent réciproquement à distance ; les deux polices ont évidemment un certain éloignement et un certain mépris l'une pour l'autre.

Nous nous arrêtons devant cette grille, devant ce policeman et devant ce policier. Notre compatriote nous examine avec le plus grand soin... Sommes-nous des amis, ou des ennemis ?

De l'autre côté de la grille, à gauche, sous les plus beaux arbres du monde, un petit pavillon de concierge ou de garde... Au milieu de la façade de ce pavillon, les armoiries du propriétaire.... Un immense écusson sculpté dans la pierre et portant cette devise :

MALO MORI QUAM FŒDARI

Potius mori quam fœdari serait préférable, mais enfin je cite textuellement : *Malo mori quam fœdari.* « J'aime mieux mourir qu'être déshonoré. » L'empereur ne peut ni sortir ni rentrer, sans défiler devant ce fier conseil.

Nous continuons notre promenade et, tournant le dos au parc de Chislehurst, nous nous en allons du côté du village. Sur la route, grand mouvement de voitures : landaus ouverts, paniers, tilburys, poney-chaises, etc., etc. Sur le siége très-élevé d'un grand breack, une petite lady de huit à dix ans, prenant une leçon de guides. Toute blanche et toute rose, à la fois émue et ravie, des yeux bleus de ciel, de longs cheveux d'or épars sur une robe de velours gris. A côté de cette délicieuse enfant, un vieux cocher de bonne maison, attentivement et respectueusement, surveille les petites mains de sa petite maîtresse. Je n'ai jamais rien vu de plus gentil et de plus anglais.

Six heures. Il faut rentrer à Londres. Nous repassons devant la grille or et argent, devant la devise : *Plutôt la mort que le déshonneur !* Le temps est admirable... Le soleil éclaire violemment les grands arbres qui entourent Camden-house. Une grande prairie s'étend devant le château... De grosses boules blanches roulent çà et là dans l'herbe... Ces boules blanches sont des moutons, de ces moutons anglais énormes et fantastiques auxquels ressemblent si peu nos maigres et chétifs moutons français. Le son d'une cloche lointaine et pas un autre bruit... Je regarde ce parc et ce château. Quel repos ! quel silence ! quelle douce habitation ! Je pense aux ruines du palais de Saint-Cloud... Je pense à la France ravagée, mutilée, détruite, livrée à la Prusse et à la Commune ; je pense à tous les Français qui sont morts et qui meurent en ce moment.

Nous retournons à Londres. Nous dînons avec un Anglais de nos amis... Il nous fait de la morale.

— Comment, nous dit-il, ne reprenez-vous pas cette famille Napoléon ?...

Nous de nous récrier; et lui, alors, avec beaucoup de conviction :

— Vous allez être *unreasonable* et faire de la politique sentimentale. Le sentiment est une chose et la politique une autre chose. Les hommes de l'empire seraient seuls assez énergiques et assez *unscrupulous* pour faire le nettoyage de Paris (*the cleaning of Paris*). Votre **M.** Thiers fait et fera de la politique gothique et antédiluvienne. Il a déjà pris, il y a quinze jours, une mesure odieuse.

— M. Thiers, une mesure odieuse ?

— Oui certainement, le rétablissement des passe-

ports ! Les Anglais obligés d'avoir des passe-ports
pour entrer en France, et de faire viser ces passe-ports
en Angleterre par des agents français qui vous demandent 8 shillings !... De quel droit **M.** Thiers lève-
t-il cet impôt sur des Anglais?

— Ce n'est qu'une mesure transitoire.

— Pas du tout ! pas du tout ! c'est une mesure définitive. Et **M.** Thiers ne s'arrêtera pas là... Il rétablira
les lazarets, les quarantaines, les diligences, les pataches, le coche, le télégraphe aérien qui faisait des
signaux en l'air sur les tours, etc. **M.** Thiers est un
homme d'un autre siècle. L'empereur était de son
temps... et vous aurez beau dire, il a fait beaucoup
pour la France ; il lui a donné le libre-échange.

Quand les Anglais ont dit cela, ils ont tout dit. Le
soir nous rôdons dans les rues de Londres. En ce
moment, tout ici est douloureux pour un Français : le
calme et l'ordre de cette grande ville ; son activité ; sa
richesse ; son luxe, qui n'est pas le luxe violent et tapa-
geur de Paris, mais un luxe tranquille et sérieux.

Dans la journée, en allant à Chislehurst, je regar-
dais le dernier numéro du *Bradshaw*, qui est le Livret-
Chaix de l'Angleterre. Or, ce dernier numéro débute
par l'énumération de douze nouvelles ouvertures. En
Angleterre, douze sections de chemins de fer viennent d'être livrées à la circulation, et notre journal des
chemins de fer n'est plus en France qu'un lamentable
catalogue de lignes interceptées, détruites ou devenues allemandes. Notre pauvre grande Comédie-Fran-

çaise, chassée de Paris par la Commune, jouait hier soir *Tartufe* à Londres pour les Anglais.

Ce matin, dimanche 21, après l'admirable temps d'hier, vent, froid et brouillard. Du pied de la colonne de Trafalgar, je ne vois pas Nelson en l'air sur sa plate-forme. Il doit y être cependant. Les communistes de Londres seraient mal reçus s'ils voulaient, traiter le vainqueur de Trafalgar, comme les communistes de Paris ont traité le vainqueur d'Austerlitz. Les Anglais n'aiment pas la guerre, mais ils aiment leurs victoires.

Nous quittons Londres à midi, Folkestone à quatre heures. Nous débarquons à Boulogne. Les gendarmes français examinent nos papiers et nous disent : « Allez! » Nous sommes en France, mais qu'elle est étroite la France de ce côté!... A moins de vingt lieues d'ici, à Abbeville, commence l'occupation prussienne. Nous voulons aller à Rouen par Amiens. Pas de train ce soir. Il faut dîner et coucher à Boulogne.

Nous montons sur les falaises de Boulogne. Nous arrivons au Calvaire. Là, sur le point le plus élevé de la falaise, tout au bord et comme suspendue sur la mer, une grande niche vitrée. Dans cette armoire, une vierge rose et bleue, tenant dans ses bras un petit enfant Jésus nu comme un ver. Le tout en bois peint grossièrement sculpté. Au-dessus de la niche, une grande croix de bois. Les trois extrémités de la croix sont terminées par de grosses boules jaunes. Sur la croix le Christ est étendu, et, sur la boule du milieu, au-dessus de la tête penchée du Christ, un coq blanc se dresse et chante. Ce monument très-naïf et très-touchant, porte cette inscription : *Ce monument a été élevé par les pêcheurs, le 10 août 1817.*

A genoux, par terre, devant la statue de la Vierge, une femme prie, la tête dans ses deux mains. Elle se relève, nous regarde et nous dit :

« Je viens ici tous les jours, pour mon aîné, qui était
» à l'armée de la Loire dans les marins, et qui est main-
» tenant sous Paris à l'armée de Versailles. Je l'ai sauvé
» jusqu'à ce jour par mes prières. »

Le Calvaire a la mer devant lui, le ciel à sa droite et Napoléon Ier à sa gauche. Oui, Napoléon Ier ! A dix pas de là s'élève une ridicule statue de l'empereur. Le piédestal porte cette inscription :

NAPOLÉON Ier

Cette statue a été érigée
sur l'emplacement même
qu'occupait la baraque de l'Empereur
au camp de Boulogne en 1804 ;
et elle a été inaugurée le 14 juin 1856,
le jour du baptême du Prince Impérial,
dans la quatrième année du règne de Napoléon III,
après la signature de la paix
qui termina la guerre d'Orient,
soutenue par la France et l'Angleterre alliées.
Projeté et érigé par Alfred Killick Kent,
propriétaire.

Napoléon Ier fait sur ce piédestal la mine la plus sotte et la plus piteuse. Il regarde d'un air confus et embarrassé les côtes de cette Angleterre qu'il a voulu et n'a pu envahir, de cette Angleterre qui, en ce moment, donne asile à son neveu et fait des vœux pour la restauration d'un Napoléon ; car voilà les fantaisies de l'histoire !

Qu'est-ce que c'était que ce **M. Alfred Killick Kent**, propriétaire ? Mon ami **X...** soutient que c'était un monsieur qui voulait avoir la croix de la Légion d'honneur. Je prétends, moi, que c'était un homme d'esprit qui s'est tout simplement moqué de nous avec son monument. Voici, en effet, le véritable sens des phrases écrites sur ce piédestal :

En ce lieu s'élevait, en 1804, la baraque de l'Empereur Napoléon Ier, au milieu de ce camp de Boulogne, qui n'a été qu'une vaine menace contre l'Angleterre et qu'un échec éclatant pour la politique de l'Empereur. Les Anglais ont battu Napoléon Ier à Waterloo et l'ont envoyé mourir à Sainte-Hélène. Puis, quarante ans après, les Anglais ont eu l'adresse d'entraîner le neveu de Napoléon Ier dans une guerre contre la Russie, où seule l'Angleterre était intéressée.

Et l'on pourrait ajouter aujourd'hui :

Quinze ans après, en reconnaissance de ce service rendu et de tout le sang français versé pour une cause anglaise, les Anglais ont applaudi aux victoires prussiennes et à la défaite de la France.

A six heures du matin, nous prenons le train d'Amiens, et, dans la gare d'Abbeville, nous voyons les premiers casques prussiens... Nous achetons des journaux à Amiens. « *Les troupes de Versailles sont en-* » *trées dans Paris hier soir par la porte de Saint-* » *Cloud, etc., etc.* » Nous déjeunons au buffet d'Amiens, au milieu de trente officiers prussiens, bleus, blancs, verts, marrons, etc., etc. Trois ou quatre de ces messieurs ont des lunettes et de petites figures paisibles et ratatinées de jeunes vieux savants ; mais les autres, vrais capitaines Fracasses, parlent et rient bruyamment, traînent leurs sabres sur le plancher de la salle, font sonner leurs éperons, boivent et mangent énormément.

Nous partons à onze heures. Nous arrivons à Rouen à trois heures. La gare est pleine de prisonniers français revenant d'Allemagne. Le petit poste prussien a pris les armes, et nos malheureux soldats en loques, en haillons, couverts de capotes déchirées, drapés dans des couvertures trouées, défilent devant les casques prussiens. Nos vainqueurs excellent dans l'art de nous infliger ces petites humiliations. Le passage étant très-étroit entre la ligne prussienne et le rebord du quai, les prisonniers devaient passer un à un ; les Prussiens laissaient éclater leur joie à la vue de ces pauvres gens. Ils riaient lourdement, échangeaient entre eux des quolibets allemands. Il y avait peut-être, parmi ces Prussiens, des hellénistes, des savants et des professeurs de sanscrit... car il est entendu que l'Allemagne est le premier peuple du monde, le plus instruit, le plus érudit... mais j'atteste qu'il n'y avait pas, parmi ces vingt soldats, un seul homme dont le cœur fût ouvert à ce sentiment sacré : le respect de l'ennemi vaincu.

Les prisonniers passaient, indifférents ou sombres ; mais la gaieté des Prussiens ne connut pas de bornes et ce fut un fou rire dans tout le peloton, quand parut un grand Arabe débraillé, couvert de guenilles et superbe dans son délabrement. Des yeux éclatants et doux ; une petite barbe noire, fine et légère ; des dents étincelantes de blancheur, au milieu de ce visage de bronze; un vieux fez rouge sur la tête; sur les épaules un burnous blanc, plus troué, plus rapiécé et plus déchiré que le manteau de Don César de Bazan ; de grandes bottes jaunes qui tombaient en ruines, et de longs éperons à la turque qui sonnaient sur l'asphalte. C'étaient les débris d'un uniforme de spahis. Dès que les Prussiens aperçurent cet homme, ils ne virent et ne regardèrent plus que lui. Ils furent pris d'une sorte de gaieté épilectique. Le spahis alors s'arrêta, laissa tomber sur ces Prussiens un regard ferme, fier et tranquille, les examina tous l'un après l'autre, ramassa son manteau qui traînait un peu par terre et continua sa route en souriant. Le silence aussitôt se fit dans les rangs prussiens. Le sourire de cet Arabe était un sourire d'étonnement, de curiosité et de dédain. Il regardait ces Allemands courts, lourds et balourds, et il se disait : « Quoi! voilà nos ennemis! » voilà les soldats qui nous ont battus ! Comme ils sont » vilains ! Pourquoi rient-ils ? De tels hommes, si petits

» et si laids, ne peuvent se moquer de moi qui suis
» grand et beau. » Il s'éloigna. Un Prussien, un seul,
essaya de remettre ses camarades en gaieté par un
nouvel éclat de rire. L'Arabe se retourna, regarda le
Prussien et le Prussien redevint sérieux.

Nous entrons dans Rouen... Deux musiques militaires allemandes jouent dans le square de l'ex-rue de
l'Impératrice... Une fantaisie sur l'opéra de *Faust* suc-
cède à une valse de Strauss. Temps charmant. Beau
soleil. Des dames sont assises sur des chaises. Une
foule de petits gamins français courent et jouent
dans les jambes des officiers prussiens, qui se promènent, guindés, roides et sanglés dans leurs uniformes.

J'achète un journal de Rouen et, en tête de ce journal, au son de cette valse délicieuse jouée mollement
par cette musique prussienne, je lis les deux lignes
suivantes :

*Les autorités allemandes nous communiquent la
notification suivante :*

Notification.

*Les nommés Bervin (Prosper), garçon boulanger à
Yvetot, et Grandin (François), vannier à Routes, ac-
cusés d'avoir attaqué, le 1ᵉʳ mars, deux soldats prussiens et de les avoir blessés de coups de bâton, ont été*

condamnés par un conseil de guerre à la peine de mort, et fusillés à Yvetot, le 8 mai.

> *Le lieutenant général commandant la 2ᵉ di*
> *vision d'infanterie prussienne,*
>
> *Von Fritzelwitz.*

La valse prussienne continue.

Le soir, à deux heures du matin, nous quittons Rouen. Le même désir nous a pris en même temps. Revoir Paris! Nous arrivons, à trois heures du matin, à Poissy qui est devenu tête de ligne. Pas un omnibus, pas une voiture. Nous étions là huit ou dix dans le même embarras. Il n'y a que six kilomètres, à travers la forêt, de Poissy à Saint-Germain. La nuit avait été très-belle, et le ciel déjà s'éclairait d'une teinte rose... Allons à pied!... Nous partons en caravane.

Quelle caravane! Un marchand de bestiaux qui allait traiter à Versailles pour des fournitures et qui ne cessait de répéter : « Ont-ils une chance, ces Versail » lais!.. L'armée prussienne pendant six mois... l'ar » mée française maintenant... et la Chambre, et le gou » vernement, et tous les fuyards de Paris!.. En a-t-on » gagné de l'argent dans ce Versailles depuis un an ! »

Un officier de cavalerie, revenant d'Allemagne et qui allait se mettre à la disposition de M. Thiers.

Un Havrais, artilleur de la garde mobile, prisonnier de La Fère, et lui aussi revenant de Prusse.

Un vieux monsieur qui, tout le long de la route,

nous disait : « Je sais qu'on touche le 3 %, à Versailles,
» mais savez-vous si on touche les coupons des obli-
» gations de chemins de fer ? »

Quatre personnages muets, dont X... et moi qui
écoutions avec beaucoup d'intérêt le marchand de bœufs,
les deux prisonniers d'Allemagne et le vieux monsieur
qui allait toucher son 3 %, à Versailles. A chaque pas
nous étions obligés d'enjamber par-dessus des arbres
abattus et jetés en travers de la route.

Tout d'un coup, nous approchions de la grille de
Saint-Germain, l'officier s'arrête : « Le canon, mes-
» sieurs, nous dit-il, le canon du côté de Paris. »
Nous reprenons notre course. Nous marchons au canon.
A Saint-Germain, chacun se dit au revoir. X... et moi,
nous allons droit à la terrasse. La campagne à nos pieds
est baignée dans le brouillard du matin. Le soleil, dans
un ciel éclatant, rayonne. La grande masse noire du
Mont-Valérien se dresse devant nous. Nous entendons
la canonnade dans Paris. Nous nous accoudons sur
la terrasse, et nous restons là, pendant quelques minutes, à écouter le bruit lointain du bombardement de
Paris par des canons français.

Un cantonnier passe près de nous : « Ça devient
» bien monotone, nous dit-il, cette canonnade... Enfin
» il paraît que ça va finir ces jours-ci ; mais dire que,
» par canons prussiens ou par canons français, tantôt
» les uns, tantôt les autres, voilà neuf mois que ça dure,
» sauf les deux mois de l'amnistie. » Pour cet homme
l'*amnistie*, c'était l'*armistice*.

A neuf heures, nous arrivons à Versailles. Tout allait bien. L'armée avançait, avançait et occupait déjà la moitié de Paris. Nous courons à la préfecture. Nous obtenons deux laissez-passer et nous voilà en route pour Paris. Fumer un cigare ce soir, sur le boulevard, nous n'avons pas d'autre ambition. A Saint-Cloud, nous renvoyons notre voiture ; nous continuerons notre route à pied. Nous déjeunons... pas à la *Tête-Noire*, il n'y a plus de *Tête-Noire*... mais chez Legriel... Legriel n'est pas détruit. C'est un oubli ; il ne faut pas être trop sévère pour cette négligence , l'incendie de Saint-Cloud ayant été une opération remarquable, exécutée avec un grand ensemble, et qui fait le plus grand honneur à M. de Moltke.

Nous allons, après déjeuner, faire une petite visite aux ruines du château de Saint-Cloud. Devant Chislehurst, nous pensions à Saint-Cloud et maintenant, devant Saint-Cloud, nous pensons à Chislehurst, à cette délicieuse résidence, si doucement confortable entre ses grandes pelouses et ses grands arbres. L'empereur a eu bien raison de s'établir à Chislehurst. Son palais d'été de l'année dernière n'est à présent qu'un monceau de ruines. Plus une cloison ! plus un escalier ! plus une planche ! Et de chaque côté de la porte principale, on lit ces deux inscriptions charbonnées sur le mur :

Mort à Bismarck ! à Guillaume ! à Napoléon III !
à toute la clique ! et aussi au comité central ! —
4 avril 1871.

O homme de Sedan, c'est toi qui es cause de tout

ça... Pourquoi n'étais-tu pas dans ton château quand il a brûlé ?

Et ces jardins réservés, peuplés autrefois de tant de délicieuses statues !.. Les voilà toutes mutilées de la façon la plus bête et la plus ignoble, ces pauvres statues ! Le sac et la destruction de la ville et du château de Saint-Cloud ont été évidemment, de la part des Prussiens, une opération froidement conçue et impitoyablement exécutée. C'était la résidence habituelle des Bonaparte, le palais de Napoléon Ier et le palais de Napoléon III. M. de Bismarck a saccagé le château, pillé la ville et brûlé le tout. Il a tenu à faire acte de vandalisme politique, historique et philosophique, à la très-grande joie de M. Carlyle, pédant anglais, et de M. Strauss, pédant allemand.

A la très-grande joie aussi de ce pasteur protestant qui, le 18 janvier, à Versailles, dans la galerie des Glaces, le jour du couronnement de l'empereur Guillaume, avait demandé, au nom de la religion, la destruction de Paris. Il faut garder pour l'histoire le nom de ce bon prêtre. Il s'appelait Roggé, prédicateur de la cour et chapelain militaire. Le bras tendu vers Paris, il avait jeté le *Mané-Thécel-Pharès* sur la moderne Babylone. Le roi Guillaume est un homme pieux et docile à la voix de la religion ; mais détruire Paris, il n'a pu ou n'a osé. Il a voulu faire cependant quelque chose pour être agréable au prédicateur de la cour, et, le jour même où M. Jules Favre venait traiter à Versailles de la capitulation de Paris, le roi Guillaume a dit à

M. de Moltke : « Hâtons-nous, la guerre va finir. Brû-
» lons Saint-Cloud, sans perdre une minute. » Et Saint-
Cloud a été brûlé. La voix de la religion avait été entendue.

En reconnaissance de ce joyeux acte de bienvenue
de l'empereur Guillaume, les habitants de la ville in-
cendiée ont couvert d'inscriptions les piédestaux de ces
pauvres statues mutilées, et quelques-unes de ces inscriptions me paraissent devoir être conservées comme
expression à la fois naïve et violente du sentiment po-
pulaire.

Sur le piédestal d'une statue de Thalie, dont la lyre
et les bras ont été brisés, on a écrit :

*Ils ont craint que tu ne publiasses sur ta lyre les
ravages qu'ils ont commis, que tu ne célébrasses leurs
crimes et leurs cruautés ; c'est pourquoi, ô Thalie, ils
ont brisé ta lyre et tes bras !*

Au-dessous d'une statue, abominablement mutilée,
de Mercure, je trouve cette très-spirituelle inscription :

Ils n'ont pas même respecté leur dieu !

Et enfin sur le soc d'un admirable vase de marbre
blanc, dont les deux anses ont été cassées à coups de
crosse de fusil, s'étale en grosses lettres ce merveilleux
distique :

L'art, ami de tout's les nations,
N'est abîmé qu'par les cochons.

. . . .

Cependant, des hauteurs de Saint-Cloud, nous en-

tendions distinctement, dans Paris, la canonnade et la mousquêterie. « Continuons, me dit mon ami X...,
» continuons notre tournée de palais impériaux... Al-
» lons aux Tuileries. » Et nous partons. Quel chemin prendre ? La route banale, la route de tout le monde,
c'était la porte du Point-du-Jour... Mais nous, un peu à l'aventure, nous nous jetons à gauche, après avoir traversé le pont de Saint-Cloud, nous passons devant le château des Rothschild, et nous voici dans le bois de Boulogne.

J'ose prétendre que nous avons eu l'honneur de faire tous les deux la réouverture du bois de Boulogne. Il est vrai que nous représentions assez piétrement la haute élégance parisienne... à pied, poudreux, en chapeaux mous, obligés d'escalader des barricades, de descendre dans des fossés, de franchir de petites montagnes de fascines et de sacs à terre... Ce n'était pas une course plate, c'était un steeple-chasse... mais enfin, malgré tout, nous faisions le tour du lac, ou du moins du grand trou vaseux qui, autrefois, était le lac du bois de Boulogne. De gazon, plus aucune trace ; mais quelle belle collection d'éclats d'obus !... Une véritable pluie de mitraille s'était précisément abattue sur la partie du bois qui méritait peut-être un peu cette rude cor-rection. Je veux parler de ce petit bout de la piste des cavaliers qui, sous l'empire, portait le doux nom de Persil et qui a vu tant de brillantes cavalcades.

Nous arrivons à cinq heures au pont-levis de l'ave-nue de l'Impératrice. Nous montrons nos laissez-pas-

ser. « Très-bien, entrez ! » nous dit le chef de poste,
un sergent. Et nous entrons, non pas dans Paris, mais
dans Pompéi, dans Herculanum... une ville morte,
absolument morte. Pas un être vivant... Toutes les
portes et toutes les fenêtres fermées... Le mouvement
et la vie recommençaient aux alentours de l'arc de
l'Étoile. Un régiment de ligne était campé sur la place,
avec ses avant-postes dans les Champs-Élysées. Nouvelle exhibition de nos laissez-passer. « Vous ne pouvez
» pas entrer par ici, nous dit un chef de bataillon...
» Les insurgés ont encore les Tuileries... Vous
» allez vous mettre entre deux feux. Les Champs-
» Élysées ne sont pas tenables. Vous êtes trop pressés
» de revoir Paris. Retournez ce soir à Versailles.
» Revenez demain ou après-demain... Il faut nous
» laisser le temps de faire notre besogne. »

La vérité est que l'avenue des Champs-Élysées, en-
filée par le feu des insurgés, ne paraissait guère abor-
dable. Courte délibération, dont le résultat est qu'il
faut rebrousser chemin, dîner à Saint-Cloud et coucher
à Versailles... Nous reprenons la route du bois de
Boulogne. Nous retrouvons notre sergent : « Ah ! nous
» dit-il, c'était bon pour entrer, ce n'est pas bon pour
» sortir... Il faut le visa du général. — Où est-il votre
» général ? — Dame, je ne sais pas au juste... Vous
» comprenez... quand les troupes marchent, il marche
» aussi, le général... Cependant je crois bien qu'il est
» dans les environs du Trocadéro. »

Nous nous en allons à la conquête de notre visa.

Nous traversons Passy... Nous interrogeons des soldats. « Y a-t-il un général au Trocadéro ? — Oui,
» oui, il y en a un... » Nous réussissons à mettre la
main sur un aide de camp de ce général. « Ah ! nous
» dit-il, ce n'est pas nous qui donnons les visas. Il
» faut aller au grand quartier-général. — Et où est-
» il le grand quartier-général ? — Je ne saurais trop
» vous dire. Le maréchal Mac Mahon avance avec les
» troupes... Il était à midi à l'École Militaire ; je crois
» que maintenant il est aux Affaires Étrangères, mais
» vous ne pouvez pas traverser le pont d'Iéna... Il faut
» que vous fassiez le tour par Grenelle et par le Gros-
» Caillou. »

Le tour par Grenelle et par le Gros-Caillou !... Il
était sept heures et demie. Dînons à Passy ! Couchons
à Passy ! Attendons à Passy la fin de la Commune !
Très-bien, et voilà qui est décidé... Mais où dîner et
où coucher ? Nous nous glissons par une porte entre-
bâillée dans une espèce de petite gargotte... « A dîner !
» s'écrie la gargotière, mais je n'ai plus une miette de
» pain, ni de viande, ni de quoi que ce soit... J'ai été si
» contente de revoir les pantalons rouges, que je leur
» ai tout donné... » Cependant nous racontons notre
histoire ; nous expliquons à cette brave femme que nous
sommes disposés à payer fort cher n'importe quel dîner
et n'importe quel lit... si bien que, non sans peine, elle
déniche un bout de saucisson, quatre œufs durs et un
gros morceau de pain. Nous faisons un dîner délicieux.
Puis on nous installe deux matelas sur le billard...

Nous nous couchons, roulés dans des couvertures, et, au bruit d'une belle canonnade, nous nous endormons du sommeil le plus profond.

Nous sommes réveillés par de grands cris : « Le feu ! le feu ! » Nous sautons précipitamment à bas de notre billard... Au même instant notre hôtesse ouvre la porte, nous crie : « Paris brûle ! tout Paris brûle!... » Cela dit, elle se sauve... Nous nous précipitons dans la rue, et alors, tous les deux, sans nous parler, sans nous consulter, nous nous mettons à courir, de toutes nos forces, comme des fous, dans la direction de Paris. De temps en temps, épuisés, haletants, nous nous arrêtions et nous nous adossions à un mur pour souffler un peu... Puis l'un de nous disait : Allons !... et nous repartions, ivres d'horreur et de curiosité, attirés par ces colonnes de fumée et de flammes qui remplissaient le ciel...

Quelle heure était-il? Combien de temps avonsnous couru? Par quelles rues et quels boulevards avons-nous passé? Je ne saurais le dire... Nous nous sommes heurtés plusieurs fois à des sentinelles qui nous criaient : « Au large... au large... On ne passe » pas. » Étaient-ce des Versaillais? Étaient-ce des insurgés? Nous n'y prenions pas garde... Nous nous jetions, à droite ou à gauche, dans une rue latérale... et nous allions, nous allions toujours, ne pensant qu'à une chose... On nous avait dit : Paris brûle !... Nous voulions savoir si véritablement Paris brûlait...

Enfin, tout d'un coup, nous entendons des cris...

Une fumée chaude et âcre me prend à la gorge... X...
me dit : « Où sommes-nous? — Rue de Rivoli. —
» Et ça, ce grand bâtiment qui brûle, qu'est-ce que
» c'est? — Comment, tu ne reconnais pas les Tuile-
» ries? — Ah! oui, c'est vrai... Je reconnais main-
» tenant... Les Tuileries! Saint-Cloud! Chislehurst!
» Te rappelles-tu Chislehurst ? la grande pelouse ,
» les gros moutons blancs et l'inscription latine?... »

En ce moment, le dôme du pavillon de l'Horloge s'a-
bîmait, avec un fracas terrible, au milieu des flammes,
et peut-être, à la même heure, à la même minute, un
familier de Chislehurst disait à l'empereur : Quand
Votre Majesté rentrera aux Tuileries...

XIII

GLATZ

RÉCIT D'UN SERGENT AU 64ᵉ DE LIGNE

Le 29 octobre, au matin, nous sortons de Metz sans
armes; on avait rendu les fusils la veille. Nous traversons le village de Lorry. Les habitants étaient sur
les portes, nous regardaient passer. Dans une grande
plaine, entre Lorry et Plappeville, on fait halte. Il y
avait des officiers prussiens à cheval, sur le bord de la
route; nous avons défilé devant eux. Notre colonel
et nos officiers nous avaient accompagnés. Le colonel
serra la main de tous les sous-officiers. Il était très-pâle,
il avait l'air bien malheureux. Il essayait de parler; mais
il ne pouvait pas... Les mots lui restaient dans la gorge.
Quand nous avons eu tous passé devant lui, il s'en est
retourné du côté de Metz avec les officiers. Nous som-

mes restés au milieu des Prussiens. C'était fini : nous étions prisonniers.

Nous continuons à marcher dans la direction de Saint-Privat. De chaque côté de la route, dans les champs, il y avait des régiments prussiens. Les musiques jouaient des airs gais, des quadrilles, des polkas. Nous nous arrêtons tout près de Saint-Privat, vis-à-vis un château qui s'appelait, je crois, le château de Montigny-la-Grange. Nous avons passé là deux jours et deux nuits, dans l'eau, dans la boue. Nous avions nos tentes, mais on ne pouvait pas les monter. Nous étions comme dans un marais. On a donné quelques poignées de paille aux sous-officiers. Nous avons fait avec cela des espèces de petits paillassons et nous nous tenions là-dessus, debout, sans bouger. D'ailleurs, on était resserré dans un si petit espace entre les sentinelles prussiennes, qu'on avait à peine la place de faire quelques pas. Le matin, après la première nuit, on a trouvé trois ou quatre hommes morts par terre, dans la boue. C'était une pitié comme tout le monde toussait. Il y avait même des moments où c'était si fort, que ça avait l'air d'une plaisanterie et qu'on ne pouvait s'empêcher de rire en entendant toute cette tousserie. Pour la seconde nuit on avait pu nettoyer un peu le terrain et dresser quelques tentes ; mais il n'y a pas eu moyen de rester dessous. La pluie était trop violente ; l'eau entrait de tous les côtés.

Le 31, nous sommes partis pour aller à Mézières. On nous disait que là nous prendrions le chemin de fer pour l'Allemagne, mais ce n'était pas vrai. Nous avons

encore campé dehors à Ladonchamps. La pluie toujours. Les Prussiens ont co mencé à nous nourrir
avec du pain et des saucisses aux pois. Jusque-là, on ne
nous avait donné qu'un peu de pain, de temps en temps.
Ainsi, le premier jour, jusqu'à minuit, nous n'avions rien
eu du tout. La nuit de Ladonchamps, il tombe un peu
de neige. On était toujours obligé de rester debout.

Le 1er novembre, nous allons jusqu'à Malroy. Tout
le long de la route, des hommes tombaient de fatigue et
de faim. Quand ils voyaient un homme par terre, les
Prussiens arrivaient avec de grands cris : *Auf! auf!
Vorwærts! vorwærts!...* et à coups de pied, à coups
de crosse, ils obligeaient les hommes à se relever. Ils
les prenaient par les bras, par les épaules. Ils les se-
couaient. Ils essayaient de les remettre sur leurs jambes. Et ces pauvres gens étaient si faibles, si épuisés,
que, quelquefois, on aurait dit qu'il n'y avait plus de
corps dans les uniformes. C'était comme des manne-
quins de coton, qui retombaient par terre dès qu'on les
lâchait. Alors, quand les Prussiens voyaient qu'il n'y
avait plus moyen de faire avancer l'homme, ils lui envoyaient un dernier coup de crosse et puis ils l'aban-
donnaient. Sur chaque tas de pierre, on voyait des malheureux assis dans l'eau, le dos appuyé contre les
cailloux.

A Malroy il faisait si mauvais temps, on avait laissé
tant de monde en route, que les Prussiens ont compris
qu'il fallait nous faire passer une nuit à couvert. On
nous a logés chez les paysans, dans des écuries, dans

des granges. J'étais déjà étendu sur une botte de paille, quand un habitant de Malroy est arrivé et nous a emmenés, moi et trois autres sous-officiers, en nous disant :

« Je veux vous faire bien dîner, vous donner à chacun » une bonne bouteille de vin et vous coucher dans des » lits. »

Il y avait de bien braves gens de ce côté-là, et je ne sais pas trop comment les Prussiens s'y prendront pour faire des Prussiens de tous les Français que j'ai vus à Metz et autour de Metz. On dit que M. de Bismarck est bien malin, mais ça ne fait rien, il aura de la peine.

Le lendemain, nous avons continué notre voyage, toujours à pied, et nous avons recommencé à camper dehors. Il y avait un grand désordre; on était embrouillé, tous les corps ensemble, les fantassins, les artilleurs, les cavaliers. La pluie avait cessé. Le temps était devenu meilleur. Je ne me rappelle plus bien les dates, mais ça doit être le 5 ou le 6 novembre que nous sommes arrivés à Sarrelouis. Nous avons campé en plein air, dans l'enceinte des remparts. Nous étions gardés par des soldats de la landwehr prussienne. Il y en avait de méchants et il y en avait de bons. C'étaient des hommes, quoi... Il y en avait qui nous brutalisaient, qui nous disaient des sottises, qui nous appelaient : *Cochons de Français !* Et puis il y en avait qui nous plaignaient, qui nous donnaient un peu de leur pain et de leur tabac, qui nous appelaient: *Pauvres Français !* Le capitaine qui commandait l'escorte était un assez brave homme. Il nous a conduits jusqu'à Glatz. Il parlait un peu français. Il faisait de petites plai-

santeries pour nous encourager à marcher, quand il
voyait que nous étions trop fatigués. Il nous disait :
« Encore dix minutes, et il y aura un petit repos. » Les
dix minutes duraient quelquefois une heure ou deux.
Alors le capitaine, avec un gros rire, disait : « Ce sont
» des minutes allemandes, elles sont plus longues que
» les minutes françaises. »

À Sarrelouis, on nous a fait prendre le chemin de fer.
On nous a entassés dans des wagons découverts. Il ne
pleuvait pas, mais il faisait un vent bien froid. Nous étions
une quarantaine au moins par voiture. On n'avait pas
la place de se coucher. Alors nous nous tenions accroupis par terre, collés les uns contre les autres, pour
avoir moins froid. Il faut dire les choses comme elles
sont : nous avons trouvé de braves gens à Sarrelouis ;
ils nous donnaient du tabac, du pain, du fromage.

À partir de Trèves, encore cinq ou six jours de route
à pied pour gagner le chemin de fer. Nous allions
de village en village. La campagne était toute blanche
de neige. Nous couchions chez les habitants, et c'était
à peu près la même chose que pour les soldats de la
landwehr : les uns étaient bons et les autres pas bons.
Mais j'ai remarqué que, partout, c'étaient toujours les
femmes qui étaient les meilleures et les pires. Il y en
avait qui nous disaient que c'était parce que nous
étions des méchants Français, des scélérats de Français, que leurs hommes avaient été pris par la guerre et
n'en reviendraient peut-être pas vivants ; elles nous
montraient le poing, nous faisaient des menaces et nous

traitaient comme des chiens. Et puis il y en avait d'autres, au contraire, qui nous prenaient en pitié, qui nous parlaient sans colère, qui nous expliquaient qu'elles avaient un fils ou un frère en France ; qu'elles espéraient bien que si leurs fils ou leurs frères se trouvaient jamais prisonniers, il seraient reçus avec charité par les Françaises. Et alors en échange elles nous traitaient doucement ; si bien que la bonté ou la dureté de ces femmes venaient de la même cause.

Nous sommes arrivés comme ça, d'étape en étape, jusqu'à une petite ville où nous avons pris le chemin de fer. Nous sommes restés dans les wagons pendant trois jours et quatre nuits. On nous avait mis dans des voitures couvertes, mais nous étions tellement entassés les uns sur les autres que nous ne pouvions pas faire un mouvement. Dans les grandes villes, à Magdebourg, à Berlin, on nous faisait descendre pendant quelques heures dans les gares. On avait bien besoin de ça pour se dérouiller un peu. Nous avions les jambes si roides et si cassées que les premiers pas nous causaient des douleurs à en crier.

Nous avons quitté le chemin de fer à Frankenstein, à cinq ou six lieues de Glatz. Nous étions treize ou quatorze cents dans le train, et le voyage nous avait tellement rompu les membres que nous n'aurions jamais pu faire la route à pied. On a mis des charrettes en réquisition et on nous a empilés sur les voitures. A l'entrée de Glatz, on nous a fait descendre. Il y avait là beaucoup de monde pour nous attendre, et des gens qui ricanaient, qui plaisantaient, qui criaient : « *Paris capout! Paris capout!* » Et cependant il fallait avoir du courage pour se moquer de nous. Nous devions avoir l'air si misérable! couverts de boue durcie, les barbes longues, les mains noires. Nous ne marchions pas, nous nous traînions.

J'ai été mis dans des baraques où l'on n'était pas trop mal. Ceux qui ont été placés dans les forts de Glatz ont bien plus souffert que nous. La nourriture était suffisante. Chacun a reçu une paillasse ; seulement ces paillasses, à la fin, étaient devenues comme des galettes sèches, parce que jamais, pendant six ou sept mois, on n'a renouvelé la paille. On nous faisait travailler à des terrassements, à des constructions de cibles, etc., etc. Il y avait deux baraques, et nous étions 180 à 200 dans chaque. Le plus dur, c'était l'absence de nouvelles. De temps en temps un camarade recevait une lettre de France, mais tout ce qui n'avait pas rapport aux affaires de famille, à la santé, était biffé par les autorités prussiennes. Alors les lettres ne nous apprenaient rien.

On nous donnait bien à lire un journal français qui paraissait en Prusse et qui s'appelait *La Correspondance de Berlin*, mais c'était un journal qu'on faisait tout exprès pour décourager les prisonniers. Tout le long du journal, il était dit que les Français n'étaient plus rien à côté des Prussiens : qu'il n'y avait en France ni religion, ni mœurs, ni discipline, ni rien du tout enfin ; que nous étions un peuple perdu ; que Paris serait détruit et rasé s'il s'obstinait à se défendre ; que la Prusse était le premier peuple du monde, etc., etc. Voilà ce qu'on nous donnait à lire pour nous distraire.

Et puis, il y avait des nouvelles de la guerre. C'était toujours la même chose. Dans des combats qui duraient de six à sept heures, les Français faisaient des pertes énormes et les Prussiens n'avaient qu'un soldat de première classe tué et six à sept blessés. Je me rappelle l'article sur le combat de Montretout. Les Prussiens avaient eu trois morts et six blessés, tandis que pour les Français ça se comptait par des mille et des cent.

Pour toutes les victoires on tirait cent un coups de canon. Quand on était dans la baraque au moment où le premier coup partait, tout le monde se taisait, on se regardait. Et puis il y avait des camarades qui disaient : « C'est des farces, tout ça, ils en tirent trop. » C'est pas possible que des Prussiens remportent tant » de victoires que ça sur des Français. — Et cependant » ils nous ont battus, nous autres. — Non, ils ne nous » ont pas battus. On n'y a jamais rien compris, à ces » batailles devant Metz. La vérité est que Bazaine nous » a fait prendre comme dans une souricière, etc., etc. » Alors on commençait à se disputer sur le maréchal Bazaine. Quant à moi, si Bazaine a trahi ou non, je n'en sais rien, naturellement, mais il me semble cependant que, s'il avait voulu, il aurait pu nous faire battre davantage contre les Prussiens.

Vers la fin de janvier, un jour, à midi, on tire les

cent un coups de canon. Un capitaine prussien entre
dans la baraque et nous dit : « Paris a capitulé, vous
» ne tarderez pas à rentrer chez vous : la guerre est
» finie. » On se met à attendre, et, en attendant, notre
vie continuait toujours comme avant. La soupe à la
colle le matin, et une corvée de travail ; un peu de
pois, de lentilles ou de haricots à midi, et une autre
corvée. Le soir, encore la soupe à la colle, et puis
par-dessus tout ça, on se couchait sur sa paillasse.

Un mois après, encore cent un coups de canon. La
paix était signée. Cette fois on allait rentrer chez soi !
Mais non, rien de changé. On nous envoyait toujours le
journal français de Berlin. Il continuait à dire du mal
de la France : il n'y avait pas d'union, les partis allaient
se disputer le pouvoir et se battre entre eux, etc. C'est
par ce journal que nous avons appris la Commune, et il
fallait voir comme les rédacteurs étaient contents,
comme ils disaient que M. Thiers n'avait pas d'autorité,
qu'il ne pourrait pas gouverner, qu'il n'y avait plus
d'armée en France, que la Commune serait victorieuse,
qu'on ne pourrait pas payer les cinq milliards et qu'on
nous garderait comme otages en garantie de l'in-
demnité.

Alors le découragement nous a pris. Nous avions
déjà, avant la capitulation de Paris, eu des idées d'évasion. Nous nous mettons d'accord dix ou douze, et le
28 ou le 29 avril, — c'était un samedi, — nous commençons à creuser un souterrain. Il suffisait de percer
une dizaine de mètres, parce que les palissades étaient

tout près de la baraque. Au bout de huit jours, le boyau était creusé. Le trou partait de dessous un lit de camp et devait nous conduire à deux mètres en dehors des palissades, tout près d'un poirier. Nous avions laissé à la sortie une croûte de terre de trente à quarante centimètres d'épaisseur. On fixâ le départ au samedi 6 mai, à neuf heures du soir, après l'appel. Tous les camarades de la baraque, voyant que nous avions réussi à percer le souterrain, s'étaient décidés à partir avec nous. Les caporaux prussiens couchaient dans une petite chambre fermée qui était enclavée dans notre baraque. Ce soir-là ils rentrèrent plus tard qu'à l'ordinaire, à dix heures et demie. Ils éteignent les lumières. Ils s'enferment dans leur chambre.

Un quart d'heure après, je m'engage le premier dans le souterrain. Il fallait d'abord se laisser tomber en bas tout droit, d'une hauteur de deux ou trois mètres, et puis s'accroupir et se mettre à quatre pattes pour entrer dans le boyau. Il avait de soixante-dix à soixante-quinze centimètres de diamètre. On était obligé de ramper. J'entendais au-dessus de ma tête le pas de la sentinelle. J'arrive à l'extrémité du boyau. Je me sers des racines du poirier pour me hisser en l'air, et j'enfonce la croûte avec un tisonnier. C'était l'instrument qui nous avait servi à creuser le souterrain.

Je passe la tête dehors. Je regarde. Le temps était très-favorable : noir et pluvieux. Le factionnaire ne marchait plus. Il avait le dos tourné et

frappait du pied sur place. Le trou arrivait juste
au milieu du talus, qui descendait en pente douce à
partir de la palissade. Je me laisse glisser. Je roule et
je tombe dans un jardin. Je le traverse. J'escalade la
palissade de ce jardin. J'arrive au bord de la Neisse, à
un point qui avait été choisi d'avance comme rendez-
vous. Les camarades, l'un après l'autre, commencent à
venir me rejoindre, mais, au moment où le neuvième
sortait du trou, la forteresse tire un coup de canon.

Voilà ce qui était arrivé... Nous ne l'avons su que
plus tard. Ce n'était pas pour nous qu'on tirait le canon... C'était pour un artilleur français, un Alsacien,
qu'on employait comme interprète et à qui on laissait
dans la journée un peu de liberté. Il avait la permission
d'aller à la ville. Il y avait fait une connaissance, et de
temps en temps, la nuit, il s'échappait pour aller la
retrouver. Jusqu'à présent ça lui avait réussi, mais,
ce soir-là, comme il enjambait un petit mur, la sentinelle l'aperçoit, donne l'alarme et on tire le canon.

Notre camarade, le neuvième, sort tout de même
du trou, malgré le coup de canon, et aussi le dixième
et le onzième qui étaient déjà engagés dans le souterrain, mais les autres sont pris de peur et restent dans
la baraque. Alors tous les onze, ramassés par terre,
nous nous consultons et nous nous demandons ce qu'il
faut faire. Nous étions bien convaincus que c'était pour
nous qu'on avait tiré le canon ; cependant, une fois dehors, il n'y avait plus à reculer. Notre plan n'était pas
mal combiné et pouvait très-bien réussir. Pour gagner

la frontière de Bohême, nous n'avions à faire que vingt-cinq à trente kilomètres dans des forêts très-épaisses. Si nous ne pouvions pas arriver d'une seule étape avant le jour, nous devions attendre la nuit suivante, cachés dans la forêt.

Au moment où nous allions nous relever pour nous mettre en route, nous entendons le pas d'une patrouille prussienne. Nous nous rejetons par terre, à plat ventre, derrière une haie. La patrouille passe. Nous avançons alors d'une cinquantaine de mètres, à travers des jardins. Nous étions près des faubourgs de la ville. Nouvelle patrouille. Le coup de canon de la forteresse avait donné l'éveil et tous nos gardiens étaient sur pied. Nous nous arrêtons. La patrouille traverse le pont, prend un petit sentier qui longeait la rivière et s'éloigne. Nous devions surtout éviter les routes. Nous continuons à escalader des palissades et à traverser des jardins. Nous arrivons à une petite place. Il y avait là une baraque de saltimbanques. C'étaient des gens qui montraient des singes, des chiens, des chevaux, des danseurs de corde. Les chiens des saltimbanques se mettent à aboyer. Une voiture heureusement passe sur la place. Nous profitons du bruit de la voiture. Nous traversons la place, nous traversons la route, nous sortons des faubourgs de la ville. Le plus dur était fait. Nous entendons sonner minuit à une horloge de Glatz. Nous marchons pendant toute la nuit. A trois heures du matin, au petit jour, nous nous trouvons près d'un village... Pas possible d'aller plus loin sans danger. Nous passons

toute la journée cachés dans les bois. A midi, trois coups
de canon. Cette fois, c'était bien pour nous. Comme
ces coups de canon sont près de nous ! Nous avons
donc fait bien peu de chemin. La pluie n'avait pas cessé
de tomber depuis le matin. Vers quatre heures, le soleil se montre un moment. Cela nous permet de nous
orienter, de prendre un point de repère. Il est convenu
que, dès que la nuit viendra, nous repartirons dans
telle direction. Pendant que nous étions là, blottis dans
une espèce de renfoncement de terrain, en pleine forêt,
nous apercevons tout à coup deux yeux qui nous regardent. C'est le garde champêtre du village voisin. Il
s'éloigne rapidement... Nous avons tous la même pensée : nous sommes pris.

Aussitôt, marchant très-vite, nous nous enfonçons
dans la forêt, du côté des montagnes. Nous rencontrons
encore trois individus qui nous regardent et passent sans
nous rien dire. Jusqu'à huit heures du soir, sans nous
arrêter, nous allons en montant toujours. Nous sommes
arrêtés par une route qui coupait la forêt. Nous n'osons
pas la traverser avant la nuit. Nous restons dans les
sapins et nous suivons la lisière de la forêt... De l'autre
côté de la route, nous voyons quelques maisonnettes.
Un de nos camarades pousse un cri, il nous montre deux
canons de fusil braqués sur nous. Ce sont deux douaniers blottis dans des espèces de huttes de bois. Mais
s'ils nous couchent en joue, c'est pour se protéger,
pas pour nous attaquer. Nous sommes onze, tous dé-
terminés, tous armés de gros gourdins coupés dans la

forêt. Nous passons à vingt mètres des douaniers.

La nuit arrive. Nous avions épuisé les provisions que nous avions emportées. Nous commençions à souffrir de la faim. Nous apercevons des lumières çà et là dans la forêt à notre droite. Nous avons pensé depuis que c'é-taient les deux douaniers qui avaient couru en avant avec des lanternes pour nous effrayer et nous faire chan-ger de direction. En effet, nous appuyons à gauche. C'était retourner à Glatz ! Nous continuons à marcher jusqu'à minuit, le long d'un petit cours d'eau.

Nous tombons sur la lisière de la forêt. Nous aperce-vons un grand village. Nous marchions tout à fait au hasard depuis deux ou trois heures. Il y avait de la lu-mière à une fenêtre. Nous frappons à cette fenêtre. Elle s'ouvre et nous voyons un vieux bonhomme qui avait l'air très-misérable. Nous lui demandons le nom du village. Il nous répond : Langenbilau. Nous lui offrons trois thalers — c'était tout ce que nous avions — s'il veut nous conduire à la frontière. Il hésite un moment, puis nous dit : « Non ! non ! c'est trop dangereux ! Mais tenez, c'est » par là. Vous n'avez pas pour une heure de chemin. »

Il referme la fenêtre. Je ne sais pas pourquoi, nous nous imaginons que le vieux a voulu nous tromper : nous prenons une autre direction. Il nous avait dit la vérité.

Nous nous enfonçons dans la forêt. Nous traversons un petit ruisseau. Mais le bois devient très-épais. Pas de chemin frayé. Nous avançons avec beaucoup de peine. Nous avions marché très-vite. Nous étions épui-sés, mouillés jusqu'aux os et surtout déchirés par la faim. Nous revenons du côté du village. Nous saurons bien nous faire donner du pain ! A l'entrée du village, nous rencontrons le crieur de nuit, qui avait à la main une espèce de grande lance. Il nous crie : *Werda ! werda !* Nous l'entourons et nous lui disons : « Du pain ! du pain ! » Nous voulons du pain ! » Il se met à trembler et nous conduit à une auberge près de l'église. Nous frappons. On nous ouvre. Il était deux heures et demie du matin. Nous demandons du pain, du vin et du fromage. L'aubergiste n'ose pas nous refuser, mais il met une demi-heure à nous servir. Nous nous jetons sur ce qu'il nous apporte. Quand nous avons fini de manger, nous voulons partir. La porte était fermée. Le jour venait. Par la fenêtre, nous voyons que la maison est cernée. Tous les hommes du village sont là, — une centaine au moins, — armés de fusils de chasse, de fourches, de bâtons. Il n'y avait pas moyen de résister.

A sept heures du matin, le commissaire de police de Glatz venait pour nous chercher. On nous faisait monter dans deux charrettes. Huit jours après, nous passions devant le conseil de guerre, et nous étions condamnés à six mois de forteresse. Le lendemain, on nous conduisait, tous les onze, à pied, à la forteresse de Glatz. On commença par nous mener dans un grand magasin, et on nous donna des uniformes prussiens pour mettre à la place de nos uniformes français : une veste bleue avec une patte jaune sur l'épaule, un pantalon de gros drap, un béret avec une bande rouge. Tous ces effets étaient vieux et usés. On voyait qu'il y avait eu déjà des

Prussiens là-dedans, et nous avons été obligés de nous y mettre à notre tour pour six mois. Je ne les oublierai pas ces six mois-là! Balayer les ponts de la ville, faire le métier de cheval à traîner de grosses charrettes, transporter des immondices, avoir à peine de quoi manger... eh bien, ce n'était rien encore que tout ça: on s'y faisait ; mais ce qui était vraiment trop dur, c'était, tous les dimanches, après la messe, de faire la manœuvre à la prussienne avec les prisonniers allemands , d'être coude à coude, dans le même rang, avec des Prussiens, d'être forcé de marcher à la prussienne, d'entendre les commandements en allemand d'un sous-officier prussien. Bien souvent on n'y comprenait rien, à ces commandements. Alors on avait des injures, des menaces et des coups. On disait : « Je n'ai pas compris. » Et le sous-officier répondait : « Vous devez comprendre. Vous » n'êtes plus Français maintenant; vous êtes Prussien. » *Nicht mehr Franzose Preusse nun.*

Et c'était vrai. Aussi quand, au bout de six mois, on m'a rendu mes vieilles guenilles de Metz, rien que de les revoir, j'avais des larmes dans les yeux! et ça ne m'arrive pas souvent des choses pareilles. Et pendant que je remettais mon pantalon rouge et ma capote grise, c'était comme si je me sentais redevenir Français.

XIV

GRAUDENZ

Hier soir, 27 janvier 1872, dans un salon de Paris, une vingtaine de personnes étaient réunies. La conversation allait au hasard, touchant à tout, ne s'arrêtant à rien, passant sans transition aucune, de la dernière comédie du Gymnase au dernier discours de M. Thiers, traitant la comédie sérieusement et le discours légèrement.

La maîtresse de la maison, tout d'un coup, posa cette question :

— Quel jour a-t-on joué la *Princesse Georges?*

— Le jour de la première représentation de la *Princesse Georges,* répondit M. X..., était un jour historique, c'était le 2 décembre.

Et alors M. X... s'adressant à une femme qui se tenait silencieuse dans un fauteuil au coin de la cheminée :

— Où étiez-vous, lui dit-il, madame, pendant que nous assistions, nous autres, à la première représentation du Gymnase ?

— Où j'étais ce jour-là... Je ne me rappelle pas... J'ai parcouru l'Allemagne dans tous les sens. Cependant, le 2 décembre, oui, je me souviens à cause de la date, j'étais à Dantzig le 2 décembre au matin et à Graudenz le soir.

— Eh bien ! racontez-nous cette journée de votre voyage ?

— Mais elle a ressemblé à toutes les autres : des visites aux forteresses où sont enfermés les prisonniers français, des visites aux cimetières où sont enterrés les morts français, c'était là toute ma vie pendant ce voyage en Allemagne.

J'appris alors, que cette femme, une Parisienne, poussée et soutenue par la seule passion de faire le bien, venait d'accomplir un acte de véritable héroïsme. Après avoir passé tout l'hiver dernier à soigner nos blessés dans les ambulances de Metz et de la Loire, elle venait d'aller visiter tous les prisonniers français dans les forteresses allemandes.

Il fallut lui faire violence pour obtenir ce récit qu'on lui demandait. Cependant, à la fin, elle se résigna et se mit à parler. Il y avait dans ce qu'elle dit tant d'émotion simple et vraie que les conversations particulières, peu à peu, l'une après l'autre, s'éteignirent. Tout le monde se rapprocha et, pendant une heure, tous et toutes, le cœur serré, nous écoutâmes.

Ce récit m'a causé une impression si vive et si particulière, que ce matin j'ai écrit les lignes qui suivent, reproduction bien certainement pâle et affaiblie, mais

exacte et sincère, de toutes les choses touchantes que
j'avais entendues. Je commets une indiscrétion en publiant ce récit, mais il me semble que c'est une indiscrétion légitime. Certaines actions, précisément parce
qu'elles se dérobent et cherchent l'ombre, méritent
d'être mises en pleine lumière.

La veille, j'étais allée voir nos prisonniers de
Dantzig, et tous m'avaient demandé des livres et des
journaux français. Le matin, de bonne heure, je cou-
rais les libraires de la ville, et je ne pus trouver rien
autre chose qu'une quarantaine de pièces de théâtre,
des comédies et des vaudevilles de Scribe pour la plupart. J'envoyai mon petit paquet de livres à la forteresse. Je devais partir à midi pour Dirschau. Il me
restait deux heures à peine pour ma visite au cimetière militaire de Dantzig, qui est en dehors de la ville,
sur le versant d'une colline assez élevée. Le temps
était beau, mais le froid très-vif, et le soleil avait ce ton
rougeâtre qui annonce la neige. Je prends un traîneau
sur la place devant l'hôtel. Le cocher fut très-étonné
quand je lui demandai de me conduire au cimetière
français. Je dus répéter la phrase. Ces tombes reçoivent
peu de visites, et les traîneaux de Dantzig font rare-
ment cette course. Je montai dans le traîneau. Le cocher, enfoui dans les fourrures de son manteau et de
son bonnet, était assis derrière moi, sur un petit siége.
Les grandes brides de laine rouge passaient à côté de
ma tête. Nous sortîmes de la ville, et les deux chevaux

s'en allèrent d'un bon train sur la neige glacée jusqu'à la côte très-rude qui conduit au cimetière. Ils montèrent cette côte au pas et s'arrêtèrent près de la porte d'un grand enclos entouré d'une palissade de bois. Nous étions arrivés.

C'est le cimetière militaire de Dantzig, et là reposent, dans la même terre, les morts français et les morts allemands. Cinq cents Français environ sont morts et ont été enterrés à Dantzig pendant la guerre; nous en avons bien davantage dans d'autres villes; il y a dix-sept cents Français dans le cimetière de Neisse.

J'entre... Les tombes et les allées étaient recouvertes d'une neige épaisse. Pas une seule trace de pas. Des tombes dans la solitude, après la mort dans l'exil... Quelques croix de bois noir sortaient de la neige qui, çà et là, ondulait un peu sur les tombes; on devinait des couronnes enfouies sous cette neige. Je passai dans toutes les allées, essayant de donner un regard à chaque tombe.

Je grattai un peu la neige et, à grand'peine, je déterrai une petite feuille de lierre. J'ai visité en Allemagne une vingtaine de ces cimetières et partout j'ai ramassé ainsi un brin d'herbe ou une fleur desséchée.

La vue était admirable : une vaste campagne toute blanche de neige, les hauts remparts de Dantzig, la mâture des navires dépassant les toits des maisons de la ville et au delà l'immensité de la mer Baltique. A ma droite, s'élevait la tour de la forteresse de Weichselmünde, où la veille j'avais été autorisée à voir un prisonnier condamné à quinze ans.

Pendant que j'étais là, des soldats prussiens passèrent sur la route qui longe la palissade du cimetière. Ils traînaient une petite voiture à bras, dans laquelle il y avait du bois. En haut de la côte, près de la porte du cimetière, les soldats s'arrêtèrent pour se reposer un peu, et, s'appuyant sur la balustrade, ils se mirent à regarder silencieusement. Quand je sortis, ils me saluèrent et me dirent : « Bonjour. » Et mon cocher, avant de remonter sur son siége, me montrant le cimetière, me dit :

— Ils sont tranquilles maintenant. Il n'y a plus d'ennemis. Ils dorment tous ensemble.

Je partis à midi par le chemin de fer. J'arrivai vers trois heures à Dirschau, qui est le point d'embranchement des trains de Pologne. J'avais une heure à attendre avant le départ du train pour Warlubïen. Je sortis. J'allai marcher un peu sur la voie jusqu'à l'entrée de l'admirable pont qui traverse la Vistule.

Il pouvait être cinq ou six heures, et la nuit était noire quand j'arrivai à Warlubïen. C'est là que j'avais à prendre la voiture pour Graudenz, où j'allais voir des prisonniers. Je trouvai une espèce de grand fiacre jaune, très-large, et nous nous entassâmes cinq dans cette voiture : un monsieur et une dame qui parlaient polonais, une mère et sa fille qui parlaient allemand. Ces deux dernières n'étaient préoccupées que d'une chose :

— Le pont de bateaux, disaient-elles, aura été rompu par les glaces; il faudra passer le fleuve dans le bac; vingt personnes ont été noyées l'année dernière, etc., etc.

A huit heures la voiture s'arrête. Nous descendons dans une nuit profonde. Pas de clair de lune, pas une étoile au ciel. Un homme était là, sur la route, attendant la voiture. Il nous dit : Je vais vous conduire au bateau. Nous le suivons tous les cinq, tantôt enfonçant dans la neige, tantôt glissant sur le verglas. Nous arrivons sur les bords de la Vistule. Le fleuve dans cet endroit est très-large. On apercevait vaguement de l'autre côté de l'eau, loin, très-loin, et très en l'air, de petites lumières. C'était Graudenz. La ville est construite à pic sur une colline qui s'élève à partir du fleuve.

Une barque large et plate nous attendait. A la lueur d'une lanterne tenue par un des hommes, nous passons sur une planche vacillante. On entendait de toutes parts le fracas des glaces qui se heurtaient en descendant le fleuve. Il y avait déjà six à sept passagers dans le bac : un médecin militaire allemand, deux soldats prussiens, des paysans et des femmes de la campagne. Le patron de la barque reste à l'arrière. Quatre mariniers s'installent à l'avant. Nous sommes tous assis. Personne ne bouge ni ne parle. La barque se met en mouvement. L'obscurité était moins grande. Ces masses énormes de glace couverte de neige donnaient une sorte de lumière pâle. L'eau entre les morceaux de

glace paraissait noire comme de l'encre. Les mariniers,
avec de grands efforts, essayaient de ramer, mais les
avirons très-souvent ne prenaient pas l'eau, rebondissaient sur la glace; les hommes, par le choc, étaient
bousculés et renversés. La traversée a duré une heure
et demie. Les deux soldats prussiens avaient pris des
avirons et aidaient à la manœuvre. De temps en temps
le patron de la barque nous criait : A droite! A gauche!
Nous, alors, rapidement et silencieusement, nous faisions tous ensemble le mouvement indiqué à droite ou
à gauche. La barque trois ou quatre fois fut prise dans
les glaces, et les hommes eurent toutes les peines du
monde à la dégager. Il y avait une paysanne qui pleurait et ne cessait de répéter : Nous sommes perdus!
Nous suivions une sorte de chenal où le courant était
très-rapide; d'un côté la glace charriait, de l'autre elle
était solidement prise et arrêtée. On était obligé de retenir cette pauvre femme qui voulait monter sur cette
glace et rester là jusqu'au jour. Le médecin militaire
nous disait avec beaucoup de calme : « Il y a eu bien
» souvent des accidents. »

Il était neuf heures et demie quand nous touchâmes
l'autre bord. Des habitants de Graudenz attendaient
l'arrivée du bateau. Deux petits bonshommes d'une
dizaine d'années prennent ma valise et mon sac de fourrure. Ils me conduisent à l'hôtel ; quelques « restaura-
tions » étaient encore ouvertes : on apercevait des lumières rougeâtres à travers les vitres couvertes de
glace. J'étais très-fatiguée. J'arrive à l'hôtel ; on me fait

18.

monter dans une chambre... Je me laisse tomber sur une chaise. Une petite bonne était en train d'allumer le feu.

— Vous êtes Polonaise? me dit-elle.

— Non.

— C'est qu'à votre façon de parler allemand, on voit bien que vous n'êtes pas Allemande.

— Je suis Française.

— Vous êtes Française?

Et elle me regarda avec étonnement. On ne voit pas beaucoup de Françaises en ce moment dans les provinces prussiennes, près des frontières de Pologne.

— Oui, je suis Française. Je viens voir les prisonniers français.

— Ah! vous avez un parent dans la forteresse?

— Non, je n'ai pas de parent. Je suis Française et je viens voir les prisonniers français.

Cette jeune fille me regarda avec plus d'étonnement encore que la première fois. Elle n'avait pas l'air de comprendre.

Le lendemain matin, à huit heures, j'attendais dans la salle commune de l'hôtel. On était allé me chercher une voiture. Il y avait là un jeune homme amputé du bras droit. La maîtresse de l'hôtel me dit :

— Tenez, voilà un pauvre garçon qui a laissé son bras en France. Où avez-vous été blessé?

— Près d'Amiens, répondit-il. C'est là qu'on m'a coupé le bras... J'ai été très-bien soigné par des religieuses françaises... On les appelait... je ne connais pas d'expression dans notre langue ; mais en français on disait : des sœurs de charité. Elles avaient des robes de laine grise et de grands bonnets blancs... Elles ont été très-bonnes pour moi, et, quand je suis parti, elles m'ont donné quelque chose en me disant de le garder, que cela me porterait bonheur. Attendez, je vais vous montrer.

Et alors, dans sa poche, difficilement, avec la main qui lui restait, il prit un vieux portefeuille. Il posa ce portefeuille sur une table, l'ouvrit et en tira une petite image coloriée de la Vierge, entourée d'un cadre de découpures.

— Je l'ai gardée, ajouta-t-il, je la garderai toujours. Vous pouvez dire cela aux religieuses d'Amiens, si vous les voyez, quand vous retournerez en France.

A neuf heures du matin, j'arrivai à la forteresse. Le commandant me reçut avec la plus grande courtoisie et la plus grande bienveillance. Partout d'ailleurs, je dois le dire, j'ai trouvé le même accueil. Le commandant fait venir un sous-officier et lui dit :

— Conduisez madame au quartier des prisonniers français ; elle est autorisée à les voir.

Et me voici traversant la cour de cette immense forteresse, à côté de ce sous-officier prussien qui se met à causer avec moi et qui m'adresse la même question qui m'avait été faite la veille par la petite bonne de l'hôtel :

— Vous avez un parent ici ?

— Non, je n'ai pas de parent.... je viens voir les Français.

— Et vous venez de France exprès pour cela? C'est un grand voyage dans cette saison. C'est loin la France. J'y suis allé. J'ai fait la campagne. Quel beau pays, la France !

Que de fois en Allemagne, j'ai entendu cette phrase : *Quel beau pays la France !* et, comme dite, là-bas, par les Allemands, elle est dure à une oreille française!

Nous arrivons devant la porte d'un corps de garde.

— Entrez là, me dit le sous-officier, il y a du feu, vous aurez moins froid ; je vais aller chercher les Français. Ils travaillent aux terrassements.

J'entre dans ce corps de garde. Cinq ou six soldats, étendus sur des lits de camp, en me voyant entrer, lèvent la tête et se redressent un peu appuyés sur leurs coudes. Des sous-officiers étaient là, fumant autour d'un poêle. Ils me font place. Je m'assieds sur un vieux banc de bois et j'attends. Les sous-officiers prussiens me regardaient avec beaucoup de curiosité. Ils ne disaient pas une parole. Par les vitres d'une petite fenêtre, je voyais les vastes cours et les immenses bâtiments de la forteresse. Des soldats, tout près de là, faisaient l'exercice ; j'entendais les commandements, le bruit régulier des pas et des armes.

Quelques instants après, la porte du corps de garde s'ouvrait ; le sous-officier qui m'avait amené là reparaissait et me disait : « Voici les prisonniers. » Ils entrèrent, portant, à Graudenz comme partout ailleurs, le costume des pénitenciers allemands : pantalon et veste de couleur foncée, sur l'épaule la patte bleue sans numéro, et sur la tête le béret prussien. Les condamnés français sont habillés, traités et nourris absolument de la même manière que les condamnés allemands. Certains journaux ont dit que le régime de la prison était plus dur et plus sévère pour les Français. Cela n'est pas exact. On ne fait aucune différence.

Je me levai et, prenant la main des deux prisonniers qui entrèrent les premiers, je leur dis :

— C'est une Française, mes amis, c'est une Française qui vient vous voir.

— Une Française ! Vous êtes Française !

Tous en même temps — ils étaient huit ou dix — tous répétèrent ces mêmes mots, et, très-troublés, très-émus, n'ayant pas l'air de comprendre, ils restaient là, immobiles, comme cloués par terre, fixant avidement leurs regards sur moi, n'osant pas avancer. J'étais obligée d'aller à eux, de leur faire une sorte de violence pour leur prendre et leur serrer les mains... Et je continuais à leur dire :

— Oui, je suis Française... je suis Française...

L'émotion bientôt les prit très-violemment... Presque tous se mirent à pleurer... Ce sont là des scènes impossibles à raconter. Les paroles ne sont rien. Tout se passe dans le cœur même. Je les vois encore, ces pauvres gens, s'enhardissant et se familiarisant peu à peu, s'approchant de moi, m'entourant, dans ce corps de garde enfumé, sous le regard de ces soldats allemands. J'entends encore leurs premières phrases : « C'est pour » nous voir que vous avez fait ce long voyage... Vous

» arrivez de France?... Parlez-nous français, etc. »

Il y en avait un qui, silencieux, me regardait avec une attention particulière et qui tout à coup me dit : « Mais je vous reconnais, je vous ai déjà vue. — Vous » m'avez vue ? — Oui, dans l'ambulance, à Metz... » C'est vous qui m'avez soigné... Est-ce que vous » n'étiez pas à Metz ? — Oui, j'étais à Metz, seulement » j'ai vu tant de blessés ! Je ne me rappelle pas. Je ne » vous reconnais pas. — Oh ! c'était bien vous, à » preuve que quand, après la capitulation, vous avez » été obligée de vous en aller de Metz, vous avez » beaucoup pleuré en nous quittant. Et puis d'ailleurs, » je suis bête, j'oubliais. Tenez, vous allez voir. » Et de la poche de sa veste de prison, il tira un petit portefeuille tout en lambeaux, y trouva un bout de papier plié en quatre et me le donna. Je dépliai le papier. Je lus mon nom et mon adresse.

Je suis restée là deux heures, prenant leurs noms à tous et aussi les noms et les adresses de leurs parents en France. « Vous donnerez de nos nouvelles, me di- » saient-ils, on s'occupera de nos parents, etc., etc. » Et je le leur promettais. Un d'eux, un tout jeune homme, quand je l'interrogeai, au lieu de répondre à mes questions, me demanda si j'étais de Paris et si je retournerais à Paris, en revenant en France. Je lui répondis que oui. Et lui, alors, avec un air d'embarras, les yeux à terre, tortillant son béret entre ses mains, répéta deux ou trois fois : « Ah! vous allez retourner » à Paris!... Si j'osais... mais non, je n'oserai jamais. »

Je lui dis : « Vous avez des parents à Paris? — Oui,
» me répondit-il, c'est cela, vous avez compris... J'ai
» un petit garçon de quatre ans maintenant. Je ne l'ai
» pas vu depuis bientôt dix-huit mois. Je devais me
» marier après la guerre et quitter le régiment; mais
» la mère est morte à Paris, pendant le siége, et l'en-
» fant serait resté seul, si de braves gens du quartier
» ne l'avaient pas recueilli. Je crois qu'il est bien
» soigné; mais si vous pouviez aller voir le petit et
» m'écrire après pour me donner de ses nouvelles, je
» serais si heureux!... »

Je le lui ai promis, et je suis allée voir l'enfant en
arrivant à Paris. Il a été recueilli par des marchands
de vin, dans le quartier des Halles. Ils ne sont pas
riches et m'ont dit cependant que, tant que le père serait retenu prisonnier en Allemagne, ils garderaient
l'enfant.

Tous ces pauvres gens continuaient à me dire les
mêmes phrases : « Quand reviendrons-nous? Quand
» reverrons-nous le pays? Avez-vous vu les autres
» prisonniers? Combien sommes-nous encore en Alle-
» magne? On dit qu'il y aura une amnistie à la Noël;
» savez-vous si cela est vrai? La Noël, c'est dans vingt
» jours, etc., etc. »

A la fin, il fallut les quitter. Ils allaient sortir, quand
je les vis qui se parlaient tout bas et semblaient se
concerter. Un d'eux alors, le plus hardi, s'approcha de
moi et me dit : « Notre camarade a votre nom, et nous
» ne l'oublierons pas; mais nous voudrions bien savoir

» si vous demeurez toujours à la même adresse, parce
» que si nous sommes encore ici le 1er janvier, nous
» voudrions pouvoir vous écrire en France, pour vous
» souhaiter une bonne année. »

Et, en effet, le 1er janvier, de Graudenz, ils m'ont
écrit, car ils n'ont pas été graciés à la Noël...

Ils s'en allèrent et, debout sur le seuil de la porte du
corps de garde, je les regardai s'éloigner.

Ils formaient une petite escouade, sous le commandement d'un soldat prussien. A chaque pas, ils tour-
naient la tête pour me voir. Ils disparurent au coin du
mur d'un grand bâtiment.

Le cimetière militaire est tout près de la forteresse,
dans une clairière, en pleine forêt. Nous avons là
une centaine de morts. La porte était fermée. Je n'ai
pas pu entrer. J'ai fait le tour du cimetière. Là, comme
à Dantzig, une simple palissade de bois entourait les
tombes, et là aussi la neige était intacte dans les
allées. Pas une trace de pas. Quelle tristesse, mon
Dieu! quelle tristesse!

Le soir, à cinq heures, je quittais Graudenz ; j'allais
voir les prisonniers de Thorn. J'avais cinq compagnons
dans la voiture de poste, trois hommes et deux femmes.
Les hommes, tous les trois, avaient fait la campagne de
France : deux dans les armées devant Paris et le
troisième dans l'armée du prince Frédéric-Charles.
Ils se mirent à parler de la France et ce fut aussitôt le même refrain sur toutes les lèvres : « Quel
» beau pays! Quelles jolies maisons de campagne

» autour de Paris ! Et que de châteaux dans la Tou-
» raine ! comme c'est beau, la France ! »

Je tombais de fatigue et de sommeil. Je m'endormis
à moitié... et, de temps en temps, j'étais réveillée par
un éclat de voix. Je saisissais alors quelques phrases.
De la France, ils continuaient à parler de la France.

A huit heures et demie, nous changeons de voiture.
La neige commence à tomber très-épaisse. Les chevaux
ont beaucoup de peine à avancer. Le cocher, très-souvent, est obligé de s'arrêter. J'ai un nouveau compagnon de route : un gros monsieur qui a un énorme
bonnet de fourrure sur la tête, et sur les genoux un
chapeau de soie enveloppé dans du papier. Ce gros
monsieur me raconte qu'il va à une noce ; qu'il n'a pas
pu emmener sa femme ; qu'elle a été obligée de rester
à la maison, à cause des enfants, etc.

A onze heures, nous arrivons dans un petit village.
Nous descendons de voiture, au milieu d'une véritable
tourmente ; nous sommes entourés d'une muraille de
neige. C'est là que nous devons prendre une troisième
voiture de poste, mais cette fois le cocher refuse absolument de partir : « Demain au jour, dit-il, on verra ;
» mais voyager la nuit par un pareil temps, c'est im-
» possible, etc. » Il faut passer la nuit ici. Le gros
monsieur est au désespoir. « J'arriverai trop tard pour
» ma noce, s'écrie-t-il. »

Y a-t-il un hôtel, au moins ? Un petit gamin prend
ma valise et me conduit. J'arrive dans une misérable
auberge ; on me fait entrer dans une grande chambre

glaciale au rez-de-chaussée. Un garçon apporte du bois et du charbon. Il allume un poêle de faïence. « Nous ne voyons pas beaucoup de voyageurs en hiver, » me dit-il On n'a pas fait de feu ici depuis l'année » dernière. Vous êtes Polonaise ? — Non, je suis Fran- » çaise. — Ah! Française! vous êtes Française! Je » connais bien votre pays. J'ai fait la campagne. Je » parle un peu français. Je voudrais bien retourner en » France. On vit si tristement ici ! Vous voyez quel » temps nous avons. Eh bien ! c'est comme ça la moitié » de l'année. Et puis on gagne bien peu. Une place » dans un hôtel ou dans une maison bourgeoise en » France, voilà ce que j'aimerais, mais il paraît qu'on » nous en veut là-bas. »

Moi, sans l'interrompre et sans lui répondre, je le laissai parler. Il fallait donc ainsi retrouver partout des hommes qui avaient été en France et qui saisissaient, avec une espèce d'avidité, cette occasion de parler de la France.

Quand ce garçon eut fini d'allumer le feu, il s'en alla. Je restai seule dans cette chambre. Le poêle donnait de la fumée, mais pas de chaleur. J'étais à la fois glacée et asphyxiée. Je fus obligée d'ouvrir la fenêtre. Un ouragan de vent et de neige entra dans la chambre. Je fus prise alors d'un accès de véritable découragement. Si cette voiture, demain matin, ne pouvait pas partir, et si j'allais être retenue deux ou trois jours dans cette auberge, dans ce village ! Et je me rappelle que je faisais cette réflexion égoïste : « Si au moins

» j'avais ici des prisonniers français, j'irais les voir, je
» les sentirais près de moi, je ne serais pas seule. » Il
y avait dans cette chambre quelque chose qui ressem-
blait à un lit, mais je n'osai pas me coucher. Je passai
toute la nuit à remettre en ordre la liste des noms et
des adresses de mes familles de prisonniers.

Le lendemain matin, par bonheur, la neige était
moins forte et le cocher consentit à se mettre en route.
Je continuai mon voyage, toujours en compagnie du
gros monsieur. Il était enchanté, il était sûr d'arriver
à temps pour sa noce.

Je vis les prisonniers de Thorn, et d'autres après
ceux-là, et puis d'autres encore qui tous me répétaient :
« La France! la France! quand retournerons-nous en
« France? »

FIN

TABLE

Poissy. — Typ. S. Lejay et Cie.

www.ingramcontent.com/pod-product-compliance
Lightning Source LLC
Chambersburg PA
CBHW061306030726

47595CB00001B/240